桥梁检测与维修加固技术丛书

石拱桥安全评估与加固改造技术

Safety Assessment and Reinforcement Technique of Stone-Arch Bridge

胡柏学　周建庭　徐海燕　等　著

人民交通出版社

内 容 提 要

本书在认真总结国内外石拱桥安全评估与加固技术研究的基础上,以交通部西部交通建设科技项目"服役石拱桥安全评估与加固改造技术研究"为背景,对湖南、重庆、四川等地600余座石拱桥病害进行了系统的分析研究,并给出问题严重桥梁的加固改造实例。本书主要内容包括:石拱桥结构材料试验,石拱桥计算理论,石拱桥健康状态综合评估,石拱桥加固改造技术,石拱桥加固改造效果评价指标,石拱桥加固维修决策等。

本书可供从事桥梁加固的专业技术人员使用,也可供从事桥梁设计、施工及科研的技术人员使用。

图书在版编目(CIP)数据

石拱桥安全评估与加固改造技术 / 胡柏学等著. — 北京:人民交通出版社,2012.6
ISBN 978-7-114-09643-3

Ⅰ.①石… Ⅱ.①胡… Ⅲ.①石拱桥 – 安全评价 – 研究②石拱桥 – 修缮加固 – 研究 Ⅳ.①U448.225.7

中国版本图书馆 CIP 数据核字(2012)第 018615 号

桥梁检测与维修加固技术丛书

书 名:	石拱桥安全评估与加固改造技术
著 作 者:	胡柏学　周建庭　徐海燕　等
责任编辑:	王文华(wwh@ ccpress. com. cn)
出版发行:	人民交通出版社
地　　址:	(100011)北京市朝阳区安定门外外馆斜街3号
网　　址:	http://www.ccpress.com.cn
销售电话:	(010)59757973
总 经 销:	人民交通出版社发行部
经　　销:	各地新华书店
印　　刷:	北京交通印务实业公司
开　　本:	787×1092　1/16
印　　张:	14.25
字　　数:	330千
版　　次:	2012年6月　第1版
印　　次:	2013年6月　第2次印刷
书　　号:	ISBN 978-7-114-09643-3
定　　价:	35.00元

(有印刷、装订质量问题的图书由本社负责调换)

序

  石拱桥是我国历史悠久的桥梁结构形式，举世闻名的赵州桥已有一千多年的历史。它在我国经济发展过程中已发挥了重要的作用。在交通运输飞速发展的今天，它仍然起着重要的作用。然而，公路交通量增加和车辆轴重提高及日趋复杂的运营环境对正在服役的石拱桥提出了更高的要求，其安全问题受到了前所未有的关注。作为一种独特的桥梁结构，石拱桥的力学、耐久性能与钢筋混凝土和钢结构桥梁有较大差异。因此针对石拱桥的耐久性与安全性评估，以及维修加固方法开展系统的研究，建立完善的石拱桥评估方法及加固技术，是一项具有重要理论价值和现实意义的工作。

  本书的作者长期从事桥梁安全性评估方面的科学研究与实践工作，尤其是针对石拱桥的安全性维护开展了系统而有成效的研究探索和应用。这本著作是其多年研究成果的总结，林林总总三十多万字，涵盖了石拱桥安全维护的各个方面：第一章对石拱桥的典型病害及安全性问题进行了总结和提炼；第二章以乌巢河大桥为背景介绍了石拱桥结构材料性能的研究成果；第三章基于平铰拱、连拱理论和拱上建筑联合作用提出了更为完善实用的石拱桥计算理论，为石拱桥的安全评估和维修加固设计提供了系统的力学理论基础；第四章介绍了作者在石拱桥健康状态评估方法及应用方向的成果；第五章总结了现有的石拱桥维修加固技术并详细介绍了各项加固方法的技术原理、适用范围与工艺细节；第六、七章分别提出了石拱桥加固后的性能评价指标，以及石拱桥维修加固决策方法，对于石拱桥维修加固设计具有很好的指导意义。

  基于平铰拱理论分析调整全桥内力的加固改造技术，跳出了传统通过加固构件来提高结构性能的方法，提供了一种从整体结构入手系统分析结构性能的新思路，具有创新性。平铰拱理论科学地反映了石拱桥不能承受拉应力的特点。其计算出的拱圈弯矩介于无铰拱和两铰拱之间，通过强度验算，许多石拱桥在提高运营荷载等级之后不需加固，这无疑为国家节约了大量的资金。平铰拱理论应用范围较广，像双曲拱桥、砖石圬工拱桥均可用平铰拱理论进行内力分析。

  总体来说，这本著作具有较高的学术水平和应用价值，特别值得一提的是，作者非常注重理论与实践相结合，书中有许多应用研究成果的工程实例，也成为本书的一个重要特色和亮点。这本著作的出版将弥补过去我国公路交通行业在石拱桥安全维护技术专著方面的缺陷，相信可为广大桥梁工作者提供很好的参考和借鉴。

张建仁
2012 年 4 月 18 日

前 言

我国交通基础设施建设如火如荼之际,合理利用和改造现有道路桥梁可加速解决交通发展的瓶颈。我国的石拱桥建设在世界一直处于领先地位。从公元605年修建的世界著名的石拱桥——赵州桥(跨径37.37m),到1958年湖南修建的黄虎港桥(跨径60m)、1972年四川丰都县(现属重庆市)修建的丰都九溪沟大桥(跨径116m),从1990年湖南省凤凰县修建的乌巢河桥(主跨120m),再到山西省在高速公路上修建的丹河新桥(跨径146m),建设技术水平和桥跨均为当时世界领先水平,这充分展示了我国先辈能工巧匠和一代代桥梁工作者的智慧,他们不断探索与不懈奋斗,使我国石拱桥建设走在了世界的最前沿。

作为中国传统优势桥型的石拱桥,遍布我国大江南北,在我国的交通建设与经济发展的历史上发挥着极其重要的作用。然而,随着时间的推移,这些石拱桥受石料风化、超重车辆和自然灾害的破坏与影响,逐步变成了旧桥、病桥,甚至危桥,已不能满足交通量日益增长的需要。如果废掉这些旧危桥而重建新桥,不仅需要成倍地增加投资,而且需要较长的建设周期,直接影响交通,甚至中断交通。因此,采用科学的方法对现役石拱桥安全评价和合理加固利用,具有十分重要的意义和广阔的应用前景。

近年来,不少的桥梁科技工作者围绕石拱桥承载力分析与安全评估、加固改造技术开展了深入的研究和积极的探索。作者在认真总结国内外石拱桥安全评估与加固技术研究的基础上,以交通部西部交通建设科技项目"服役石拱桥安全评估与加固改造技术研究"(项目编号200431878518、200731879253)为背景,对湖南、重庆、四川等地600余座石拱桥病害进行了系统的分析研究,并用研究取得的成果对问题严重的桥梁进行了加固改造,取得了一些经验,均记述在本书中,以供同行学者们借鉴与参考。

本书共分7章,各章既可独立成篇,又相互关联。全书由胡柏学、罗阳青统稿。各章的编写人员分别为:第1章,胡柏学、罗阳青、谢海秋;第2章,胡柏学、周辉;第3章,徐海燕、胡柏学、彭晖;第4章,胡柏学、李蓉、曾威、彭晖;第5章,周建庭、胡柏学、王磊;第6、7章,周建庭、胡柏学、刘思孟。本书得到了桥梁专家上官兴老师、长沙理工大学张建仁教授的悉心指导,在此,一并表示感谢!

由于本人水平有限,本书疏漏之处,诚望读者批评指正。

胡柏学
2011年2月于长沙

目 录

第1章　绪论 ... 1
1.1　中国石拱桥发展概述 ... 1
1.2　石拱桥安全性问题 ... 6
1.3　石拱桥典型病害与成因 ... 10
本章参考文献 ... 18

第2章　石拱桥结构材料试验 ... 20
2.1　工程背景概况 ... 20
2.2　试验岩样制作 ... 20
2.3　岩石力学试验 ... 22
2.4　砌缝力学特性试验 ... 34
2.5　本章小结 ... 40
本章参考文献 ... 42

第3章　石拱桥计算理论 ... 43
3.1　悬索线无铰拱理论 ... 43
3.2　平铰拱理论 ... 56
3.3　石拱桥拱上建筑联合作用 ... 64
3.4　本章小结 ... 71
本章参考文献 ... 72

第4章　石拱桥健康状态综合评估 ... 74
4.1　桥梁健康评估的重要性及现状 ... 74
4.2　桥梁健康状态综合评估的层次分析法 ... 77
4.3　基于层次分析法的桥梁健康状态模糊综合评估 ... 86
4.4　工程实例——乌巢河大桥健康状态评估 ... 95
4.5　本章小结 ... 100
本章参考文献 ... 100

第5章　石拱桥加固改造技术 ... 104
5.1　钢筋混凝土套箍封闭主拱圈加固石拱桥技术 ... 105
5.2　石拱桥增设复合钢筋混凝土拱板(肋)加固技术 ... 119
5.3　基于平铰拱理论调整全桥内力的加固改造技术 ... 127
5.4　锚喷混凝土加固技术 ... 137
5.5　灌浆加固技术 ... 141

5.6 粘贴加固技术 ··· 142
   5.7 体外预应力加固技术 ··· 145
   5.8 石拱桥综合加固整治技术 ·· 147
   5.9 施工质量检验与控制技术 ·· 149
   5.10 本章小结 ··· 155
   本章参考文献 ·· 155
第6章 石拱桥加固改造效果评价指标 ··· 157
   6.1 强度评价指标 ··· 157
   6.2 刚度评价指标 ··· 166
   6.3 本章小结 ··· 170
   本章参考文献 ·· 170
第7章 石拱桥加固维修决策 ·· 171
   7.1 石拱桥加固的经济性分析 ·· 171
   7.2 石拱桥使用性能综合评价方法与加固最佳时机的确定 ········· 179
   7.3 石拱桥加固方案的技术经济比选与加固排序及优化 ············ 184
   7.4 石拱桥加固的经济评价 ··· 197
   7.5 石拱桥加固运营后经济评价 ··· 212
   7.6 本章小结 ··· 218
   本章参考文献 ·· 219

第1章 绪 论

1.1 中国石拱桥发展概述

石拱桥是我国传统的桥梁基本形式之一。石拱桥这一体系,又是多种多样的。几千年来,石拱桥遍布祖国山河大地,它们是我国古代灿烂文化的一个组成部分,在世界上曾为我国赢得荣誉。迄今保存完好的大量石拱桥,作为历代桥梁工匠精湛技术的历史见证,显示了我国劳动人民的智慧和力量。一座石拱桥,能经得起千百年天灾战祸的考验,仍保持其固有的功能不变,堪称奇迹。

早在东汉时期就已经出现了单跨石拱桥,隋代创造出世界上第一座敞肩式单孔弧形石拱桥,即中国最著名的赵州桥,俗称安济桥,如图1-1所示;其他著名的古代石拱桥还有唐代修建的苏州宝带桥、金代修建的北京卢沟桥,如图1-2所示。除了历史悠久,石拱桥因其造型优美、取材方便、造价低廉、承载潜力大等优点,在我国特别是西南地区得以广泛使用。

图1-1 河北赵县赵州桥　　　　　　图1-2 北京卢沟桥

1880年近代铁路、公路桥梁工程技术传入我国以后,石拱桥仍然保持其旺盛的生命力,结合现代的工程理论和新的建筑材料,取得了长足发展。赵州桥已历时1 400多年,卢沟桥雄踞在北京永定河上,也经历了近700年。它们都历史悠久,迄今仍保持着初创风貌,还能通行重车,在中外桥梁中实属罕见。赵州桥敞肩式的造型,早于西方7个世纪。它们之所以能够经久不坏,说明设计与施工是符合科学原理的。如赵州桥的浅基础、短桥台,经过多次地震、洪水仍屹立无恙,这绝不是偶然。

现存的多孔厚墩厚拱石拱桥,大部分建于明清时代,清代官式石桥结构保守,桥阻水面积较大。中华人民共和国成立后,石拱桥建设历经三个时期:20世纪50年代利用老桥、谨慎建设新桥;20世纪60~80年代,革新技术、积累经验和完善理论建设石拱桥鼎盛时期,这一时期不断有大跨径石拱桥纪录刷新;20世纪90年代后,受其他桥型冲击以及材料技术不断革新,石拱桥建设放缓。2007年湖南凤凰沱江大桥坍塌后,石拱桥建设几乎陷入停顿。有人认为,现代桥梁已经进入钢筋和预应力钢筋混凝土时代,还将进入新的材料时代,石拱桥已经完成其历史使命。但正如世界上一切事物都有局限性一样,各有其发展天地,石料取之不尽和用之不竭,同时石拱桥使用年限也使其他桥梁难以望其项背。

石拱桥是古代文明的丰富遗产之一。中国古代石拱桥不论大小,工艺精益求精,如同一幅画,不许有一处败笔。赵州桥的栏板,卢沟桥的石狮,都以艺术珍品而闻名于世。这也是中国古代石拱桥在艺术方面一个可贵的成就,对于现代石拱桥装饰存在着深刻的影响。

运用现代科学技术手段对石拱桥进行革新挖潜,可使圬工体积减少30%~40%。因此在中华人民共和国成立后,石拱桥建造技术得到了迅速发展,1959年在原交通部的大力支持下,湖南省建成了60m桥跨的黄虎港大桥,突破了千年的历史跨径纪录。此后在十多年时间里,我国相继建成了近10座百米跨径石拱桥,如:1961年云南长虹桥(112m,图1-3)、1972年四川丰都九溪沟大桥(116m)。1991年,湖南省凤凰乌巢河大桥在拱桥新理论的指导下,将全空式石肋拱桥跨径推进到120m。2000年山西晋城建成146m丹河特大桥(图1-4),为全空式变截面石板拱,已被列入吉尼斯世界纪录。历史证明中国石拱桥建造技术持续保持国际领先水平,未来石拱桥必然将在国家国民经济发展和交通基础设施建设中继续发挥重要作用。

图1-3　云南长虹桥

图1-4　山西丹河特大桥

湖南省是传统石拱桥的故乡,自1913年湖南省首建公路起,石拱桥即被广泛用于公路建设,包括抗日战争期间的湘黔和湘川公路上也建有许多石拱桥;中华人民共和国成立后国民经济恢复期钢材、水泥产量少,湖南省又修建了大量石拱桥,包括1960~1964年湖南省学习了江西所创的"片石拱"新工艺,将上千座木桥改造为永久性石拱桥;1978年湖南省又推出了以"平铰拱"和"连拱"等理论计算发展的新型板肋石拱桥,并在湖南湘西地区得到了迅速地推广。20世纪80年代以来,湖南修建了300余座新型石拱桥。湖南的石拱桥建设发展历程是中国石拱桥发展的缩影,湖南石拱桥四种不同形式的产生历程可以清楚地了解中国石拱桥建造技术的发展过程。

1.1.1 石板拱桥

1)历史回顾

石板拱桥是最早的石拱桥结构形式,其中最有代表性的首推约 1 400 年前所建造的河北赵州桥($L=37.37m$),它是世界上最早的空腹拱桥。古代的石拱桥遍及中国各地,数以万计。历尽沧桑而不毁,至今还担负着繁重的现代交通运输任务,如 1192 年修建的北京卢沟桥。

在 20 世纪 50 年代建国之初,经济发展与钢材、水泥等材料供应的矛盾十分突出。由于石拱桥具有就地取材、设备简单、能充分发挥人力作用等显著优点,因而湖南在当时公路建设中大量修建了料石板拱桥。据不完全统计,1952～1961 年 10 年间共修建 146 座总长约 4 900m 的料石板拱桥。

2)跨径突破

1959 年在湖南省石门县建成了桥高 50m,净跨 60m 的黄虎港大桥,揭开了中国近代石拱桥建设的序幕。它极大地解放了人们的思想,其后几十年间中国陆续建成了百米大跨径石拱桥十余座,创造了一系列石拱桥跨径新纪录。

由于传统的料石拱桥所耗人工特别多,推广受到限制。另外,它在中小跨径的弯坡斜桥中使用十分不便,因此传统的料石板拱桥发展停滞下来。

3)材料革命

1959 年在江西省德安建成了 $3\times34m$ 片石拱桥,冲破了古今中外几千年来修建石拱桥必须用料石的定律。采用小石子混凝土砌块(片)石是在石料规格中进行了一次革命。由于片石拱节省劳力、工艺简便、造价低廉,迅速在中国推广。仅湖南省 1964～1965 年间就修建了 1 288 座合计 14 598m 的片石拱桥。这使解放初期大量修建的石台(墩)木面桥年久失修、限载、限速的状况得到解决。就全国而言,石拱桥进入到以块(片)石为主的后期发展阶段。

但是片石拱桥仍然采用矩形截面,其抗弯性能差、对拱架的要求高,随着跨径的增大,修建愈来愈困难。

计算方法上仍按前苏联的弹性理论,不考虑拱上构造联合作用和"连拱"效应,所设计的结构十分保守。拱圈厚、立墙粗、腹拱尺寸大所导致结构笨重、外观差、造价高,因此,传统石板拱桥发展进入低潮,处于停滞状态,石拱桥新的变革呼之欲出。

1.1.2 石肋双曲拱

1)截面形式革命

20 世纪 60 年代后期,中国的钢材水泥产量有所增加,江苏省出现了一种新桥型——双曲拱桥。在工艺上它具有"化整为零"的功能,能实现缆索吊装无支架施工。

在结构上,双曲拱桥的特点在于可先利用拱肋作为支架来承担拱波、拱板自重,然后又能共同组成主拱圈。拱圈截面由拱肋、拱波、拱板组合而成 T 形截面,其抗弯刚度比矩形大,因此承载力比矩形为好。双曲拱桥蓬勃的发展,掀起一场主截面形式的革命。在双曲桥的启示下,开阔了石拱桥的技术思路,出现了模仿双曲拱的石肋双曲拱。20 世纪 70 年代后期,在湖南邵阳地区出现了多座石肋双曲拱桥,其最大跨径达到 30m。

2) 新计算方法出现

1976 年原交通部科研院汇编出版《公路双曲拱桥上部构造设计与计算》，书中详尽介绍了十多年来在双曲拱桥设计计算中所产生的"平铰"、"连拱"和"拱上构造联合作用"等新理论。当时湖南省交通设计院据此提出一整套简化计算方法，指导新化交通局设计了"窄立墙、宽墙帽、坦腹拱"等轻型化的拱上构造，建造了 52m 跨径的鹅溪大桥。其后通过百吨重车试压，验证了石肋双曲拱上构造轻型化措施的合理有效。

1979 年湖南省交通规划勘察设计院指导凤凰交通局将凤凰大桥改建为石肋双曲拱桥。通过推广鹅溪大桥拱上构造轻型化措施，取得了在造价不变的情况下，将桥宽由 9m 增大到 12m 的良好效果。

1981 年湖南省交通规划勘察设计院帮助桑植县交通局，将 4×45m 桑植澧水大桥改建为混凝土预制拱肋双曲拱桥，上部结构按 29 孔 4m 三平铰理论设计。

通过湖南省 30 余座石肋双曲拱桥"上部构造轻型化"的改进设计，新型拱桥与传统板拱桥相比自重减轻 30%，同时使下部结构和拱架荷载也相应减少，取得了显著的经济效果。事实证明：没有理论、概念的突破，石拱桥就不能适应新时代发展的需要。

3) 小结

石肋双曲拱虽能大量节省钢材，但建筑高度大、工序较多、整体性较差，在中小跨径中优势不明显。当轻型石拱桥进一步优化成为石砌肋拱后，它就逐渐失去了竞争能力。但石肋双曲拱的历史作用是在石拱桥中首次引进了考虑拱上构造联合作用的新计算方法，在中国几千年石拱桥发展史中，这是一次质的飞跃。

1.1.3　全空式石肋拱桥

1) 拱上连续腹拱

1984 年湖南省凤凰县交通局根据凤凰县石料强度高达 14MPa 以及作为拱架的木材细、直径不大于 12cm 的特点，提出直接用分离式石肋做主拱圈。拱上构造采用长沙望城马家河首创的石砌拱连续腹拱形式，形成新型全空式石肋拱。这种桥型适合凤凰县工程实际。

2) 天下第一大石桥

1990 年在省交通厅支持下，湘西凤凰县修建了当时世界上最大跨径(120m)石拱桥——乌巢河大桥，誉为"天下第一大石桥"。其跨径之大、设计之新、工艺水平之高和造价之低都代表了湖南轻型石拱桥的最高水平。该桥结构及施工有如下特点：

(1) 石肋主拱圈系两条 2.5×1.6m 小石子混凝土砌块石，面积 $A=8m^2$，平均厚度 $\overline{D}=1m$，总重约为板拱的 63%。拱上构造采用"三平铰连拱理论"，13×14m 连续腹拱和窄立墙，很大程度上实现了上部构造轻型化。

(2) 砌筑施工采用满布式木拱架，顶部用多层弓形木形成木拱改善受力。拱架高 39m，宽 8m，共用木材 504m^3，螺栓 1.6 万套，扒钉 2t，3 000 工日。主拱圈重 2 834t，施工按 0.60m 高分层分环砌筑。每层合龙后停 5d，待砂浆及混凝土强度达到后再砌。两条 120m 长石肋施工历时 40d。

(3) 拆除拱架裸拱施工拱上构造，其经验是在拱圈下安装了 20 多个百分表挠度计，严密观测监控，按"分批、对称、均匀、分段"的原则，精心组织，取得成功。

3) 小结

石肋拱桥是一种古老结构形式,全空式石肋拱由于采用连续腹拱实现了结构造轻型化后,它才具有新的竞争力。石肋拱仍为传统矩形截面,其惯性矩小、抗弯性能差,造成肋拱由于拱趾下缘压应力过大。石肋拱由于以粗料石为主,对石料强度要求甚高。在砌筑中分层分环工艺复杂,耗费人力过多。另外石肋高度过大,在中小跨径也不美观。

1.1.4 石砌肋拱

1) 理论和试验

石砌肋拱保留了传统的全宽底板,因此对石料要求规格较低,施工易掌握。其特点是在板上再加砌肋来提高截面的刚度,以肋板结构克服板拱的弊病。结构计算图示中弃用无铰拱采用两平铰结构,以削减拱趾处负弯矩峰值。拱轴线采用悬索线,以确保裸拱圈脱架时自重弯矩为零。拱上构造采用窄墙、宽帽、变截面坦腹拱和无填料的连续腹拱来实现结构轻型化。在活载计算中计入了腹拱的联合作用。综上所述石砌肋拱是在新理论指导下对传统板拱进行改进的产物。

10余座石砌肋拱的试验结果证明,拱上构造联合作用是客观存在的。实测腹拱联合作用对$L/4$截面挠度折减系数为0.3~0.6,弯矩折减系数为0.5~0.7。采用拱桥研究小组所提出的"联合作用简化计算法"与实际有80%的吻合度。应当指出,在拱设计中有意采用了变截面护拱和混凝土桥面等措施来提高腹拱刚度,使活载联合作用效应增大。石砌肋拱桥比传统石拱桥的圬工体积减少不是降低了安全系数,而是靠科学地利用平铰、拱轴系数的降低和拱上联合作用,使全拱受力均匀,即主拱圈的拱趾靠平铰来减少负弯矩,拱顶靠采用悬索线拱轴造成的拱顶预留的负弯矩,$L/4$截面靠腹拱的抗推刚度来减少活载弯矩。拱上立墙由于腹拱抗推刚度甚大,立柱抗推刚度甚小,按刚度分配原则立柱不承受水平力,是压杆状态,所以很窄的尺寸(0.3~0.4m)均可通过。

荷载试验实测的相对挠度值远比双曲拱桥计算值小,都在1/10 000以内,见表1-1,石砌肋拱处于弹性状态说明所引进的新理论是符合实际的,并且还留有一定的潜力。

6 座拱桥试验挠度表　　　　　　　　　　　　　　　　　　表1-1

项目	桥名	梓溪	湘潭	朱滩	黄岩冲	普跻	柿溪
拱顶加载	设计荷载	汽车—15级,挂车—80			汽车—10级		汽车—15级,挂车—80
	试验荷载(10kN)	80	80	15	30	100	110
	实测挠度(mm)	1.24	1.80	0.66	1.66	2.60	4.09
	相对挠度	1/16 130	1/12 220	1/39 400	1/24 100	1/18 100	1/14 670
$L/4$加载	试验荷载(10kN)	110	—	15	70	100	100
	实测挠度(mm)	1.01	—	0.56	3.32	2.24	5.80
	相对挠度	1/19 800	—	1/46 510	1/12 050	1/19 260	1/10 340

值得特别注意的是,因为上部构造立墙窄、腹拱坦,因而在拱上施工时必需做到"对称、均衡加载",要在贯通的支架上进行,否则会因为施工时出现的单向推力而发生事故。

2)以人为本

石砌肋拱的发展和技术进步是人们在工程实践中不断学习创新的结果。

(1)湖南省交通厅科技处、湖南省交通科研院以及设计院始终如一地支持拱桥研究小组工作,目的是推动科技进步。科研的道路是艰苦曲折的,只有不懈努力坚持到底的人才能取得成功。

(2)怀化市公路设计院工程师们在深厚理论基础指导下完成了石砌板肋拱(净—7)设计图和二平铰计算表格,多年来为全国各地单位无偿提供了众多的石砌拱技术资料。经过他们的多年努力在怀化地区先后完成了百余座石砌板肋拱桥,其中具有特色的如:

①第一座60m大跨径拱——辰溪柿溪桥,该桥介绍给贵州黔南自治州取得成功;

②怀化井溪口大桥造型新颖的坦腹拱;

③向日葵形腹拱的辰溪流亭溪大桥。

(3)湘西自治州交通设计院在湘西卓有成效地完成了多座(1/8~1/10)坦板肋拱设计。编制了净宽4.5m的石砌板肋拱设计图,对农村公路桥梁建设起了促进作用。

(4)张家界市和永定区交通局,数十多年来持续在张家界市推广修建了百余座石砌拱桥,促进了科技进步。例如:

①鹭鸶弯大桥($6\times48m$),完成了$\phi3\sim\phi5$无承台大直径挖孔桩,创当时国内之最,3m人行道采用大悬跨挑梁减少了桥宽6m。

②观音大桥($4\times52m$)首创无承台大直径沉挖空心桩。这对解决山区石拱桥基础工程有重要的意义。华东交大以此编制的(净-9,$f/l=1/8$)多孔拱设计图,就采用了观音大桥该项成果。

③格格洞大桥(72m),在桥高45m的情况下,开创了拱架用集束钢管立柱,拖拉贝雷纵梁到位后再竖木支架的混合结构,为以后轻型石拱桥的支架找到一条较好的出路。

3)全空式石砌拱技术

湖南省石拱桥的技术发展历程,是我国石拱桥技术发展的缩影。随着现代工业的发展,桥梁科技的进步,新结构、新工艺、新材料的应用为高速公路、干线公路跨越大江、大河、海峡特大桥梁提供了条件。但是中国这样的发展中国家,幅员辽阔,山岭众多,石拱桥造价低廉,在山区公路建设中还是具有强大的竞争力。传统石拱桥运用现代化技术改造后成为石砌拱桥,其造型的新颖美观、结构的经久耐用、能就地取材、不受运输、电力、设备等限制等都是钢、混凝土结构所没有的。可以说,轻型石砌拱桥的出现又使石拱桥的发展走出了低谷。

根据我国"西部大开发"的形势需要,湖南石拱桥项目组在总结1980年所设计的第一座全空式石砌拱桥——长沙市望城马家河和结合湘西自治州交通设计院设计的洗溪大桥($3\times43m$)以及湖南公路设计公司设计的观音大桥($4\times52m$)等实践,组织教授、讲师和研究生在开发专用程序基础上着手编制了"净-9,$f/l=1/8$的全空式石砌拱设计图"供参考。

1.2 石拱桥安全性问题

1.2.1 桥梁安全与既有石拱桥现状

桥梁工程作为线路的咽喉要道,是国家重要的基础建设之一,是关系社会和经济协调发展的生命线工程。据统计中国现有的62万余座桥梁中,大约有1/3存在不同程度的结构性缺陷或功能失效隐患,这些安全隐患一旦爆发,将造成难以估量的生命及财产损失,其后果不堪设想。事实上,国内外桥梁史上由于桥梁垮塌造成的惨重事故比比皆是,令人触目惊心,如1999年重庆綦江彩虹桥垮塌,造成40人死亡,直接经济损失600余万元;2001年宜宾南门长江大桥的断裂掐断了宜宾的交通喉舌,严重限制了该市经济发展;辽宁抚顺南杂木大桥垮塌、广东九江大桥被船撞击坍塌、湖南凤凰沱江大桥垮塌等事故,皆造成了严重后果;韩国的圣水大桥、葡萄牙的里斯本大桥以及我国台湾省的高屏大桥等垮塌事故,也都是震惊世界的重大事故。因此,桥梁工程的安全控制成了全世界面临的一个重大经济技术问题,保证桥梁结构安全设计、施工、运营,实现桥梁建设的功能目标与社会效益,确保桥梁建设在公路建设乃至国民经济建设中的贡献,保障人民的生命财产安全,已成为当前交通建设的重要需求和关键工作。

我国近代石拱桥大部分建成于20世纪50~80年代,受历史条件限制,设计荷载等级都不高,且桥面净宽较窄。桥梁在长期运营过程中受到自然灾害、环境变化、人为作用、交通量增加及交通荷载等级逐渐提高等众多不利因素的影响,导致这些桥梁出现材料劣化、结构变形、承载能力降低和耐久性不足等现象,很多桥梁的技术状况已不能满足行车安全的需要。湖南省交通科学研究院联合湖南大学、重庆交通大学、华东交通大学、湖南省公路管理局、湘西土家族苗族自治州公路管理局于2004~2009年对我国西南地区石拱桥进行调研,在国道、省道统计桥梁639座,其中石拱桥526座,其他桥梁113座。639座桥梁中技术状况被评定为三类的有200余座,四类的有约100座。调研结果显示,我国桥梁安全运营状况不容乐观,急需进行安全性评估与加固改造。

1.2.2 国内部分石拱桥坍塌事故

2004年5月5日,湖南浏阳市大瑶镇南川石拱桥,一辆车从桥上驶过后桥梁中间突然坍塌,如图1-5所示。桥梁坍塌长度约40m,宽5m。该桥建于1966年,连通浏阳与江西萍乡。2006年4月29日,湖南娄底市白马谥洪石拱桥坍塌(图1-6),一辆摩托车坠落,造成1死2伤。该桥桥长62m,宽5m,建于1987年。

图1-5 湖南浏阳南川石拱桥
(2004年5月5日坍塌)

图1-6 湖南娄底白马谥洪石拱桥
(2006年4月29日坍塌)

2006年5月16日,甘肃省岷县北门洮河大桥坍塌(图1-7),桥面上正在行走的行人和两辆农用三轮车掉进河中,致4人受伤。该桥于1972年开始兴建,桥面宽8m,桥长206.5m,

1974年7月建成通车。2006年11月25日,陕西省安康市冷水河大桥坍塌(图1-8),当时没有车辆行驶,大桥位于316国道,全长122m,桥高约30m,宽7m,于1985年6月建成通车。

图1-7 甘肃省岷县洮河大桥
(2006年5月16日坍塌)

图1-8 陕西省安康市冷水河大桥
(2006年11月25日坍塌)

2007年5月9日,江西上饶傍罗石拱桥坍塌(图1-9),该桥1988年建成,桥长355.2m,采用片石拱桥结构。2007年8月13日,湖南凤凰沱江大桥在拆除施工脚手架时全部垮塌(图1-10),坍塌造成64人死亡、22人受伤,沱江大桥全长约268m,为4孔石拱桥,宽13m,高42m。

图1-9 江西上饶傍罗石拱桥
(2007年5月9日坍塌)

图1-10 湖南凤凰沱江大桥
(2007年8月13日坍塌)

国内近10年部分石拱桥坍塌统计见表1-2。

国内近10年来部分石拱桥坍塌统计表　　表1-2

序号	石拱桥坍塌时间	石拱桥名称	危　害
1	1998年2月20日	福建南安焦家湾大桥	6人死亡,13人受伤
2	2002年1月4日	浙江景宁景泰公路石拱桥	7人死亡,17人受伤
3	2002年6月16日	福建屏南万安桥	900年历史古桥损毁
4	2002年7月18日	湖北省仙桃市岛口桥	9人死亡,12人受伤
5	2002年12月14日	福建泉州市英都石拱桥	6人死亡,13人受伤
6	2004年1月31日	广西东兰县武篆镇石拱桥	9人受伤

续上表

序 号	石拱桥坍塌时间	石拱桥名称	危 害
7	2004年5月5日	湖南浏阳南川石拱桥	交通中断
8	2005年1月15日	湖南郴州市黄泥坑石拱桥	7人死亡,3人受伤
9	2005年6月11日	广东信宜市村尾石拱桥	交通中断
10	2005年12月12日	广东揭西县美德大桥	2辆摩托车坠河
11	2005年12月14日	福建三明市五仙姑石拱桥	6人死亡
12	2006年4月29日	湖南娄底白马溢洪石拱桥	1人死亡,2人受伤
13	2006年5月16日	甘肃岷县洮河大桥	4人受伤
14	2006年7月1日	山东枣庄市欧峪大桥	交通中断
15	2006年9月21日	四川自贡桥头村石拱桥	5人受伤
16	2006年11月25日	陕西白河县冷水河大桥	1人受伤
17	2007年2月3日	湖北汉川虾集一石拱桥	1车掉落
18	2007年3月23日	湖北通城郑家屋石拱桥	2人死亡,9人受伤
19	2007年5月9日	江西上饶傍罗石拱桥	交通中断
20	2007年8月13日	湖南凤凰沱江石拱桥	64人死亡,22人受伤
21	2007年12月16日	福建连城县陈桥石拱桥	4人死亡
22	2008年3月3日	江苏南京玉带镇红庙石拱桥	1辆货车坠河
23	2008年8月18日	湖北宜都市柑子园石拱桥	交通中断
24	2009年2月11日	浙江温州方隆桥	3人死亡,多人受伤
25	2009年3月7日	重庆铜梁县泰康石拱桥	2人受伤
26	2009年3月12日	江苏乐平新溪湾石桥	交通阻断

1.2.3 石拱桥安全评价与维修加固

作为中华民族文化特征之一的石拱桥,从古至今建成的石拱桥,遍及全国各地,数以万计。这些桥梁中,有些已处于危桥状态,如何对这些病桥进行检测、评估和加固是学术界关心的问题。自20世纪80年代起,在一些发达国家,桥梁工程的重点逐步转移到桥梁的鉴定评估、养护维修和加固改造方面,并已取得长足发展。

在"六·五"期间,对公路旧桥的检测、评估和加固方法进行了广泛的研究和工程实践,并取得了良好的社会效益。"七·五"期间,交通部适时地将"旧桥检测、评估、加固技术的应用"列为1989~1990年科技进步"通达计划"项目,交通部科技情报所具体组织推广。此举极大推动了公路旧桥加固、改造技术研究。因此,在公路梁桥和拱桥等旧桥承载力的检测、评估、加固改造技术和施工工艺等方面,取得了许多宝贵经验。

随着我国桥梁建设事业的发展,旧桥的维修养护问题也日益突出,这不仅是我国的问题,也是世界性的难题。交通部确定的"十·五"公路管养目标之一就是:逐步改造国省干线公路上的老旧桥梁，基本消灭国省干线公路上的危桥。

自 20 世纪 70 年代以来，我国开始着手对旧桥加固和改造技术进行研究，对公路旧桥的检测、评价、维修加固和改造方法进行了广泛的研究和工程实践，获得了许多宝贵的经验，取得了良好的社会效益和经济效益。中国公路学会自 2000 年起已举办了六届"全国公路桥梁维修与加固技术研讨会"，对旧桥的检测、评价、维修加固方法和加固材料进行了广泛的探讨。据统计，维修加固和改造方法已多达 70 多种，随之也出现了许多维修加固的新材料。关于维修加固的改造方法、施工工艺和材料使用等的介绍已有一些书籍和论文。

由于桥梁存在桥型桥位差异、地质条件差异以及其原始资料不齐等情况，导致其病害的情况又各不相同，并且对维修加固和改造方法的适应性、经济性等方面还缺乏系统的研究，维修加固和改造方法也缺乏标准化、规范化的设计施工指南。因此有必要对我国的拱桥进行广泛调查，对其典型病害及其发生原因进行详细的总结和分析，以确定正确的维修加固和改造方案。

桥梁结构的安全性问题已日益受到有关主管部门和广大工程技术人员的重视。我国目前还没有专门的安全性设计规范，它的进一步研究，既有服务于服役桥梁结构的现实意义，又有指导待建桥梁结构进行安全设计的理论意义，同时，也对丰富和发展桥梁结构理论具有一定的理论价值。目前，如何考虑石拱桥结构的特点对设计理论进行研究，也是桥梁专家关注的问题。

桥梁的承载能力是桥梁维修、加固和改造的基础，能反映维修加固和改造的效果，故准确评定桥梁的承载能力是十分重要的。但目前的桥梁承载能力鉴定工作有很大的模糊性，大量不可预知的影响因素使得承载能力难以量化，使得桥梁承载能力鉴定方法存在主观判断性和应用的局限性。

我国在现有结构可靠性鉴定及评定方面的研究起步较晚，但发展较快，目前在模糊综合评判、结构动态可靠度、旧有结构可靠性评价等方面也作了很多研究。国内已制订了五部可靠性鉴定规程，主要用于工业与民用建筑领域，已开展了基于结构可靠度理论评估桥梁的结构安全性研究，目前常用的结构可靠性评估方法主要有：变权评定方法、基于神经网络理论的评估方法。然而其中结构安全评定指标的确定仍然有待进一步的研究，使其更加科学、合理，从而使人们对结构的安全现状判断具有可操作性。

1.3　石拱桥典型病害与成因

1.3.1　石拱桥检测内容

1）资料收集

资料收集主要包括：设计资料、施工资料、水文地质资料、桥梁服役过程中的相关检查资料和养管资料、加固维修资料及桥梁现有交通量等。应尽可能多地收集桥梁的各种技术资料，并将水文地质资料的收集作为重点。

2）现场检测项目

石拱桥的现场检测主要对全桥存在的病害进行检查和记录，检测的主要内容如下。

(1) 下部结构

①墩台基础

基础是否沉陷、位移、倾斜、冲刷、淘空、剥落、冲蚀、开裂,材料是否满足要求,砌缝是否饱满、规整。

②桥墩

墩身是否开裂、局部外鼓、表面风化、剥落、空洞、露筋,是否有变形、倾斜、沉降、冲刷、冲撞损坏等。

③桥台

桥台是否开裂、破损,台背填土是否有裂缝、挤压,材料是否满足要求,砌缝是否饱满、规整等。

④翼墙、耳墙、锥坡、护坡

翼墙、耳墙、锥坡、护坡是否破损,是否有风化、剥落、空洞、孔洞、位移、裂缝,锥坡是否有隆起、砌块松动、生物破坏等情况。

⑤河床

河床是否堵塞、冲刷、变迁。

⑥调治构造物

调治构造物是否损坏、冲刷、变形。

(2) 上部结构

①主拱圈

a. 主拱圈的拱板或拱肋是否开裂、风化、砌石有无压碎、局部掉块、砌缝有无空、脱落、渗水,表面有无苔藓、草木滋生,材料是否满足要求;

b. 拱脚是否位移、开裂、压碎;

c. 主拱圈、横向联结是否变形、开裂;

d. 主拱圈是否变形,拱轴线是否满足设计要求;

e. 结构实际尺寸包括截面尺寸、跨径、加固维修尺寸等是否满足要求。

②拱上建筑

a. 腹拱是否变形、错位;腹拱、立墙、立柱顶是否开裂;

b. 拱的侧墙与主拱圈间有无脱落,侧墙有无鼓突变形、开裂、外倾;

c. 表面是否风化,有无苔藓、草木滋生,材料是否满足要求,砌缝是否饱满。

(3) 桥面系

①桥面铺装

a. 沥青混凝土:是否有变形、泛油、车辙、破损、不平、开裂、坑槽、积水、桥头跳车等现象;

b. 水泥混凝土:是否有坑槽、开裂、松散、不平、破损、磨光、错台、拱起、接缝损坏、桥头跳车等现象。

②人行道、栏杆、防撞栏

人行道有无开裂、断裂、缺损;缘石有无剥落、退化和高度不够;栏杆是否有松动、撞坏、锈蚀和变形等。

③排水、照明及标志

a. 桥面排水是否顺畅,泄水管是否完好、畅通,桥头排水功能是否完好,桥面纵、横坡度是否能顺利归水,有无积水可能,排水设施是否合理,泄水能力是否满足要求,泄水管有无损坏、堵塞,有无渗漏。

b. 照明、标志

是否设置照明系统,标志设置是否合理。

(4)其他附属

桥梁有无其他病害情况。

1.3.2 石拱桥典型病害

湖南交通科学研究院石拱桥研究组调研526座服役石拱桥,有321座即61%的桥梁都建于20世纪70年代以前,基本都没有任何相关的设计、施工等资料,主要有以下几种典型病害。

1)基础病害

基础病害通常包括:基础沉降和不均匀沉降、基础滑移和倾斜、基础冲刷和淘空及基础开裂等。由于石拱桥的基础通常为浅基础,受冲刷的影响比较大。根据病害的程度,将基础病害分为5类,具体见表1-3。

基础病害分类表　　　　　　　　　表1-3

类别 项目	一类(很好)	二类(良好)	三类(一般)	四类(较差)	五类(很差)
基础	基础完好无损,浅基础已作防护处理,效果良好	基础基本完好,局部松散,但其面积<3%。无冲刷现象	基础表面出现剥落、松散,面积<10%。基底局部冲刷	基础表面出现大面积剥落、松散,基础冲刷较严重	基础表面出现大面积剥落、松散,基础沉降、冲刷严重
病害桥梁数量(座)	90	206	137	72	21

526座桥中,有55座基本为旱桥,392座桥跨越小溪流或深沟,79座桥跨越酉水、峒河等支流,受水流冲刷比较大。其中比较典型的有:邦天小桥(图1-11)、杜田二桥(图1-12)、靛房一桥(图1-13、图1-14)。

图1-11　邦天小桥

图1-12　杜田二桥

　　图 1-13　靛房一桥全貌
（桥中墩底部有裂缝，中墩明显下沉）

　　图 1-14　靛房一桥中墩
（桥墩局部冲空）

2）墩台病害

墩台病害主要有：砂浆不饱满，墩台竖向裂缝，桥台侧墙、前墙开裂、垮塌等。根据病害程度分类见表 1-4。病害比较典型的拱桥有：金山桥（图 1-15）、哪寨大桥（图 1-16）、猫儿口一桥（图 1-17）、西门江桥（图 1-18）。

桥梁墩台病害分类表　　　　　　　　　　　表 1-4

类别 项目	一类（很好）	二类（良好）	三类（一般）	四类（较差）	五类（很差）
墩台	墩（台）各部分完好无损	墩（台）基本完好，表面出现轻微的剥落、裂缝，砂浆基本饱满。裂缝宽度小于规定值	墩（台）表面局部出现轻微的剥落、裂缝，局部砂浆不饱满。裂缝宽度略大于规定值	墩（台）表面大面积剥落或开裂，砂浆不饱满。裂缝宽度超限较多，出现较严重的倾斜、水平位移或沉降	墩（台）表面大面积剥落或开裂，砂浆极不饱满。裂缝宽度严重超限，出现严重的倾斜、水平位移或沉降
病害桥梁数量（座）	61	68	214	158	25

　　图 1-15　金山桥
（桥台一侧垮塌）

　　图 1-16　哪寨大桥
（桥台有裂缝 4 处，缝宽 2cm 左右）

图1-17 猫儿口一桥
（左侧桥台垮塌,护栏破损残缺）

图1-18 西门江桥
（拱圈下方渗水,桥台有裂缝、破损）

3）主拱圈及拱上建筑病害

主拱圈及拱上建筑病害:砌筑质量不好,砂浆不饱满,经过数十年的运营,拱圈渗水、开裂、松动较为普遍,病害程度分类见表1-5。典型病害的拱桥有:石排洞桥（图1-19）、昂超桥（图1-20）、罗坪桥（图1-21）、溪口桥（图1-22）。

主拱圈及拱上建筑病害分类表　　　　表1-5

项目 \ 类别	一类(很好)	二类(良好)	三类(一般)	四类(较差)	五类(很差)
主拱圈及拱上建筑	结构完好无损	结构基本完好,砌体出现局部剥落,面积<3%,主拱圈或拱上建筑砌体有轻微裂缝,宽度小于规定值	砌体出现局部剥落,面积<10%,主拱圈或拱上建筑砌体有轻微裂缝,个别裂缝宽度略大于规定值	砌体出现较严重剥落、松散,面积>10%,主拱圈或拱上建筑砌体有裂缝,个别裂缝宽度超过规定值较多,拱圈有局部变形	砌体出现严重剥落、松散,主拱圈或拱上建筑砌体有裂缝,主要位置裂缝宽度超过规定值较多,拱顶下沉,拱圈出现明显永久性变形
病害桥梁数量（座）	6	247	179	65	29

a)小拱圈两侧裂缝

b)主拱圈砂浆松动

图1-19 石排洞桥

a) 主拱圈拱顶至拱底有3cm左右裂缝

b) 拱圈砂浆松动

图1-20 昂超桥

图1-21 罗坪桥（拱圈渗水严重）

图1-22 溪口桥（拱上结构松散）

4) 桥面系病害

桥面系分桥面铺装、栏杆、人行道、排水设施。桥面铺装表现为桥面坑槽、龟裂、破碎、变形严重；栏杆主要为脱落、扶手残缺或歪斜；人行道剥落、开裂、破碎，与桥面板连接不牢固；排水设施堵塞、排水不良、纵横坡坡度不足。桥面系损坏对拱桥影响较大，渗水直接影响拱上填料，增加拱桥自重，降低材料强度，冬季除冰盐的使用，盐分直接对砂浆材料造成破坏，砂浆颗粒随渗水流走，造成拱桥砂浆松动，甚至砌筑石料间砂浆空洞。桥面系病害情况分类见表1-6。桥面系病害较典型的有白岩桥（图1-23）、哪寨大桥（图1-24）、乌巢河大桥（图1-25）。

桥面系病害分类表　　　　　　　　　　　　　　　　表1-6

项目\类别	一类(很好)	二类(良好)	三类(一般)	四类(较差)	五类(很差)
桥面铺装	基本无缺损现象或仅有少量极轻微的细裂缝，对行车无影响	裂缝程度较轻（裂缝边缘无或仅有轻微剥落）、数量较少，坑槽、龟裂面积在5%以内，变形轻微	裂缝程度中等（裂缝边缘有中等剥落），坑槽、龟裂（破碎板）面积在10%以内，变形中等程度	裂缝严重，数量较多，坑槽、龟裂（破碎板）面积超过10%，变形严重	出现大面积的坑槽、龟裂、破碎（水泥混凝土铺装层），变形严重，危及行车安全
病害桥梁数量（座）	10	68	258	136	54

续上表

项目 \ 类别	一类(很好)	二类(良好)	三类(一般)	四类(较差)	五类(很差)
栏杆	基本无缺损现象	结构完整,但表面出现轻微的剥落、裂缝	结构尚完整,表面出现较为严重的剥落、露筋、裂缝	结构局部不完整,表面出现严重的剥落、露筋、裂缝	出现严重的剥落、露筋、脱裂,部分栏杆或扶手残缺不全或严重歪斜,危及人身安全
病害桥梁数量(座)	—	114	201	151	60

项目 \ 类别	一类(很好)	二类(良好)	三类(一般)	四类(较差)	五类(很差)
人行道	基本无缺损现象	表面出现剥落、开裂,但程度较轻	表面出现中等程度的剥落、开裂,或局部出现破碎,但面积较小	表面出现严重程度的剥落、开裂、破碎,与桥面板连接不牢固	表面出现大面积的剥落、破碎,与桥面板连接不牢固
病害桥梁数量座	—	78	203	137	108

图1-23 白岩桥(护栏破损严重)

图1-24 哪寨大桥(护栏缺损,桥面坑槽)

a) 桥面铺装破碎、龟裂、坑槽

b) 桥面雨天积水严重、排水不良

图1-25 乌巢河大桥

5）石料风化

石拱桥砌筑一般为就地取材，地处山区，这些桥不同程度地存在风化现象。风化分物理风化、化学风化与生物风化。石拱桥比较普遍的是生物风化，根据风化的程度，将其分类为：基本无风化、轻微风化、中度风化、较严重风化、严重风化五类，见表1-7。生物风化主要原因为养护、维修不及时，如图1-26、图1-27所示。

石料风化分类表　　　　　　　　　　　表1-7

项目＼类别	一类	二类	三类	四类	五类
风化程度	基本无风化	轻微风化	中度风化	较严重风化	严重风化
病害桥梁数量（座）	0	179	198	138	11

图1-26 渔夫樵桥（杂草丛生，生物风化严重，拱圈下方渗水）

图1-27 王儿桥（杂草丛生，生物风化严重，拱圈下方渗水）

1.3.3 典型病害成因分析

拱桥典型病害成因归纳为施工质量、材料本身缺陷、车辆超载、基础沉降等引起拱桥内力超过限值，引起拱桥局部开裂；砌筑砂浆不饱满，桥面渗水带走拱圈内部砂浆颗粒，引起石料间空洞；养护、维修不及时引起桥墩基础冲刷；生物、物理和化学风化造成石材强度降低。石拱桥裂缝限值见表1-8，典型病害成因分析见表1-9。

石拱桥裂缝限值表　　　　　　　　　　　表1-8

结构类别	裂缝位置	允许最大缝宽（mm）	其他要求
主拱圈	横向裂缝	0.30	裂缝高度小于截面高一半
	纵向裂缝（竖缝）	0.50	裂缝长小于跨径1/8
墩台身	经常受侵蚀性环境水影响	0.30	不允许贯通墩台身截面一半
	常年有水，但无侵蚀性环境水	0.35	
	干沟或季节性有水流	0.40	

典型病害成因表 表1-9

结构类别	典型病害	产生的主要原因
下部构造	基础冲刷	水流流速大,基础防护不到位
	基础沉降、滑移、开裂	①施工质量问题;②超载;③基础冲刷严重
	桥台侧墙变形、开裂	①侧墙内土压力过大;②超载
上部构造	拱圈开裂	①施工质量问题;②超载;③基础沉降、滑移
	砌筑砂浆不饱满	施工质量问题
	风化严重	①石料属于易风化岩石;②养护不及时,造成生物风化严重
桥面与总体	桥面开裂	①施工质量问题;②超载
	总体线形差	受地势限制,桥梁与接线衔接不顺直

通过调查和分析,旧石拱桥病害及其原因可归结如下。

(1)基础沉陷,墩台移动。石拱桥多按无铰拱设计,为超静定结构,当桥墩在横向发生不均匀沉降时,主拱圈及侧墙将会发生倾斜、扭转,严重的将会导致开裂。当桥墩在纵向发生不均匀沉降时,侧墙将会产生竖向裂缝,主拱圈在下沉墩附近的拱脚下缘开裂,上缘与侧墙脱离。

(2)主拱圈开裂。主拱圈开裂严重影响桥梁的安全,其主要原因是主拱圈厚度太小或材料强度不够。石拱桥主拱圈内力分析表明,拱顶正弯矩最大,拱脚负弯矩最大,拱顶、拱脚为设计控制截面,若截面抗力小于设计荷载内力,将造成拱顶下部或拱脚上部开裂。如拱桥由多层平行拱圈石砌成,在施工中圈与圈又未注意交错搭接,拱圈则易发生纵向裂缝。拱圈裂缝一般只有1~2mm,但一经开裂,往往容易发展,危及桥梁的正常使用。

(3)腹拱圈开裂。由于主拱圈变形而产生的拱上构造的外加应力,可能使腹拱发生裂缝。

(4)拱脚附近拱圈压碎。在部分拱桥的拱脚附近发现拱圈石料的碎裂和剥落现象,主要原因是护拱较弱,或是没有护拱,或是石料的加工质量较差,导致拱圈和侧墙出现渗水现象。

(5)侧墙开裂。侧墙开裂包括侧墙与拱圈连接界面的脱开和侧墙自身开裂。主要原因是拱上填料在自身恒载及外活载作用下,对侧墙产生的横向推力及在与拱圈共同受力时,侧墙在$L/4$截面产生拉应力而导致开裂。

(6)材料老化。石砌圬工材料的老化主要是由于受风、雨的侵蚀作用,使材料的强度降低,从而导致整个结构承载能力的降低。

(7)桥面破损。桥面破损影响行车安全,轻则使行车轻微颠簸,重则产生跳车。且车辆经过跳车处时,会引起腹拱严重振动,增加构件的疲劳,势必缩短桥梁的使用寿命。主要原因是空腹式拱桥由于腹拱铰的存在,为适应变形的需要,侧墙与桥面结构需相应设置伸缩缝或变形缝,由于缝的存在,构造上又不进行改善,易引起桥面从变形缝处开始破坏。桥面伸缩缝设置构造过于简单,不能满足桥梁变形的需要,造成桥面破坏。

(8)防水层破坏或失效。防水层破坏或失效,使拱圈漏水,影响结构安全,缩短了桥梁的使用寿命。主要原因是空腹式拱桥多采用沥青、油毛毡防水层,油毛毡容易老化,特别是变形缝处,很难保证沥青麻絮密实。

本章参考文献

[1] 中华人民共和国交通部.JTG D60—2004 公路桥涵设计通用规范[S].北京:人民交通出

版社,2004.
- [2] 中华人民共和国交通部.JTG D61—2005 公路圬工桥涵设计规范[S].北京:人民交通出版社,2005.
- [3] 中华人民共和国交通部.JTG E41—2005 公路工程岩石试验规程[S].北京:人民交通出版社,2005.
- [4] 中华人民共和国交通部.JTG H11—2004 公路桥涵养护规范[S].北京:人民交通出版社,2004.
- [5] 田云跃.中华石桥[M].长沙:湖南教育出版社,2002.
- [6] 《桥梁史话》编写组.桥梁史话[M].上海:上海科学技术出版社,1998.
- [7] 罗英,唐寰澄.中国石拱桥研究[M].北京:人民交通出版社,1993.
- [8] 江西省交通厅.德安大跨径乱石拱桥施工总结[R].1960.
- [9] 中华人民共和国交通部.JTG F80/1—2004 公路工程质量检验评定标准[S].北京:人民交通出版社,2004.
- [10] 胡柏学,钟珍云,谢海秋,等.中国石拱桥发展述评[J].湖南交通科技,2006(1).

第2章 石拱桥结构材料试验

石拱桥与钢筋混凝土桥在材料方面显著不同,石拱桥主拱圈采用块石(或料石)和黏结材料(砂浆或小石子混凝土组成),拱上建筑填料是用砾石、碎石、粗砂或卵石夹黏土加以夯实构成。混凝土为由水泥、砂、碎石、水等按一定比例混合的胶凝体。因此,同混凝土材料相比较,石拱桥组成材料的非均质性更加复杂。为了从理论上分析石拱桥结构性能,本章通过对国内第二大跨径石拱桥——乌巢河大桥的石料进行试验研究,为石拱桥承载能力研究和理论分析提供更符合实际的材料参数。

2.1 工程背景概况

乌巢河大桥位于湖南省凤凰县沱江源头乌巢河峡谷的县道上,如图 2-1 所示,于 1989 年动工,1990 年竣工通车。大桥结构轻盈、造型美观,十分宏伟壮观,被誉为"天下第一大石桥"。该桥因地制宜,就地取材,综合应用和发展了中国近 20 多年来建造石拱桥的经验,建成全长 241m,高 42m,桥宽 8m,主跨为 120m 的双肋石拱桥,南岸引桥 3 孔 13m + 腹拱 9 孔 13m + 北岸引桥 1 孔 15m。主拱圈由两条分离式矩形石肋和 8 条钢筋混凝土横系梁组成。拱轴线为 $m = 1.543$ 的悬链线,拱矢度 1/5,拱肋为等高变宽度。采用 20MPa 的细石混凝土砌 100MPa 的块石;肋宽 2.5m,高 1.6m。

图 2-1 乌巢河大桥

2.2 试验岩样制作

2.2.1 材料试验内容

试验材料包括料场和桥上两种石料,皆为石灰岩,其中料场岩石宏观表现为富含闭合性节理,桥上岩石节理亦较发育,且局部发现含有泥质夹层。试验内容见表 2-1。

2.2.2 试件制备要求

桥涵工程所使用的岩样在运输和制备的过程中有严格的要求,对岩样试件的几何尺寸有相应的规定,具体要求如下。

试验内容及所获参数   表 2-1

序号	试验内容		所获参数
1	力学性能	单轴压缩试验	单轴抗压强度、弹性模量、泊松比和变形模量
2		三轴压缩试验	内摩擦角、内聚力、弹性模量和泊松比
3		砌缝法向单轴压缩试验	砌缝的法向刚度
4		砌缝压剪强度试验	砌缝抗剪强度(内摩擦角和内聚力)、切向刚度
5		岩石力学参数劣化分析	建议性的岩石力学劣化衰减数学模型

(1)试件用岩心或岩块加工制成,在采取运输和制备过程中应避免扰动。
(2)单轴与三轴压缩试验试件尺寸应符合下列规定。
①试件宜采用规则形状,在试件制备困难时可采用不规则形状。
②规则试件尺寸应符合下列规定:
a. 圆柱体直径或方柱体边长宜为 48~54mm;
b. 含大颗粒岩石的试件直径或边长应大于最大颗粒尺寸的 10 倍;
c. 试件高度与直径或边长之比宜为 2.0~2.5。
③不规则试件应符合下列规定:
a. 边长为 40~50mm 的浑圆形岩块或直径为 48~54mm 圆柱体;
b. 试件质量宜为 150~200g。
④每组试件块数不得少于 3 块。
(3)压剪强度试验试件制备应符合下列规定:
①试件在采取运输和制备过程中应防止扰动和失水;
②试件宜采用边长不小于 150mm 的立方体或直径不小于 150mm 的圆柱体;
③结构面试件的结构面应位于试件的中部;
④混凝土与岩石接触面试件应采用钢模具或直接采用剪切盒制备,接触面应位于试件中部,起伏差为边长的 1%~2%;
⑤混凝土原材料和配合比应根据设计要求确定,集料最大粒径不得大于试件边长的 1/6;
⑥在制备混凝土与岩石接触面试件的同时,应制备混凝土抗压试件 3 块;
⑦混凝土与岩石接触面的直剪试件和混凝土抗压试件应进行养护,达到规定的龄期后进行试验,同组试验宜在同一龄期下进行;
⑧根据需要试件可采用天然含水状态或饱和状态;
⑨每组试件不得少于 5 个。
(4)加工精度应符合下列要求:
①试件高度直径或边长的允许偏差为 ±0.3mm;
②试件两端面的不平整度允许偏差为 ±0.05mm;
③端面应垂直于试件轴线允许偏差为 ±0.25°;
④方柱体或立方体试件相邻两面应互相垂直,允许偏差为 ±0.25°。

2.2.3 试件加工形状及尺寸

根据试验制备与试验内容的要求,岩样加工形状和尺寸如图 2-2 和表 2-2 所示。

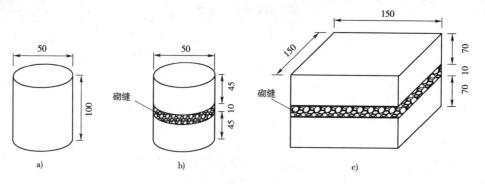

图 2-2 岩样加工形状和尺寸示意(尺寸单位:mm)

岩样加工形状和尺寸表　　　　　　　　　　　　　　　　表 2-2

岩样尺寸(mm)	制作方法	试验内容
$\phi 50 \times 100$	由岩芯或岩块中钻取	单轴压缩和三轴压缩试验
$\phi 50 \times 100$	从上述岩样(1)中沿轴向截取长度各为 45mm 的两段,将砌筑面打毛,中间用厚度约为 10mm 的砂浆浇筑黏结	砌缝法向单轴压缩试验
$150 \times 150 \times 150$	加工 150mm×150mm×70mm 的两块试件,将砌筑面打毛,中间用厚度为 10mm 的砂浆浇筑黏结	砌缝压剪强度试验

2.3　岩石力学试验

试验采用 RMT-105C、MTS-815.03 刚性试验机对桥上和料场两种岩石进行单轴和三轴压缩试验,确定岩石的单轴抗压强度、三轴抗压强度、弹性模量、泊松比、变形模量、内摩擦角和内聚力等力学参数。

2.3.1　试验设备

1) RMT-105C 刚性试验机

RMT-105C 刚性试验机由中国科学院武汉岩土力学研究所研制开发,专门用于岩石、混凝土类材料力学试验,如图 2-3 所示。

RMT-105C 计算机控制电液伺服刚性试验机主要由轴压系统、侧压力系统和微机控制系统三大部分组成。控制方式包括:轴向载荷控制(力或应力控制)、冲程控制、轴向应变控制、环向应变控制及以上各控制方式的联合控制(切换)等。变形控制速率范围:应变速率 $10^{-2} \sim 10^{-7} s^{-1}$。试验时采用应变控制,加载应变速率为 $0.002 s^{-1}$。

2) MTS-815.03 刚性试验机

MTS-815.03 刚性试验机由美国 MTS 公司研制开发,主要用于地质类材料的力学试验,如图 2-4 所示。MTS-815.03 计算机控制电液伺服试验机主要由轴压系统、侧压力系统、加温系统、微机控制系统四大部分组成。控制方式包括:轴向载荷控制(力或应力控制)、冲程控制、轴向应变控制、横向应变控制及以上各控制方式的联合控制(切换)等。变形控制速率范围:应变速率 $10^{-2} \sim 10^{-7} s^{-1}$,试验时采用应变控制,加载应变速率为 $10^{-4} s^{-1}$。

图 2-3　RMT-105C 刚性试验机　　　　图 2-4　MTS-815.03 刚性试验机

2.3.2　单轴压缩试验

1）试验方法

单轴压缩试验是为了获得岩石在单轴压缩条件下的弹性模量、泊松比、变形模量、单轴抗压强度等力学参数。试验方法如下。

（1）轴向应变和横向应变测量均采用锥尖式应变传感器；

（2）试验时，采用轴向应变控制，应变速率选择 $0.002s^{-1}$；

（3）试验时，在计算机中输入试件的编号、直径 D、高度 H 及传感器的有关参数，系统自动记录试验过程中的力、位移和应力（由荷载及试件面积自动算出）、应变等参数，供试验后参数分析；

（4）试验终止条件：试件达到抗压强度而突然破裂或试件破裂后，系统达到保护值后自动停机；试件达到强度后，仍然有残余强度，应力缓慢下降，应变仍有发展，当应力接近零时，人工停机，此时可得到应力—应变的全过程曲线。

2）桥上岩样试验结果

试验在 RMT-105C 刚性试验机上进行，由图 2-2 和表 2-2 制作桥上岩样，共取得岩样 3 组，试验结果如图 2-5～图 2-7 所示。

  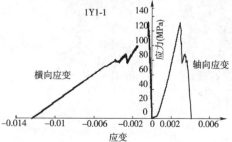

a) 试验前　　　　b) 破坏后　　　　　　　　　c) 应力—应变曲线

图 2-5　桥上岩样试件 1 试验结果

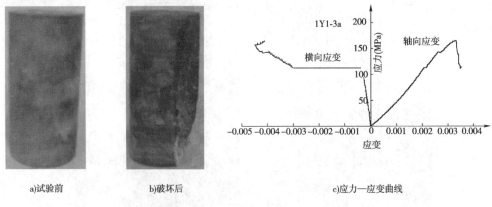

图 2-6　桥上岩样试件 2 试验结果

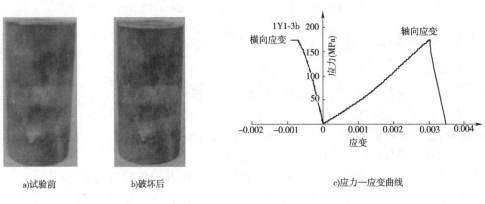

图 2-7　桥上岩样试件 3 试验结果

3）料场岩样试验结果

料场岩样试验在 RMT-105C 刚性试验机上进行，同样取得 3 组岩样，结果如图 2-8～图 2-10 所示。

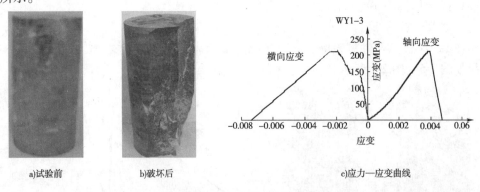

图 2-8　料场岩样试件 1 试验结果

4）力学参数的计算方法

（1）单轴抗压强度

在应力—应变曲线上，岩样试件的单轴抗压强度值为试验达到的最大应力值。

(2)变形模量

变形模量按下式计算:

$$E_{50} = \frac{\sigma_{50}}{\varepsilon_{50}} \tag{2-1}$$

式中:E_{50}——岩石抗压强度50%的割线模量(变形模量)(MPa);

σ_{50}——抗压强度50%时的应力值(MPa);

ε_{50}——应力为σ_{50}时的纵向应变值。

  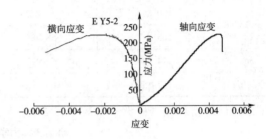

a)试验前　　　　b)破坏后　　　　　　　　c)应力—应变曲线

图2-9　料场岩样试件2 试验结果

  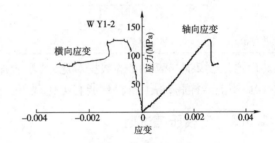

a)试验前　　　　b)破坏后　　　　　　　　c)应力—应变曲线

图2-10　料场岩样试件3 试验结果

(3)弹性模量

弹性模量按下式计算:

$$E_e = \frac{\delta_b - \delta_a}{\varepsilon_{hb} - \varepsilon_{ha}} \tag{2-2}$$

式中:E_e——岩石弹性模量(MPa);

δ_a——应力与纵向应变关系曲线上直线段起点的应力值(MPa);

δ_b——应力与纵向应变关系曲线上直线段终点的应力值(MPa);

ε_{ha}——应力为δ_a时的纵向应变值;

ε_{hb}——应力为δ_b时的纵向应变值。

(4)泊松比

$$\mu_c = \frac{\varepsilon_{db} - \varepsilon_{da}}{\varepsilon_{hb} - \varepsilon_{ha}} \tag{2-3}$$

式中：μ_c——岩石弹性泊松比；

ε_{da}——应力为 δ_a 时的横向应变值；

ε_{db}——应力为 δ_b 时的横向应变值。

5）岩样力学参数对比

(1) 经计算得桥上岩样力学参数见表2-3。

桥上岩样力学参数　　　　表2-3

试件编号	单轴压缩强度(MPa)	弹性模量(GPa)	变形模量(GPa)	泊松比
1	130.852	58.852	35.099	0.190
2	165.847	58.486	50.703	0.250
3	174.774	63.477	51.118	0.240
平均值	157.158	60.272	45.640	0.227

(2) 经计算得料场岩样力学参数见表2-4。

料场岩样力学参数　　　　表2-4

试件编号	单轴压缩强度(MPa)	弹性模量(GPa)	变形模量(GPa)	泊松比
EY5-2	225.756	63.167	49.706	0.302
WY1-2	126.151	55.553	45.275	0.246
WY1-3	213.259	65.161	48.491	0.337
平均值	188.389	61.294	47.824	0.295

(3) 通过表2-3与表2-4的数据对比，料场岩样的单轴抗压强度、弹性模量和变形模量平均值均比桥上岩样高，桥上石料性能有劣化现象。

2.3.3　三轴压缩试验

1）试验方法

三轴压缩试验是为了获得岩石在不同围压条件下的变形参数和三轴强度参数等值。试验方法如下：

(1) 试验采用等侧向压力（$\delta_2 = \delta_3$），试件制成圆柱体，围压分为三级（5MPa、10MPa和20MPa），每组3个试样。

(2) 轴向应变测量，应变规的长度应超过岩石颗粒直径的10倍，并且应变规不应占据试件两端的 $\dfrac{D}{2}$ 范围以内，其中 D 为试件直径。

(3) 试验时，将试件的直径、高度分别输入试验程序中，供控制系统计算轴向应力、轴向和横向应变。试验中轴向力传感器获得的应力实际上是应力差 $\sigma_1 - \sigma_3$。

(4) 试件在单轴条件下装好后，放入三轴压缩室，锁紧密封螺栓，注油并排出气体。油充满后，向三轴压缩室加围压，以每分钟5MPa左右的速率加载到预定围压值。此后，以轴向应变速率为 $10^{-6} s^{-1}$ 的控制方式进行加载试验，当轴向应力达到峰值时，切换成以横向应变的控制方式进行加载，应变速率为 $10^{-6} s^{-1}$。

(5)终止加载条件:试件突然破坏,系统自动停止;应力—应变关系有良好的后区,当载荷接近零时人工停止试验,此时可得到应力—应变全过程曲线。

2)桥上岩样试验结果

试验在 MTS-815.03 刚性试验机上进行,共取得 3 组 9 个岩样试件,试验结果如图 2-11 ~ 图 2-19 所示。

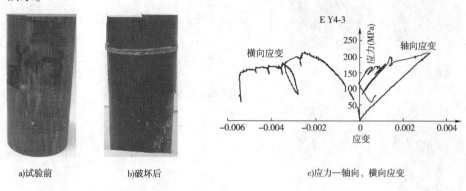

图 2-11 桥上岩样试件 1 试验结果(σ_3 =5MPa)

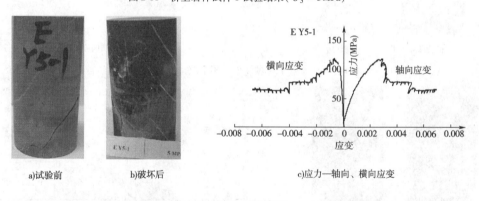

图 2-12 桥上岩样试件 2 试验结果(σ_3 =5MPa)

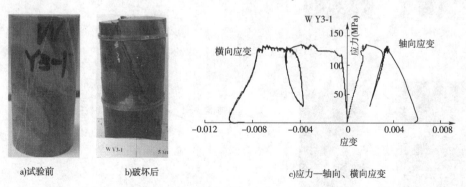

图 2-13 桥上岩样试件 3 试验结果(σ_3 =5MPa)

3)料场岩样试验结果

试验在 MTS-815.03 刚性试验机上进行,料场岩样 3 组共 9 块三轴压缩试验结果如图 2-20 ~ 图 2-28 所示。

 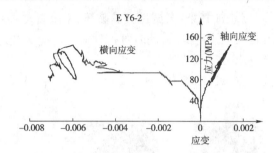

a)试验前　　　b)破坏后　　　　　　　　c)应力—轴向、横向应变

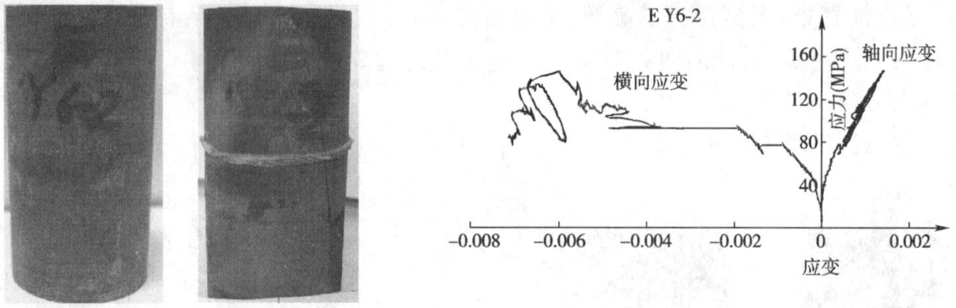

图 2-14　桥上岩样试件 4 试验结果（$\sigma_3 = 10\text{MPa}$）

a)试验前　　　b)破坏后　　　　　　　　c)应力—轴向、横向应变

图 2-15　桥上岩样试件 5 试验结果（$\sigma_3 = 10\text{MPa}$）

a)试验前　　　b)破坏后　　　　　　　　c)应力—轴向、横向应变

图 2-16　桥上岩样试件 6 试验结果（$\sigma_3 = 10\text{MPa}$）

  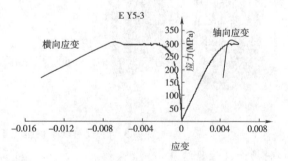

a)试验前　　　b)破坏后　　　　　　　　c)应力—轴向、横向应变

图 2-17　桥上岩样试件 7 试验结果（$\sigma_3 = 20\text{MPa}$）

第 2 章　石拱桥结构材料试验

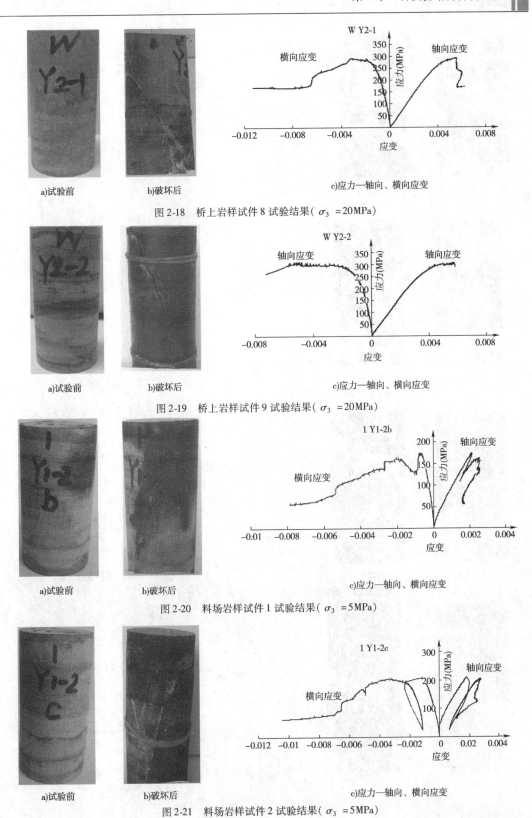

a)试验前　　b)破坏后　　c)应力—轴向、横向应变

图 2-18　桥上岩样试件 8 试验结果（$\sigma_3 = 20\text{MPa}$）

a)试验前　　b)破坏后　　c)应力—轴向、横向应变

图 2-19　桥上岩样试件 9 试验结果（$\sigma_3 = 20\text{MPa}$）

a)试验前　　b)破坏后　　c)应力—轴向、横向应变

图 2-20　料场岩样试件 1 试验结果（$\sigma_3 = 5\text{MPa}$）

a)试验前　　b)破坏后　　c)应力—轴向、横向应变

图 2-21　料场岩样试件 2 试验结果（$\sigma_3 = 5\text{MPa}$）

 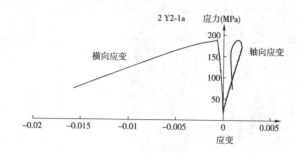

a)试验前　　b)破坏后　　　　　　　　c)应力—轴向、横向应变

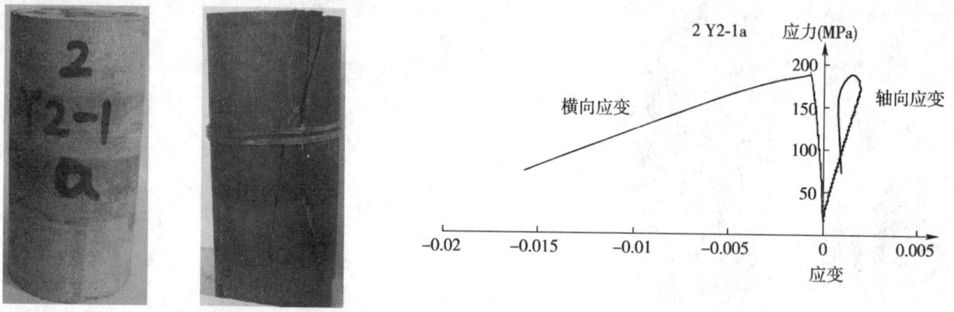

图 2-22　料场岩样试件 3 试验结果（$\sigma_3 = 5\mathrm{MPa}$）

a)试验前　　b)破坏后　　　　　　　　c)应力—轴向、横向应变

图 2-23　料场岩样试件 4 试验结果（$\sigma_3 = 10\mathrm{MPa}$）

  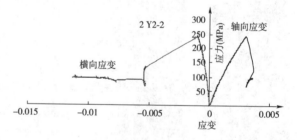

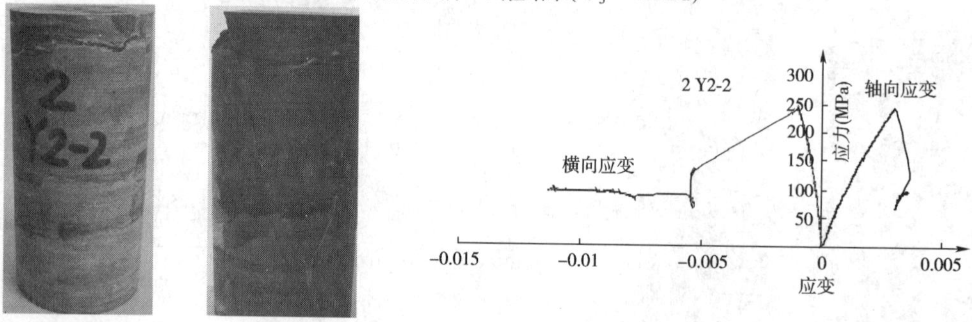

a)试验前　　b)破坏后　　　　　　　　c)应力—轴向、横向应变

图 2-24　料场岩样试件 5 试验结果（$\sigma_3 = 10\mathrm{MPa}$）

  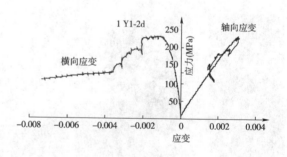

a)试验前　　b)破坏后　　　　　　　　c)应力—轴向、横向应变

图 2-25　料场岩样试件 6 试验结果（$\sigma_3 = 10\mathrm{MPa}$）

  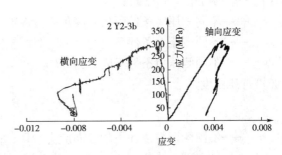

a)试验前　　　b)破坏后　　　　　　　c)应力—轴向、横向应变

图 2-26　料场岩样试件 7 试验结果（$\sigma_3 = 20\text{MPa}$）

  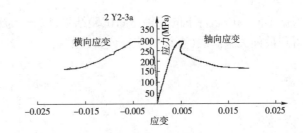

a)试验前　　　b)破坏后　　　　　　　c)应力—轴向、横向应变

图 2-27　料场岩样试件 8 三轴压缩试验（$\sigma_3 = 20\text{MPa}$）

  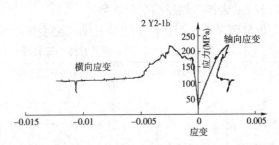

a)试验前　　　b)破坏后　　　　　　　c)应力—轴向、横向应变

图 2-28　料场岩样试件 9 试验结果（$\sigma_3 = 20\text{MPa}$）

4）力学参数的计算方法

(1) 应变

$$\varepsilon_l = \frac{\Delta l}{l} \tag{2-4}$$

式中：ε_l——轴向应变值；

　　　l——试件长度(mm)；

　　　Δl——试件压缩变形值(mm)。

(2) 变形模量

$$E_e = \frac{\sigma_{1\mu} - \sigma_3}{\varepsilon_{1\mu} - \varepsilon_{1b}} \tag{2-5}$$

式中：E_e——变形模量（MPa）；

$\sigma_{1\mu}$——不同侧压力条件下岩石峰值强度50%时的轴向应力值（MPa）；

$\varepsilon_{1\mu}$——不同侧压力条件下应力为$\sigma_{1\mu}$时的轴向应变值；

ε_{1b}——不同侧压力条件下应力为$\sigma_1 = \sigma_2 = \sigma_3$时的轴向应变值。

（3）抗压强度

$$\sigma_1 = \frac{P}{A} \tag{2-6}$$

式中：σ_1——不同侧压力条件下的轴向应力（MPa）；

P——轴向破坏荷载（N）；

A——试件截面积（mm²）。

（4）c、φ值

根据不同围压条件下的三轴压缩试验结果，以σ_1为纵坐标，σ_3为横坐标作图，通过线性回归得到最佳关系曲线（直线），获得该直线的斜率m，截距σ_c，并按下式直接求c、φ值。

$$c = \frac{\sigma_c(1 - \sin\varphi)}{2\cos\varphi} \tag{2-7}$$

$$\varphi = \sin^{-1}\frac{m-1}{m+1} \tag{2-8}$$

式中：c——岩石的内聚力（MPa）；

φ——岩石的内摩擦角（°）。

5）岩样力学参数分析整理

（1）桥上岩样三轴压缩变形参数

分析整理试验结果得桥上岩样三轴压缩变形参数，见表2-5。

桥上岩样的三轴压缩变形参数　　　　表2-5

试件编号	围压（MPa）	三轴压缩强度（MPa）	弹性模量（GPa）	泊 松 比
1	5	217.61	66.45	0.270
2		124.39	44.12	0.176
3		143.57	78.04	0.331
平均值		161.86	62.87	0.259
4	10	147.24	87.17	0.234
5		186.02	69.72	0.260
6		256.47	80.81	0.262
平均值		221.45	75.27	0.261
7	20	325.95	79.35	0.251
8		311.28	72.23	0.289
9		330.64	80.75	0.286
平均值		322.62	77.44	0.275
总平均值	—	—	71.86	0.265

注：试件4在试验前发现其节理发育，含有泥夹层，试验结果显示其抗压强度很低，与同组的另外两个试件相差较大，故分析时将其剔除。

(2) 桥上岩石的强度参数（c、φ 值）

图 2-29 为桥上岩石围压和三轴压缩强度的关系，利用最小二乘法得出两者之间的线性关系为：

$$\sigma_1 = 10.66\sigma_3 + 110.46 \quad (2\text{-}9)$$

由图 2-29 可知，直线的斜率 m 和截距 σ_c 分别为 10.66 和 110.46，再根据式（2-7）和式（2-8）可得到：$\varphi = 55.94°$，$c = 16.92\text{MPa}$，则三轴压缩状态下桥上岩石的抗剪强度准则为：

$$\tau = \sigma\tan55.94° + 16.92 \quad (2\text{-}10)$$

(3) 料场岩样三轴压缩变形参数

分析整理料场岩样三轴压缩变形参数，见表 2-6。

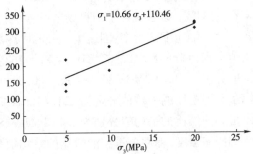

图 2-29 桥上岩石强度参数计算

料场岩石的三轴压缩变形参数　　　　　表 2-6

试件编号	围压（MPa）	三轴压缩强度（MPa）	弹性模量（GPa）	泊松比
1	5	166.64	80.55	0.265
2	5	207.49	89.85	0.246
3	5	192.81	80.08	0.245
平均值		188.98	83.49	0.252
4	10	251.43	87.98	0.270
5	10	254.49	92.43	0.300
6	10	238.39	80.28	0.231
平均值		248.10	86.90	0.267
7	20	328.82	76.04	0.279
8	20	313.06	78.61	0.242
9	20	239.57	89.39	0.313
平均值		320.94	77.33	0.261
总平均值		—	82.57	0.260

注：试件 9 的节理比其他试件更发育，导致其强度很低，分析时将其剔除。

(4) 料场岩石的强度参数（c、φ 值）

图 2-30 为料场岩石围压和三轴压缩强度的关系，利用最小二乘法得出两者之间的线性关系为：

$$\sigma_1 = 8.69\sigma_3 + 151.78 \quad (2\text{-}11)$$

由图 2-30 可知，直线的斜率 m 和截距 σ_c 分别为 8.69 和 151.78。根据式（2-7）和式（2-8）可得到：$\varphi = 52.53°$，$c = 25.74\text{MPa}$，则三轴压缩状态下料场岩石的强度关系为：

$$\tau = \sigma\tan52.53° + 25.74 \quad (2\text{-}12)$$

对桥上和料场岩样进行单轴和三轴压缩试验，得到如下结果：

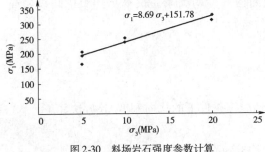

图 2-30 料场岩石强度参数计算

①单轴压缩试验中:桥上岩石的单轴抗压强度、弹性模量、变形模量和泊松比的平均值分别为 157.16MPa、60.27GPa、45.64GPa 和 0.23;料场岩石的单轴抗压强度、弹性模量、变形模量和泊松比的平均值分别为 188.39MPa、61.29GPa、47.82GPa 和 0.30。由以上数据知,桥上岩石的这四个参数值均小于料场岩石,说明桥上石料比料场风化快。

②三轴压缩试验中:围压为 5MPa 时,桥上岩石的三轴压缩强度、弹性模量和泊松比的平均值分别为 161.86MPa、62.87GPa 和 0.26,料场岩石的三轴压缩强度、弹性模量和泊松比的平均值分别为 188.98MPa、83.49GPa 和 0.25;围压为 10MPa 时,桥上岩石的三轴压缩强度、弹性模量和泊松比的平均值分别为 221.45MPa、75.27GPa 和 0.26,料场岩石的三轴压缩强度、弹性模量和泊松比的平均值分别为 248.10MPa、86.90GPa 和 0.27;围压为 20MPa 时,桥上岩石的三轴压缩强度、弹性模量和泊松比的平均值分别为 322.62MPa、77.44GPa 和 0.28,料场岩石的三轴压缩强度、弹性模量和泊松比的平均值分别为 320.94MPa、77.33GPa 和 0.26。桥上和料场岩石弹性模量、泊松比总平均值分别为 71.86 GPa、0.27 和 82.57GPa、0.26。

桥上岩石的内聚力和内摩擦角分别为 16.92 MPa 和 55.94°,料场岩石的内聚力和内摩擦角分别为 25.74 MPa 和 52.53°。

③由单轴压缩应力—应变曲线知,岩石在单轴压缩条件下呈脆性破坏,单轴抗压强度一般大于 120MPa。由三轴压缩应力—应变曲线知,岩石在三轴压缩条件下,随着围压增大,塑性变形增大,塑性特征更为明显,轴向抗压强度显著增大,泊松比略有增大。

④分析表中的数据发现,桥上岩石和料场岩石力学参数的离散性较强,表明岩性极不均匀,岩石力学参数的劣化衰减无明显规律性。

2.4 砌缝力学特性试验

试验中砌缝的设计参数主要有两项,砂浆抗压强度为 M7.5,水泥强度等级为 42.5。为了保证砂浆的稠度符合便于砌筑的要求,计算配合比时,用水量取最小值,且砂子为中砂。保证良好的养护条件,洒水常规养护 14d,温度高于 5℃。砌缝厚度为 10mm,砌缝砌筑面的凸凹起伏范围为 0.8~1.2cm。

2.4.1 砌缝法向单轴压缩试验

1)试件制作及试验方法

试验所采用的试件尺寸为 $\phi 50mm \times 100mm$。制作方法为:把 $\phi 50mm \times 100mm$ 的圆柱形试件沿轴向切成等长度的两段块,并打磨切面,使两段高度均为 45mm,然后用电锯将砌筑面打毛,最后浇上厚度约为 10mm 的砂浆,养护 14d 后进行试验。

(1)试验设备

试验在 RMT-105C 刚性试验机上进行。

(2)试验方法

砌缝法向单轴压缩试验是为了获得砌缝在单轴压缩条件下的法向刚度,其方法如下:

①轴向应变测量采用锥尖式应变传感器;

②试验时,采用轴向应变控制,应变速率选择 $0.002s^{-1}$;

③试验时,在计算机中输入试件的编号、直径 D、高度 H 及传感器的有关参数,系统自动记录试验时的力、应力(由荷载和试件面积自动算出)和位移、应变等参数,供试验以后整理所需要的参数值。

④试验终止条件:砌缝到达抗压强度而突然破裂后,系统到达保护值后自动停机;砌缝到达强度后,仍然有残余强度,应力缓慢下降而应变仍有发展,当应力降到接近零时,人工停机,此时得到应力—应变的全过程曲线。

2)砌缝试验结果

3 块砌缝试件法向单轴压缩试验结果如图 2-31 ~ 图 2-33 所示。

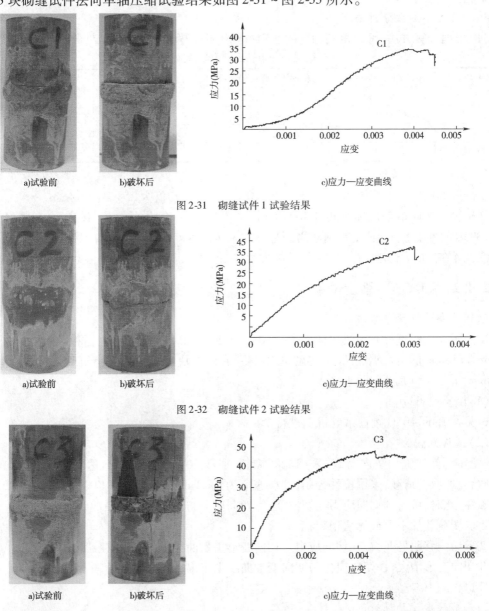

a)试验前　　b)破坏后　　　　　　c)应力—应变曲线

图 2-31　砌缝试件 1 试验结果

a)试验前　　b)破坏后　　　　　　c)应力—应变曲线

图 2-32　砌缝试件 2 试验结果

a)试验前　　b)破坏后　　　　　　c)应力—应变曲线

图 2-33　砌缝试件 3 试验结果

3)砌缝法向单轴压缩力学参数的计算方法

(1)单轴抗压强度

在应力—应变曲线上,试样的单轴抗压强度值为试验达到的最大应力值。

(2)法向刚度

试验前测量出砌缝的厚度;试验中,测量试样总的变形;分析时,砌缝变形由总变形减去石料的变形得到,再由砌缝的最大荷载除以砌缝的变形即可得到砌缝的法向刚度。为了考虑应力状态因素对弹性模量的影响,在计算石料变形时,石料的弹性模量取表2-3中桥上岩石单轴压缩试验弹性模量的平均值60.27GPa。

4)砌缝力学参数分析整理

(1)根据计算方法,可以得到砌缝的法向单轴压缩力学参数,见表2-7。

砌缝法向单轴压缩力学参数　　　　　　表2-7

试件编号	法向单轴压缩荷载(kN)	单轴压缩强度(MPa)	砌缝变形(mm)	法向刚度(kN/mm)
1	92.760	34.267	0.438	211.78
2	81.520	40.054	0.249	321.31
3	66.800	47.891	0.289	231.14
平均值	80.360	40.737	0.325	254.74

(2)分析表2-7数据得出:

①砌缝的法向刚度范围为211.78~321.31kN/mm,平均值为254.74 kN/mm;

②砌缝的法向单轴压缩强度平均值(40.74MPa)比桥上岩石(157.16MPa)和料场岩石(188.39MPa)小,分别为桥上和料场岩石平均单轴压缩强度的25.92%和21.62%;

③试样在法向力作用下产生的变形主要发生在砌缝处,其整体强度主要由砌缝的强度决定。

2.4.2 砌缝压剪强度试验

1)试件制作及试验方法

试验所采用的试样尺寸为150mm×150mm×150mm。制作方法为:将尺寸为150mm×150mm×140mm的石块锯成两半,将砌筑面打毛;在两石块砌筑面之间浇筑砂浆,砂浆厚度约为10mm,养护14d后进行试验。

(1)试验设备

试验在RMT-105C刚性试验机上进行。

(2)试验方法

试验时,首先施加法向荷载,采用荷载控制,加载速率为1kN/s;当达到预定的法向载荷后,开始施加剪切荷载,采用位移控制,加载速率为0.01mm/s。当达到以下标准之一时,认为试件破坏,此时,可得到切向应力与切向变形、切向应力与法向变形关系曲线。

①剪切荷载加不上或无法稳定;

②剪切位移明显变大,在切向应力与切向变形关系曲线上出现明显突变阶段;

③切向变形增大,在切向应力与切向变形曲线上未出现明显突变阶段,但总切向变形已达到试件边长的10%。

2)压剪强度试验结果

根据试验方法,对3组(法向应力分别为1.2MPa、2.4MPa和3.6MPa)共9块岩样进行压剪强度试验,得到的结果如图 2-34～图 2-42 所示。

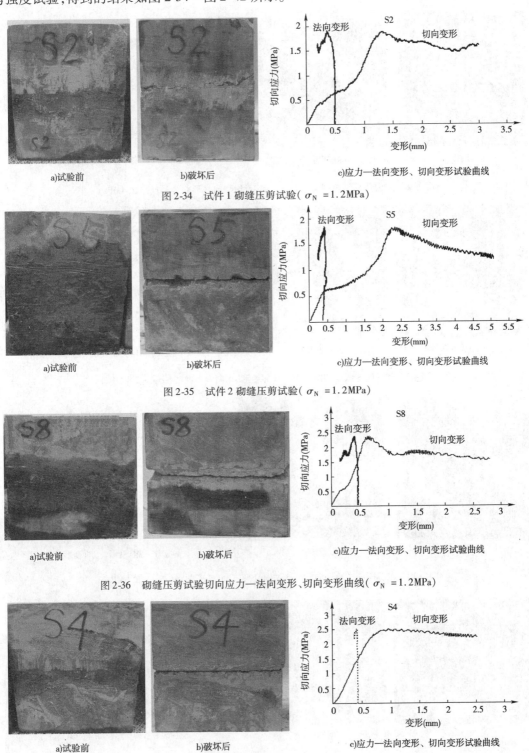

图 2-34　试件 1 砌缝压剪试验($\sigma_N = 1.2$MPa)

图 2-35　试件 2 砌缝压剪试验($\sigma_N = 1.2$MPa)

图 2-36　砌缝压剪试验切向应力—法向变形、切向变形曲线($\sigma_N = 1.2$MPa)

图 2-37　砌缝压剪试验切向应力—法向变形、切向变形曲线($\sigma_N = 2.4$MPa)

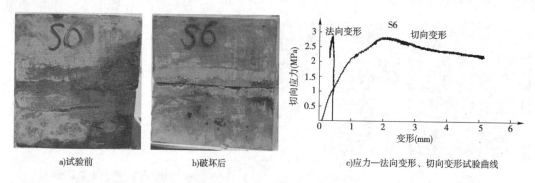

图2-38 砌缝压剪试验切向应力—法向变形、切向变形曲线（$\sigma_N = 2.4$MPa）

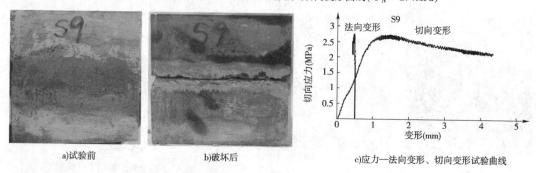

图2-39 砌缝压剪试验切向应力—法向变形、切向变形曲线（$\sigma_N = 2.4$MPa）

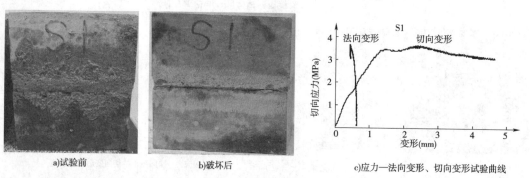

图2-40 砌缝压剪试验切向应力—法向变形、切向变形曲线（$\sigma_N = 3.6$MPa）

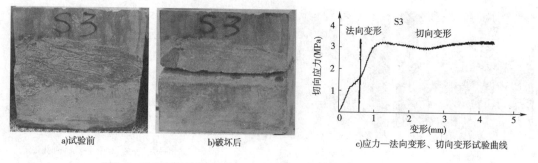

图2-41 砌缝压剪试验切向应力—法向变形、切向变形曲线（$\sigma_N = 3.6$MPa）

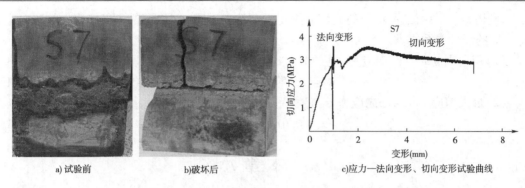

图 2-42　砌缝压剪试验切向应力—法向变形、切向变形曲线（σ_N =3.6MPa）

3）压剪条件下砌缝力学参数分析

根据试验系统记录的数据及自动求解的数据，可得到压剪强度试验结果，见表 2-8。

砌缝压剪强度试验结果　　　　　　　　　　　　　　　　　表 2-8

试件编号	法向应力（MPa）	最大剪切力（kN）	最大剪应力（MPa）	切向刚度（kN/mm）
S2	1.2	41.54	1.90	49.89
S5		40.12	1.83	57.60
S8		49.19	2.39	59.76
平均值		43.62	2.04	55.75
S4	2.4	52.74	2.51	83.67
S6		62.32	2.85	70.34
S9		59.80	2.73	70.54
平均值		58.29	2.70	74.85
S1	3.6	79.30	3.65	89.66
S3		69.62	3.34	88.13
S7		77.95	3.58	87.20
平均值		75.62	3.52	88.33

根据表 2-8 的数据，以法向应力 σ_N 为横坐标，分别以切向刚度 K 和最大剪应力 τ 为纵坐标，可以分别得到切向刚度 K 与法向应力 σ_N 以及最大剪应力 τ 与法向应力 σ_N 的关系图，如图 2-43 和图 2-44 所示。由切向刚度 K 与法向应力 σ_N、最大剪应力 τ 与法向应力 σ_N 之间的

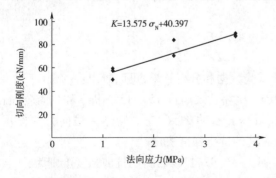

图 2-43　切向刚度 K—法向应力 σ_N 关系

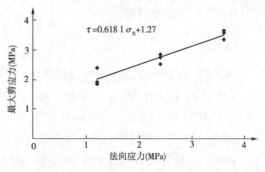

图 2-44　最大剪应力 τ—法向应力 σ_N 关系

关系,利用最小二乘法原理,可得到切向刚度 K 与法向应力 σ_N 以及最大剪应力 τ 与法向应力 σ_N 之间的线性关系式。

(1)切向刚度 K 与法向应力 σ_N 的关系式为:
$$K = 13.575\sigma_N + 40.397 \tag{2-13}$$

(2)最大剪应力 τ 与法向应力 σ_N 的关系式为:
$$\tau = 0.6181\sigma_N + 1.27 \tag{2-14}$$

2.5 本章小结

通过对乌巢河大桥的桥上岩石和料场岩石开展物理特性和力学性质试验,得到结论如下:

(1)桥上岩石和料场岩石均为灰岩,组成成分中均含有泥质。桥上岩石试样中,近一半的试样局部含有软弱泥质夹层,西桥台钻孔号为 2K2 的三段岩芯的泥质含量大于东桥台中钻孔号为 2K4 的三段岩芯;料场岩石取样均匀,试样中未发现含有软弱泥夹层。总体来说,桥上岩样和料场岩样的组成成分相差较大,桥上岩石的 12 块试样之间的组成成分亦也有较大差别,其中,西桥台中钻孔号为 2K2 的三段岩芯之间差别最大。

(2)桥上岩石的单轴抗压强度、弹性模量、变形模量和泊松比的平均值分别为 157.158MPa、60.272GPa、45.640 GPa 和 0.227;料场岩石的单轴抗压强度、弹性模量、变形模量和泊松比的平均值分别为 188.389MPa、61.294GPa、47.824GPa 和 0.295。

围压为 5MPa 时,桥上岩石的三轴压缩强度、弹性模量和泊松比的平均值分别为 161.86MPa、62.87GPa 和 0.259,料场岩石的三轴压缩强度、弹性模量和泊松比的平均值分别为 188.98MPa、83.49GPa 和 0.252;围压为 10MPa 时,桥上岩石的三轴压缩强度、弹性模量和泊松比的平均值分别为 221.45MPa、75.27GPa 和 0.261,料场岩石的三轴压缩强度、弹性模量和泊松比的平均值分别为 248.10MPa、86.90GPa 和 0.267;围压为 20MPa 时,桥上岩石的三轴压缩强度、弹性模量和泊松比的平均值分别为 322.62MPa、77.44GPa 和 0.275,料场岩石的三轴压缩强度、弹性模量和泊松比的平均值分别为 320.94MPa、77.33GPa 和 0.261。桥上岩石的内聚力和内摩擦角分别为 16.92 MPa 和 55.94°,料场岩石的内聚力和内摩擦角分别为 25.74MPa 和 52.53°。

(3)砌缝的法向刚度平均值为 254.74kN/mm,切向刚度平均值为 55.75kN/mm(σ_N = 1.2MPa)、74.85kN/mm(σ_N = 2.4MPa)、88.33kN/mm(σ_N = 3.6MPa),抗剪强度参数:内聚力为 1.27MPa,内摩擦系数为 0.6181,砌缝的切向刚度 K 与法向应力 σ_N、最大剪应力 τ 与法向应力 σ_N 的关系式分别为:
$$K = 13.575\sigma_N + 40.397$$
$$\tau = 0.6181\sigma_N + 1.27$$

(4)对比桥上岩石、料场岩石和砌缝的力学试验数据和分析结果,可以看出:

①砌缝的法向单轴压缩强度(40.737MPa)比桥上岩石(157.158MPa)和料场岩石(188.389MPa)小,分别是桥上岩石的 25.92%、料场岩石的 21.62%。砌体在法向力的作用下,主要是由砌缝发生变形,砌体的抗压强度由砌缝的抗压强度决定。

②桥上岩石的抗剪强度准则为:$\tau = \sigma\tan55.94° + 16.92$,料场岩石的抗剪强度准则为:$\tau = \sigma\tan52.53° + 25.74$;砌缝的最大剪应力 τ 与法向应力 σ_N 的关系式为:$\tau = 0.6181\sigma_N + 1.27$。

可以看出,砌缝的抗剪强度明显低于桥上岩石和料场岩石,砌体在载荷的作用下整体抗剪强度由砌缝的抗剪强度决定。

(5)由于桥上岩样的组成成分差别较大,在分析岩石力学试验数据时,数据的离散性很强,岩石力学参数的劣化衰减无明显规律性。主要原因在于:在钻取岩芯时,钻孔可能穿过了几个不同砌块和节理,各个块体和节理的原始组分和成分不同,导致各段岩芯组成成分差别较大,离散性强,不具有可比性,成分和组分无明显规律,岩石力学参数劣化衰减程度与钻孔深度之间亦无明显规律,无法据此对岩石力学参数的劣化衰减规律进行分析。

乌巢河桥上与料场岩样的对比试验及其他实践表明,拱桥材料不同,随着年限的增长,其强度衰减快慢有别。因此,石拱桥在设计满足规范要求和保证施工质量的同时,尚需对石料有所选择。根据岩石的分类及矿物成分的调查资料,将岩石是否适合于石拱桥建筑选用汇总见表2-9。

石拱桥建筑石料选用汇总表 表2-9

岩石种类	岩石名称	主要矿物成分	石料等级	饱水极限抗压强度(MPa)	石拱桥建筑是否可用
沉积岩	石灰岩	方解石	1	>100	可用
			2	80~100	可用
	白云岩	白云石	3	60~80	慎用
			4	30~60	不可用
	蒸发岩	岩盐、石膏	1	—	不可用
	砾岩	砾石	2	—	不可用
	砂岩	石英、长石	3	—	不可用
	页岩	黏土或泥土	4	—	不可用
岩浆岩	花岗岩	长石与石英	1	>120	可用
	玄武岩	斜长岩和辉岩	2	100~120	可用
	安山岩	斜长石	3	80~100	慎用
			4	—	不可用
	凝灰岩	正长石和石英	1	—	不可用
			2	—	不可用
	流纹岩	长石和石英	3	—	不可用
			4	—	不可用
变质岩	石英岩	石英	1	>100	可用
			2	80~100	慎用
	大理岩	方解石	3	50~80	不可用
			4	30~50	不可用
	板岩	石英、绿泥石	1	—	不可用
			2	—	不可用
	片岩	云母、绿泥石	3	—	不可用
			4	—	不可用

注:石料等级是根据石料的极限抗压强度和磨耗率来确定的,具体见《公路工程岩石试验规程》(JTG E41—2005)。

本章参考文献

[1] 中华人民共和国电力工业部. DLJ 204—81 水利水电工程岩石试验规程[S]. 北京：中国电力出版社，1981.

[2] 中华人民共和国水利部. SLJ 2—81 水利水电工程岩石试验规程（试行）[S]. 北京：中国水利出版社，1981.

[3] 国际岩石力学学会试验室和现场试验标准化委员会. 岩石力学试验建议方法（上集）[M]. 北京：煤炭工业出版社，2001.

[4] 中华人民共和国交通部. JTG E41—2005 公路工程岩石试验规程[S]. 北京：人民交通出版社，2005.

[5] 中华人民共和国水利部. SL 264—2001 水利水电工程岩石试验规程[S]. 北京：中国水利水电出版社，2001.

[6] 胡大琳，魏炜，闫志刚. 白云岩砌体抗剪强度试验[J]. 长安大学学报：自然科学版，2003，23（2）.

[7] 周小平，张永兴，朱可善. 单轴拉伸条件下细观非均匀性岩石本构关系研究[J]. 土木工程学报，2005，38（3）.

第3章 石拱桥计算理论

目前石拱桥承载力评估方法尚缺乏系统研究,石拱桥结构分析理论也欠完善。本章主要针对这些问题,开展考虑平铰拱、连拱理论和拱上建筑联合作用的结构分析理论研究,提出计算假定、图式和方法,使石拱桥结构分析与实际受力更趋于一致,并为服役石拱桥的加固维修提供理论基础。

3.1 悬索线无铰拱理论

拱轴线是拱圈截面形心的连线,根据各种荷载情况,拱桥结构常用拱轴线的形状有圆弧线、椭圆线、抛物线、悬链线等。拱轴线的形式不仅影响拱圈的内力分布及截面应力大小,而且与结构的耐久性、经济合理性和施工安全性都有密切的关系。目前在拱桥设计中最常用的拱轴线是悬链线,而悬链线是拱在图 3-1 荷载作用下的合理拱轴线,这种荷载分布形式是实腹式石拱桥成桥后的恒载作用形态。

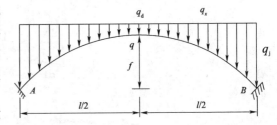

图 3-1 悬链线合理拱轴线

对空腹或部分空腹石拱桥,悬链线显然不是合理拱轴线。这类情况通常的做法是要求拱轴线在全拱有五点(拱顶、拱脚、两个 1/4 截面)与相应的三铰拱自重压力线重合,即"五点重合法"来拟合拱轴线。这种方式在石拱桥的设计和改造加固中存在两方面的问题:

(1)"五点重合法"是将五点拱轴线与相应三铰拱压力线重合,但并不能保证其他截面不受拉,而石拱桥材料抗拉能力很弱,就有可能导致局部截面拉力过大;

(2)石拱桥施工总是先形成拱肋,再完成上部结构;旧桥改造也常有拆除原有上部结构重新建造处理的,上述过程主拱圈的稳定均是至关重要的。

因此,用实腹拱成桥荷载状况所得到的悬链线来拟合空腹石拱桥是不恰当的。根据上述问题,建议采用悬索线拱轴线代替悬链线拱轴线。

3.1.1 悬索线无铰拱方程推导

1)悬索线方程

实腹拱桥填料多,自重大,拱桥的跨度受到极大的限制。近年来,我国无论是石拱桥,还是钢筋混凝土拱桥,一般均为空腹拱桥,主拱上的荷载分布形式与实腹拱桥差距很大。空腹拱桥主拱承受上部建筑传来的所有荷载,主拱形成即意味着拱桥的基本结构形成。主拱形成时拱上的荷载是沿拱轴长度均匀分布的拱圈自重,荷载作用如图 3-2a)所示,可以证明悬索线拱轴线是该状态下拱肋的合理拱轴线。

在沿弧长均匀分布荷载作用下，设拱上只有轴力。截取弧长为 s 的拱段 OC 来考虑，如图 3-2b)、图 3-3 所示，作用在该段上的力有拱顶推力 H、任一截面处拱轴力 N 和 OC 段荷载合力 $Q = q \cdot s$，这三个力组成一平衡力系，三力向量构成的力多边形闭合。

由图 3-2b)：
$$\tan\varphi = \frac{dy}{dx} = \frac{Q}{H} = \frac{q \cdot s}{H} \tag{3-1}$$

由弧长公式：
$$ds = \sqrt{1 + \left(\frac{dy}{dx}\right)^2} dx$$

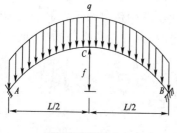

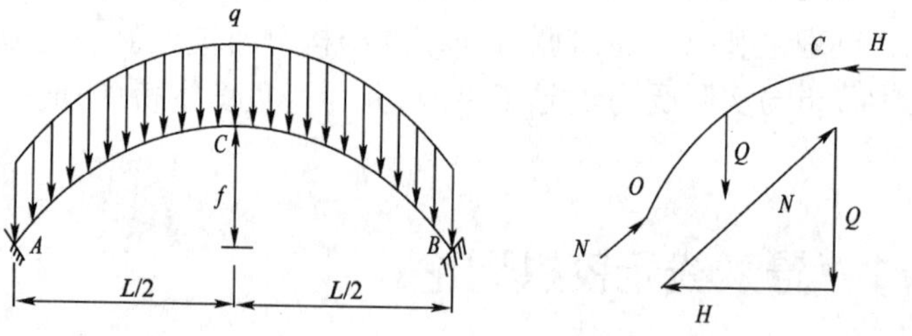

图 3-2 拱圈自重荷载分布
a)拱圈自重荷载分布   b)力学图式

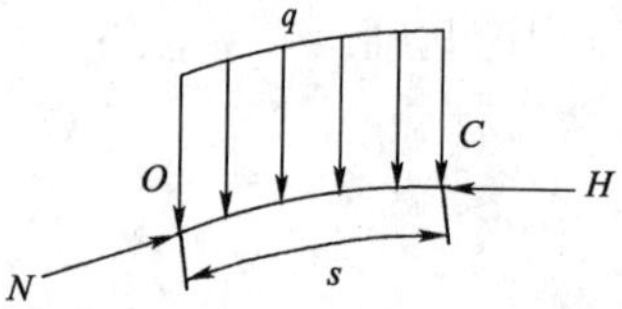

图 3-3 截取段受力示意

得
$$\frac{ds}{dx} = \sqrt{1 + \left(\frac{q \cdot s}{H}\right)^2}$$

或
$$dx = \frac{ds}{\sqrt{1 + \left(\frac{q \cdot s}{H}\right)^2}}$$

两边积分：
$$\int_0^x dx = \int_0^s \frac{ds}{\sqrt{1 + \left(\frac{q \cdot s}{H}\right)^2}}$$

得
$$x = \frac{H}{q}\left[\text{arsh}\frac{q \cdot s}{H}\right]_0^s = \frac{H}{q}\text{arsh}\frac{q \cdot s}{H}$$

式中：arsh——反双曲正弦函数符号。

由此得到弧长与坐标的关系为：
$$s = \frac{H}{q}\text{sh}\frac{qx}{H} \tag{3-2}$$

联立式(3-1)得：
$$\frac{dy}{dx} = \text{sh}\frac{qx}{H}$$

积分后得到：
$$y = \frac{H}{q}\left(\text{ch}\frac{qx}{H} - 1\right) \tag{3-3a}$$

引入参数 $a = \frac{H}{q}$，得：
$$y = a\left(\text{ch}\frac{x}{a} - 1\right) \tag{3-3b}$$

式[3-3b)]为悬索线方程。

参数 a 由式[3-3b)]求解非常不便,需要先求拱顶轴力,下面给出参数 a 的推导。

由整体平衡体关系得:

$$V_A = \int_0^{\frac{l}{2}} q \cdot ds = \int_0^{\frac{l}{2}} q \cdot \text{ch}\frac{x}{2}dx = q \cdot a \cdot \text{sh}\frac{l}{2a} \tag{3-4}$$

即拱脚推力等于拱顶轴力,取半拱为隔离体,运用力学平衡,并对拱顶 C 取矩:

$$N\cos\theta = H, \sum m_c = 0, \quad H \cdot f = V_A \frac{l}{2} - \int_0^{\frac{l}{2}} x \cdot q \cdot ds$$

$$H \cdot f = \frac{qal}{2} \cdot \text{sh}\frac{l}{2a} - \int_0^{\frac{l}{2}} x \cdot q \cdot \text{ch}\frac{x}{a}dx = qa\text{sh}\frac{l}{2a} \tag{3-5a}$$

由参数 a 的定义 $a = \dfrac{H}{q}$,式(3-5a)为:

$$f = a\left(\text{ch}\frac{l}{2a} - 1\right) \tag{3-5b}$$

当拱矢及拱跨已知时,这是一个关于 a 的超越方程,一般需通过迭代计算。其迭代步骤如下。

令 $z = \dfrac{l}{2a}$,则式(3-5b)可化为:

$$1 + 2\frac{f}{l}z - \text{ch}z = 0 \tag{3-6}$$

(1) 令 $y = 1 + 2\dfrac{f}{l}z - \text{ch}z$;

(2) 给定两个迭代初值 z_1、z_2,且要求 z_1、z_2 异号,代入式(3-6)计算 y_1 和 y_2;

(3) 给定迭代收敛值 ε;

(4) 令 $z_i = \dfrac{z_1 + z_2}{2}$,并代入式(3-6)求 y;

(5) 若所求 y 满足 $|y| \leq \varepsilon$,迭代结束,否则,若 y 与 y_1 同号,则令 $z_1 = z_i$;若 y 与 y_2 同号,则令 $z_2 = z_i$;

(6) 重复第(4)、(5)步,计算 y 值,直至满足收敛条件。

z 确定后,由 $a = \dfrac{l}{2z}$ 可求得 a。

显然 a 的值与拱的矢高和拱的跨度有关,给出不同矢跨比,通过上述迭代可得到 a 与拱跨 l 的关系,见表 3-1。

等截面悬索线拱 a 值　　　　表 3-1

f/l	1/3	1/4	1/5	1/6	1/7	1/8	1/9	1/10	乘数
$\dfrac{1}{2a}$	1.188	0.931	0.763	0.644	0.557	0.490	0.437	0.394 84	l
a	0.421	0.537	0.656	0.776	0.898	1.020	1.143	1.266 32	

从表 3-1 中看到,矢跨比越大,同一跨径对应的 a 值越小。

比较悬索线方程与悬链线方程,两者都是根据合理拱轴线的基本概念推导得出的,由于 q_x 表达式的不同,得到两个不同的拱轴线方程。列出两种线形任意截面 x 恒载集度的表达式如下:

悬链线: $$q_x = q_d + \gamma \cdot y$$

悬索线: $$q_x = \frac{w}{\cos\varphi_x}$$

式中:φ_x——任意截面 x 切线的水平倾角。

可以看到,悬链线中任意截面 x 的恒载集度与拱轴线纵坐标成线性关系。对于悬索线,由上式有:

$$q_d = \frac{w}{\cos 0} = w \tag{3-7}$$

$$q_j = \frac{w}{\cos\varphi_j} \tag{3-8}$$

式中:φ_j——拱脚截面切线的水平倾角。

对式(3-3b)求导,可得:

$$y' = \tan\varphi = \operatorname{sh}\frac{x}{a} \tag{3-9}$$

将式(3-9)两边平方,再加上1,并开方可得:

$$\operatorname{ch}\frac{x}{a} = \frac{1}{\cos\varphi} \tag{3-10}$$

将式(3-7)和式(3-10)代入悬索线的 q_x 表达式,有:

$$q_x = \frac{w}{\cos\varphi} = w \cdot \operatorname{ch}\frac{x}{a} \tag{3-11}$$

$$q_d = \left(1 + \frac{f}{a} - y_1\right) w \tag{3-12}$$

式中,w、f、a 对一条确定的悬索线为常数。因此,悬索线任意截面 x 的恒载集度 q_x 满足悬链线定义,也与拱轴线纵坐标成线性关系。说明当拱的矢跨比确定后,悬索线是悬链线中的特殊一条。

2)悬索线形状

拱桥在拱趾部位的陡、缓通常用1/4跨度的高度来分析,如图3-4所示。等截面抛物线、悬链线和悬索线拱进行对比分析如下:

(1)从抛物线方程可知,其1/4跨度的高度与矢跨比无关,均为:$y_{l/4} = 0.25f$;

(2)悬链线其1/4跨径处的高度与矢跨比无关,仅取决于拱轴系数 m。

在相关的参考文献中给出了 $y_{l/4}$ 与 m 的关系,见表3-2。

悬链线拱不同拱轴系数 m 在1/4跨度处拱的高度($y_{l/4}$)表　　　　表3-2

m 截面	1.167	1.347	1.543	1.759	1.988	2.240	2.514	2.814	3.142	3.500	3.893	4.324
$l/4$	0.245	0.240	0.235	0.230	0.225	0.220	0.215	0.210	0.205	0.200	0.195	0.190

注:表中数还需乘以矢高 f。

(3)悬索线拱的拱轴方程与系数 a 有关,而系数 a 的值又由拱的矢跨比确定,对于不同的矢跨比有唯一的 a。因而,在 1/4 跨度拱的高度也唯一确定。将表 3-1 中的 a 值代入式(3-5b)可得不同矢跨比在 1/4 跨度处拱的高度,见表 3-3。

悬索线拱不同矢跨比 1/4 跨度处拱的高度($y_{l/4}$)表　　　表 3-3

f/l 截面	1/3	1/4	1/5	1/6	1/7	1/8	1/9	1/10
$l/4$	0.229	0.237	0.241	0.2446	0.245	0.246	0.247	0.247

注:表中数还需乘以矢高 f。

从上述 1/4 跨度处拱的高度值可见,抛物线拱拱趾最为平缓。从表 3-2 可见悬链线随着拱轴系数 m 增大,拱趾逐渐变陡。而由表 3-3,悬索线拱拱趾则随着矢跨比减小,拱趾逐渐变缓,向抛物线拱轴靠拢,当矢跨比小于 1/5 后,拱趾坡度变化缓慢。三种拱轴线如图 3-5 所示。

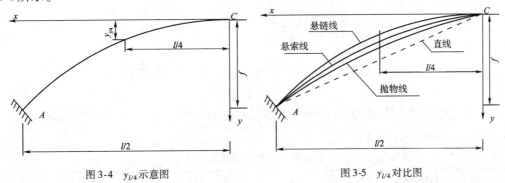

图 3-4　$y_{l/4}$ 示意图　　　　　　　　图 3-5　$y_{l/4}$ 对比图

3.1.2　悬索线无铰拱力学方程

石拱桥绝大部分为拱轴对称的结构,其计算图式按无铰拱来进行分析,无铰拱为三次超静定结构,截面刚度影响变形和超静定结构的内力。无铰拱结构在任意荷载作用下的内力和变形一般采用力法,而最常用的方法是弹性中心法,基本结构在中央对称轴处切开,采用悬臂曲梁基本结构,并将三个超静定多余未知力 X_1、X_2、X_3 作用于弹性中心上,使力法方程中的副系数全为零,这样就可方便求出多余未知力 X_1、X_2、X_3。基本结构如图 3-6 所示。

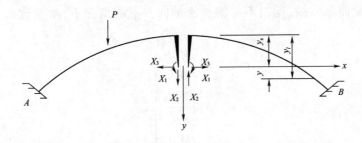

图 3-6　无铰拱基本结构

基本方程为:

$$\left.\begin{array}{l}\delta_{11}X_1 + \Delta_{1P} = 0 \\ \delta_{22}X_2 + \Delta_{2P} = 0 \\ \delta_{33}X_3 + \Delta_{3P} = 0\end{array}\right\} \quad (3\text{-}13)$$

石拱桥一般对称结构,弹性中心位于对称轴上,距拱顶的纵坐标为:

$$y_s = \frac{\int \frac{y}{EI}ds}{\int \frac{ds}{EI}} \quad (3\text{-}14)$$

对悬索线拱圈结构,其弹性中心推导如下:

分母: $\int_s \frac{ds}{EI} = \frac{2}{EI}\int_0^{l/2} \text{ch}\frac{x}{a}dx = \frac{2a}{EI}\text{sh}\frac{l}{2a}$ (3-15)

分子: $\int_s \frac{yds}{EI} = \frac{2a}{EI}\int_0^{l/2}\left(\text{ch}\frac{x}{a}-1\right)\text{ch}\frac{x}{a}dx = \frac{2a}{EI}\left[\frac{l}{2}\left(x + \frac{a}{2}\text{sh}\frac{2x}{a}\right) - a\text{sh}\frac{x}{a}\right]_0^{l/2}$

$$= \frac{a\left(l + a\text{sh}\frac{l}{a}\right)}{2EI} - \frac{2a^2\text{sh}\frac{l}{2a}}{EI}$$

所以 $y_s = \dfrac{\cosh\frac{l}{2a}\left[-2a^2\sinh\frac{l}{2a} + \frac{a}{2}\left(1 + a\sinh\frac{l}{a}\right)\right]}{2a}$ (3-16)

由上式可见,悬索线拱圈结构的弹性中心仅与拱的矢跨比有关,为方便使用建立相应关系,见表3-4。

等截面悬索线无铰拱常数   表3-4

f/l	1/4	1/5	1/6	1/7	1/8	1/9	乘数
y_s	0.359 2	0.351 3	0.346 4	0.343 2	0.341 0	0.339 5	f
y_k	0.640 7	0.648 6	0.653 5	0.656 7	0.658 9	0.660 4	f
$\int\frac{ds}{EI}$	1.150 7	1.099 7	1.070 5	1.052 4	1.040 5	1.032 2	$\frac{l}{EI}$
$\int\frac{y^2 ds}{EI}$	0.006 6	0.004 0	0.002 7	0.001 9	0.001 4	0.001 1	$\frac{l^3}{EI}$
$\int\frac{x^2 ds}{EI}$	0.106 1	0.098 3	0.093 9	0.091 2	0.089 4	0.088 1	$\frac{l^3}{EI}$

当拱圈为等截面悬索线,同时不考虑拱圈轴向变形的情况下,常系数 δ_{11}、δ_{22}、δ_{33} 分别为:

$$\left.\begin{array}{l}\delta_{11} = \int\frac{\overline{M}_1^2 ds}{EI} \\ \delta_{22} = \int\frac{\overline{M}_2^2 ds}{EI} \\ \delta_{33} = \int\frac{\overline{M}_3^2 ds}{EI}\end{array}\right\} \quad (3\text{-}17)$$

式中: $\overline{M}_1$ ——单位弯矩所产生的弯矩, $\overline{M}_1 = l$;

$\overline{M}_2$——单位水平力所产生的弯矩,$\overline{M}_2 = y = y_1 - y_s$;

$\overline{M}_3$——单位垂直力所产生的弯矩,$\overline{M}_3 = x$。

所以
$$\delta_{11} = \int \frac{\mathrm{d}s}{EI} = \frac{2a}{EI}\mathrm{sh}\frac{l}{2a}$$

$$\delta_{22} = \int \frac{(y_1 - y_s)^2 \mathrm{d}s}{EI}$$

由于弹性中心特性:
$$\int \frac{(y_1 - y_s)^2 \mathrm{d}s}{EI} = 0$$

或
$$\int (y_1 - y_2)(y_s + a)\frac{\mathrm{d}s}{EI} = 0$$

加入 δ_{22} 计算式,以便简化计算:

$$\delta_{22} = \int [(y_1 - y_s)^2 + (y_1 - y_s)(y_s + a)]\frac{\mathrm{d}s}{EI}$$

$$= \int [(y_1 - y_s)[a(\mathrm{ch}\frac{x}{a} - 1) - y_s + y_s + a]\frac{\mathrm{d}s}{EI}$$

$$= \frac{2a}{EI}\int_0^{l/2} [a\mathrm{ch}^3\frac{x}{a} - (y_s + a)\mathrm{ch}^2\frac{x}{a}]\mathrm{d}x$$

第一项:
$$\int_0^{l/2} a\mathrm{ch}^3\frac{x}{a}\mathrm{d}x = \int_0^{l/2}\left(1 + \mathrm{sh}^2\frac{x}{a}\right)a\cdot\mathrm{dsh}\frac{x}{a}$$

$$= a^2\left(\mathrm{sh}\frac{l}{2a} + \frac{1}{3}\mathrm{sh}^3\frac{l}{2a}\right)$$

第二项可参照弹性中心和积分:

$$-\int_0^{l/2}(y_s + a)\mathrm{ch}^2\frac{x}{a}\mathrm{d}x = -(y_s + a)\left(\frac{l}{4} + \frac{a}{2}\mathrm{sh}\frac{l}{2a}\mathrm{ch}\frac{l}{2a}\right)$$

将 $y_s = \dfrac{l}{4\mathrm{sh}\dfrac{l}{2a}} + \dfrac{a}{2}\mathrm{ch}\dfrac{l}{2a} - a$ 代入上式:

$$-\int_0^{l/2}(y_s + a)\mathrm{ch}^2\frac{x}{a}\mathrm{d}x = -\left(\frac{l}{4\mathrm{sh}\dfrac{l}{2a}} + \frac{a}{2}\mathrm{ch}\frac{l}{2a}\right)\left(\frac{l}{4} + \frac{a}{2}\mathrm{sh}\frac{l}{2a}\mathrm{ch}\frac{l}{2a}\right)$$

$$= -\frac{1}{4}\left[a^2\left(\mathrm{sh}\frac{l}{2a} + \mathrm{sh}^3\frac{l}{2a}\right) + \frac{l^2}{4\mathrm{sh}\dfrac{l}{2a}} - al\mathrm{ch}\frac{l}{2a}\right]$$

所以
$$\delta_{22} = \frac{a}{2EI}\left[a^2\left(\frac{1}{4}\mathrm{sh}^3\frac{l}{2a} + 3\mathrm{sh}\frac{l}{2a}\right) - \frac{l^2}{4\mathrm{sh}\dfrac{l}{2a}} - al\mathrm{ch}\frac{l}{2a}\right]$$

$$\delta_{33} = \int \frac{x^2\mathrm{d}x}{EI} = \frac{2}{EI}\int_0^{l/2}x^2\mathrm{ch}\frac{x}{a}\mathrm{d}x$$

$$= \frac{2a}{EI}\left[(x^2 + 2a^2)\mathrm{sh}\frac{x}{a} - 2ax\mathrm{ch}\frac{x}{a}\right]_0^{l/2}$$

$$= \frac{2a}{EI}\left[\left(\frac{l^2}{4} + 2a^2\right)\mathrm{sh}\frac{l}{a} - al\mathrm{ch}\frac{l}{2a}\right]$$

载变位 Δ_{iP} 为：

$$\Delta_{iP} = \int \frac{\overline{M}_i \overline{M}_P}{EI} ds$$

则多余未知力 X_i 为：

$$X_i = \frac{\Delta_{iP}}{\delta_{ii}}$$

3.1.3 拱圈恒载作用下的结构内力

多余未知力求出后，结构的总内力可由荷载及多余未知力分别在基本结构上产生的内力叠加而成。

$$\left.\begin{aligned}M &= X_1 \frac{l}{2} + X_2 y + X_3 + M_P \\ Q &= X_2 \sin\varphi + X_3 \cos\varphi + F_{SP} \\ N &= X_2 \cos\varphi - X_3 \sin\varphi + F_{NP}\end{aligned}\right\} \quad (3\text{-}18)$$

当石拱桥为悬索线裸拱（压力线与拱轴线一致）时，并不需要按照上述公式计算恒载内力，可根据悬索线的定义较为方便地得到。

由拱轴线方程有：
$$\frac{dy}{dx} = \mathrm{sh}\frac{x}{a}$$

由截面内力关系有：
$$\frac{dy}{dx} = \frac{Q}{H}$$

根据剪力与荷载关系有：
$$\frac{dQ}{ds} = q$$

由悬索线的定义：
$$ds = \sqrt{1 + \left(\frac{dy_1}{dx}\right)^2}\, dx = \mathrm{ch}\frac{x}{a}\, dx$$

上面式对 s 求导数，并根据其相互关系有：

$$\frac{d}{ds}\mathrm{sh}\frac{x}{a} = \frac{d}{ds}\left(\frac{Q}{H}\right) = \frac{q}{H}$$

左端：
$$\frac{d}{ds}\mathrm{sh}\frac{x}{a} = \frac{d}{dx}\mathrm{sh}\frac{x}{a} \cdot \frac{dx}{ds} = \frac{1}{a}\mathrm{ch}\frac{x}{a} \cdot \frac{1}{\mathrm{ch}\frac{x}{a}} = \frac{1}{a}$$

所以
$$\frac{1}{a} = \frac{q}{H}$$

拱顶水平推力：
$$H = a \cdot q$$

支座处竖向反力：
$$Q_A = Q_B = \frac{1}{2}\int_s q\, ds = a \cdot q \cdot \mathrm{sh}\frac{l}{2a}$$

3.1.4 拱圈弹性压缩产生的结构内力

上述恒载内力计算时，是把拱圈视为不可压缩的。但拱圈在恒载轴向压力作用下，将引起拱圈的弹性压缩变形，对静定三铰拱结构，可借助拱铰转动来自由地实现，表现为拱轴线降低，而结构内不引起附加内力。然而，对于超静定的无铰拱结构，拱内的压缩变形受到限制，在拱内引起不可忽略的附加内力，设主拱圈的弹性压缩引起拱轴沿跨度方向缩短 Δl，为平衡这一弹性压缩，则必须有一个作用于弹性中心的水平抗力 ΔH。

无铰拱在拱顶切开，如图 3-7 所示，则左、右拱圈在荷载作用下各微段的轴向压力为：$N = H/\cos\varphi$，设基本结构拱顶两侧的相对轴向压缩变形为 Δl。然而，实际无铰拱结构并不存在相对变形。因此，在弹性中心处必然存在一个附加的水平内力 ΔH。若设拱轴线与恒载压力线重合，则此时弹性中心处只有水平力 ΔH，而无弯矩 ΔM 和剪力 ΔQ。显然，由拱顶变形协调条件，拱圈上应有一个与 Δl 数值相等、方向相反的拱顶位移 $\Delta H \cdot \delta_{22}$，使 $-\Delta H \cdot \delta_{22} + \Delta l = 0$，则：

$$\Delta H = \frac{\Delta l}{\delta_{22}} \tag{3-19}$$

式中：Δl ——基本结构拱顶截面处的相对水平位移；

δ_{22} —— $\Delta H = 1$ 时拱顶方向的相对单位水平位移。

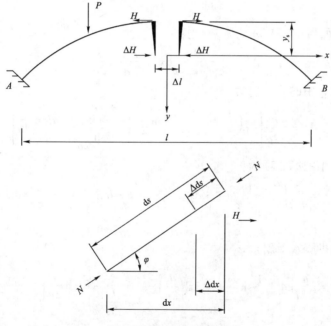

图 3-7 弹性压缩基本结构

取拱圈微段 ds，在其水平方向的压缩变形为 Δdx，则：

$$\Delta l = \int \Delta dx$$

而

$$\Delta dx = \Delta ds \cdot \cos\varphi = \frac{N \cdot ds}{EA}\cos\varphi$$

$$= \frac{N}{EA}dx = \frac{H}{\cos\varphi} \cdot \frac{dx}{EA}$$

故

$$\Delta l = \int_l \frac{H}{EA\cos\varphi}dx \tag{3-20}$$

弹性中心处单位水平力（$\Delta H = 1$）作用下,拱顶水平位移应同时考虑弯矩和轴力的影响,即：

$$\delta_{22} = \int_s \frac{\overline{M}_2^2}{EI}ds + \int_s \frac{\overline{N}_2^2}{EA}ds$$

式中：$\overline{M}_2$——弹性中心作用单位水平力时在任意截面重心处产生的弯矩,$\overline{M}_2 = 1 \cdot (y_2 - y_1) = y$；

$\overline{N}_2$——弹性中心作用单位水平力时在任意截面重心处产生的轴向力,$\overline{N}_2 = 1 \cdot \cos\varphi = \cos\varphi$。

故

$$\delta_{22} = \int_s \frac{y^2}{EI}ds + \int_s \frac{\cos^2\varphi}{EA}ds$$

当拱轴线为悬索线时,有：

$$y = a\left(\text{ch}\frac{x}{a} - 1\right), \qquad ds = \text{ch}\frac{x}{a}dx$$

$$\cos\varphi = \frac{dx}{ds} = \frac{1}{\text{ch}\frac{x}{a}} \quad \text{或} \quad \frac{1}{\cos\varphi} = \text{ch}\frac{x}{a}$$

若拱圈为等截面,既 EI 和 EA 为常数,则：

$$\Delta l = \int \frac{H}{EA\cos\varphi}dx = \frac{Ha}{EA}\text{sh}\frac{l}{2a}$$

而由前面推导 δ_{22} 中的第一项为：

$$\int_s \frac{y^2}{EI}ds = \frac{a}{2EI}\left[a^2\left(\frac{1}{4}\text{sh}^3\frac{l}{2a} + 3\text{sh}\frac{l}{2a}\right) - \frac{l^2}{4\text{sh}\frac{l}{2a}} - al\text{ch}\frac{l}{2a}\right]$$

由前面推导 δ_{22} 中的第二项为：

$$\int_s \frac{\cos^2\varphi ds}{EA} = \frac{2}{EA}\int_0^{l/2} \frac{1}{\text{ch}^2\frac{x}{a}}\text{ch}\frac{x}{a}dx = \frac{2}{EA}\int_0^{l/2} \delta \cdot l\text{ch}\frac{x}{a}dx = \frac{2a}{EA}\tan^{-1}\text{sh}\frac{l}{2a}$$

$\tan^{-1}\text{sh}\frac{l}{2a}$ 即为拱脚水平斜角 φ_k。

所以

$$\delta_{22} = \frac{a}{2EI}\left[a^2\left(\frac{1}{4}\text{sh}^3\frac{l}{2a} + 3\text{sh}\frac{l}{2a}\right) - \frac{l^2}{4\text{sh}\frac{l}{2a}} - al\text{ch}\frac{l}{2a}\right] + \frac{2a\varphi_k}{EA} \tag{3-21}$$

代入式 $\Delta H = \frac{\Delta l}{\delta_{22}}$,可得到因弹性压缩所产生的附加的水平内力 ΔH。

弹性压缩是伴随恒载、活载作用同时产生的。在考虑压缩后拱顶推力为：$H + \Delta H$。

由静力平衡条件可计算拱圈任意截面重心处附加内力,分别为：

弯矩： $\sum M_x = 0, \quad \Delta M = \Delta H \cdot (y_s - y_1)$ (3-22)

剪力： $\Delta Q = \Delta H \cdot \sin\varphi$ (3-23)

轴向力： $\Delta N = \Delta H \cdot \cos\varphi$ (3-24)

3.1.5 温度作用下引起的结构内力

在超静定拱中,温度变化、混凝土收缩和拱脚变位都会产生附加内力。当大气温度比主拱圈施工合龙时的温度高,将引起拱体膨胀;反之,当大气温度比成拱合龙时温度低,将引起拱体收缩。不论是拱体膨胀(拱轴伸长),还是拱体收缩(拱轴缩短),都将在拱中产生内力,只不过两者的符号不同而已。

温度变化在拱内引起的内力,其计算方法与弹性压缩产生内力计算方法相同。在拱顶切开的基本结构,设温度变化引起拱轴的水平方向的变形为 ΔL_t,由拱顶连续条件,在弹性中心处产生一对水平力 H_t。由典型方程得:

$$H_t = \frac{\Delta L_t}{\delta'_{22}} \tag{3-25}$$

$$\Delta L_t = \alpha \cdot l \cdot \Delta t \tag{3-26}$$

式中:Δt——温度变化值,即最高(或最低)温度与合龙温度之差,温度上升时,Δt 和 H_t 均为正,温度下降时,Δt 和 H_t 均为负;

α——材料的线膨胀系数,混凝土或钢筋混凝土结构 $\alpha = 1 \times 10^{-5}$,混凝土预制块砌体 $\alpha = 9 \times 10^{-6}$,石砌体 $\alpha = 8 \times 10^{-6}$。

由温度变化引起的拱中任意截面的附加内力为:

弯矩: $$M_t = -H_t \cdot y = -H_t(y_s - y_1) \tag{3-27}$$

轴力: $$N_t = H_t \cos\varphi \tag{3-28}$$

剪力: $$Q_t = \pm H_t \sin\varphi \tag{3-29}$$

3.1.6 拱脚变位引起的结构内力

拱脚变位包括拱脚的水平位移、垂直位移(沉降)和转角,每一种变位都会在超静定拱中产生内力。用力法求内力(忽略轴向力的影响),其方法与弹性压缩内力计算基本相同。

1)拱脚相对水平位移引起的内力

如图 3-8 所示结构,两拱脚发生的相对水平位移为:

$$\Delta_H = \Delta_{HB} - \Delta_{HA} \tag{3-30}$$

式中:Δ_{HA}、Δ_{HB}——左、右拱脚的水平位移,自原位置右移为正,左移为负。

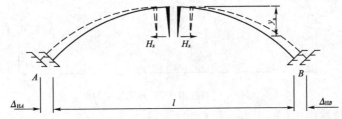

图 3-8 拱趾相对水平位移下基本结构

由于两拱脚发生相对水平位移 Δ_H,有:

$$H_x \delta_{22} + \Delta_H = 0$$

则在弹性中心产生的水平拉力:

$$H_x = -\frac{\Delta_H}{\delta_{22}} = -\frac{\Delta_H}{\int_s \frac{y^2}{EI} ds} \tag{3-31}$$

2）拱脚相对垂直位移引起的内力

图 3-9 所示结构，拱脚相对垂直位移为：

$$\Delta_V = \Delta_{VB} - \Delta_{VA} \tag{3-32}$$

式中：Δ_{VA}、Δ_{VB}——左、右拱脚的垂直位移，均以自原位置下移为正，上移为负。

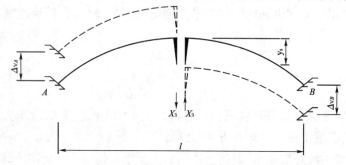

图 3-9　拱趾相对竖向位移下基本结构

有：
$$X_3 \delta_{33} + \Delta_V = 0$$

由两拱脚相对垂直位移引起弹性中心的赘余力为：

$$X_3 = -\frac{\Delta_V}{\delta_{33}} = -\frac{\Delta_V}{\int_s \frac{x^2}{EI} ds} \tag{3-33}$$

3）拱脚相对角变位引起的内力

如图 3-10 所示结构，当图示结构拱脚 A、B 发生转角之后，在弹性中心除产生相同的转角 φ_A、φ_B 之外，还引起相对水平位移 Δ_H 和垂直位移 Δ_V。

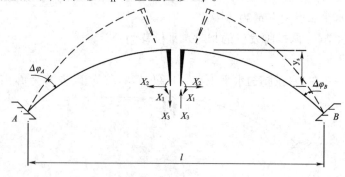

图 3-10　拱趾相对角位移下基本结构

拱脚相对角位移为：

$$\varphi_{AB} = \Delta_{\varphi A} - \Delta_{\varphi B} \tag{3-34}$$

式中：$\Delta_{\varphi A}$、$\Delta_{\varphi B}$——左、右拱脚的角位移，自拱趾顺时针为正，逆时针为负。

当 θ_B 为已知时，且其值很小，由几何关系有：

$$\Delta \approx \varphi \cdot \frac{l}{2} \cdot \cos\alpha'$$

$$\tan\alpha' = f - y_s$$

因为：

$$\left.\begin{array}{l}\Delta_{HB} = \Delta_B \cdot \sin\alpha' \approx \Delta_{\varphi B}(f - y_s) \\ \Delta_{HA} = \Delta_A \cdot \sin\alpha' \approx \Delta_{\varphi A}(f - y_s)\end{array}\right\}$$

所以：
$$\Delta_H = \Delta_{HB} + \Delta_{HA} = \varphi_{AB}(f - y_s)$$

因为：
$$\left.\begin{array}{l}\Delta_{VA} = \Delta \cdot \cos\alpha' = \Delta_{\varphi A}\dfrac{l}{2} \\ \Delta_{VB} = \Delta \cdot \cos\alpha' = \Delta_{\varphi B}\dfrac{l}{2}\end{array}\right\}$$

所以：
$$\Delta_V = \Delta_{VB} - \Delta_{VA} = (\Delta_{\varphi A} - \Delta_{\varphi B})\dfrac{l}{2}$$

因此，在弹性中心会产生三个赘余力 X_1、X_2、X_3，其典型方程为：

$$\left.\begin{array}{l}X_1\delta_{11} + \varphi_{AB} = 0 \\ X_2\delta_{22} + \Delta_H = 0 \\ X_3\delta_{33} + \Delta_V = 0\end{array}\right\} \tag{3-35}$$

多余未知力为：

$$X_1 = -\dfrac{\varphi_{AB}}{\delta_{11}} = -\dfrac{\varphi_{AB}}{\int_s \dfrac{\mathrm{d}s}{EI}}$$

$$X_2 = -\dfrac{\varphi_{AB}(f - y_s)}{\int_s \dfrac{y^2}{EI}\mathrm{d}s}$$

$$X_3 = \dfrac{(\Delta_{\varphi A} - \Delta_{\varphi B})\dfrac{l}{2}}{\int_s \dfrac{x^2}{EI}\mathrm{d}s}$$

拱脚相对角变位引起各截面的内力为：

$$M = X_1 - X_2 \pm X_3 \cdot x \tag{3-36}$$
$$N = \mp X_3\sin\varphi + X_2\cos\varphi \tag{3-37}$$
$$Q = X_3\cos\varphi \pm X_2\sin\varphi \tag{3-38}$$

综合考虑弹性压缩、温度和位移的影响，与恒载作用的内力叠加，既为拱圈结构的总内力。

3.1.7　不同拱轴内力对比分析

对比等截面拱的拱轴线为抛物线、悬链线和悬索线三种线形，分别分析拱轴线在均布荷载和拱圈自重下产生的弯矩。

1）均布荷载作用下的拱圈弯矩

不考虑弹性压缩时，在均布荷载作用下抛物线拱轴是合理拱轴线，拱圈各截面弯矩为零。显然，拱轴线与抛物线越接近，拱圈上弯矩绝对值越小。悬索线和悬链线拱拱圈弯矩不为零，且拱趾和拱顶弯矩均为正。一般情况下悬链线拱轴线截面弯矩绝对值大于悬索线拱轴线截面弯矩,其分布形式如图3-11所示。

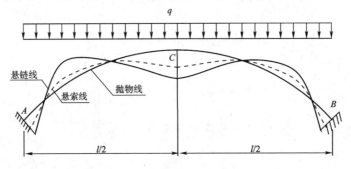

图3-11 均布荷载产生的弯矩

2)拱圈自重作用下的拱圈弯矩

不考虑弹性压缩时,拱圈自重作用下悬索线拱轴是合理拱轴线,拱圈各截面弯矩为零。抛物线与悬链线拱在拱圈上弯矩不为零,且拱趾弯矩反号,其分布形式如图3-12所示。

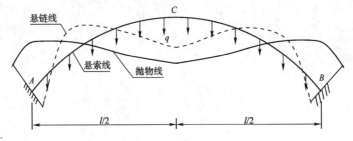

图3-12 自重荷载产生的弯矩

悬索线拱轴线是裸拱圈自重作用下的合理拱轴线,采用该种拱轴线拱圈施工安全性较其他形式拱轴线更好。另一方面,悬索线拱轴线较平缓的拱趾(向抛物线拱轴靠拢),使其在桥面荷载作用下,拱圈上压力线与拱轴线的偏离减小,拱圈结构受力也较有利。

3.2 平铰拱理论

拱桥结构分析中主拱一般按无铰拱取计算模型,拱圈上的内力不仅有轴力,还有剪力和弯矩。在轴力和弯矩的组合作用下,弯矩较大截面处(如拱趾),可能出现拉应力并产生裂缝。对于钢筋混凝土拱桥混凝土开裂拉应力由钢筋承担,不会改变结构的特性。但对石拱桥却可能对结构产生影响,改变结构的力学特性。裂缝的出现不仅引起裂缝截面上的应力重分布,而且还将产生结构上的内力重分布。因而,在石拱桥结构分析中,若不考虑可能出现的裂缝,仍按无铰拱结构计算,结构内力在某些情况下会与实际状况有较大的出入。

通常的分析方法是先计算截面内力,再进行截面验算,分析是否出现裂缝并根据裂缝对截面和结构考虑内力重分布,重新设计计算。由于裂缝的不确定性和圬工材料的特点,石拱桥按照这样的方法考虑裂缝的计算分析非常困难。因而,一般在石拱桥的设计中,裂缝的出现和内力重分布问题均难以考虑。交通部交通科学研究院和江苏、无锡交通局在20世纪70年代所提出的"平铰"概念,从理论上解释了无铰拱拱趾微小转动进入平铰状态后,能使固端弯矩有所放松，因而对温差、混凝土收缩、弹性压缩和支座位移有较好的适应性。将"平铰"概念用于服役石拱桥分析，能较好地解决石拱桥截面开裂后的计算分析，使计算模型和计算结果更接近实际结构。

3.2.1 平铰概念

所谓"平铰"相当于一个半径无穷大的铰。与理论铰相比，平铰不能自由转动，即在转动中要受到一定程度的约束。与固定端相比较，平铰不能承受拉应力，截面所能承担弯矩有限。

构造上，一般通过在拱圈的拱趾和桥墩（台）的拱座间截面的部分高度设置平缝，缝中涂隔离材料（如石蜡、机油或沥青等润滑材料）形成。对于那些用砂浆砌筑，以后自然开裂成缝的，也称"平铰"。

拱圈截面在外荷载作用下，除轴力外还存在弯矩作用。弯矩在截面的下缘产生压缩变形 δ 和压应力 σ，上缘产生拉应力，并使截面产生微小转动 θ。当上缘产生拉应力超过材料抗拉强度时拱圈上缘开裂，形成如图3-13所示的"平铰"。

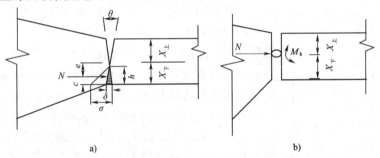

图3-13 平铰特性

3.2.2 两平铰拱理论

1）计算模型

若石拱桥仅在两拱趾设成平铰，或在外荷载作用下两拱趾截面自然开裂，则拱圈结构为两平铰拱。

拱趾截面形成平铰后，拱趾反力 N 与截面压应力的合力相平衡，且偏离截面形心轴，如图3-13a）所示。若将拱趾力 N 平移到形心轴，则拱趾除轴力 N 外，还有一个附加约束弯矩 M_k，如图3-13b）所示。

$$M_k = -N \cdot e_下 \tag{3-39}$$
$$e_下 = x_下 - c$$

因而，平铰拱结构可以看作为以双铰拱为基本结构，再叠加两拱趾截面的附加约束弯矩 M_k 对结构的影响，如图3-14所示。

即 $$\text{平铰拱} = \text{双铰拱} + M_k \tag{3-40}$$

上述形式实际上是出现裂缝后的另一种表述。我们知道无铰拱拱趾一旦开裂，拱趾截面的抗弯刚度下降，其抵抗弯矩的能力下降。

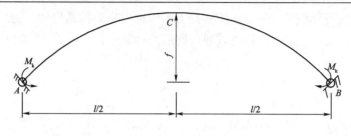

图 3-14　平铰拱结构图

2) 偏心弯矩 M_k 分析

(1) 平铰拱拱趾转角计算

平铰拱偏心弯矩 M_k 的大小与拱趾截面的转动 θ 和截面受压高度 h 密切相关。根据分析拱趾截面的转角 θ 可看作由两部分组成:无铰拱的材料压缩变形产生的转角 $\theta_{无}$;拱趾转动后下缘局部受压应力大于全截面工作时的应力而产生的附加压缩量 $\Delta\delta$ 所相应的夹角 θ'。即:

$$\theta_{平} = \theta_{无} + \theta' \tag{3-41}$$

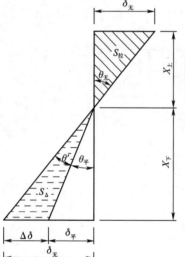

图 3-15　平铰转角

① 无铰拱拱趾转角 $\theta_{无}$ 计算

无铰拱拱趾为固结端,在外荷载作用下由结构力学方法可求得拱趾截面的弯矩 M 和轴向力 N。在 N 作用下,全截面受压;在弯矩作用下,上(下)缘产生拉(压)变形 δ,按材料弹性和平截面假定可知上(下)缘变形后的连线是直线,与原截面法线的夹角称转角 $\theta_{无}$,如图 3-15 所示。

参照弹性地基梁的分析方法,令 K 是主拱圈材料的弹性抗力系数,即表示当拱圈产生单位压缩变形 $\delta = 1$ 时拱座给拱圈的抗压应力。这样拱圈上下缘的应力可表示为:

$$\sigma = K \cdot \delta \tag{3-42}$$

由材料力学的知识,无铰拱拱趾截面的弯矩 $M_{无}$ 作用下的应力为:

$$\sigma = \frac{M_{无}}{W} = \frac{M_{无}}{\frac{J}{X}} = \frac{M_{无} \cdot X}{J} \tag{3-43}$$

由于转角 θ' 很小,
$$\tan\theta \approx \theta = \frac{\delta_{下}}{X_{下}} = \frac{\delta_{上}}{X_{上}} \tag{3-44}$$

弯矩作用下的边缘变形为 $\delta_{上} = \theta \cdot X_{上}$ ($\delta_{下} = \theta \cdot X_{下}$)。

将以上三式联立求解,可求得无铰拱的拱趾关系式:

$$\theta_{无} = \frac{M_{无}}{KJ} \tag{3-45}$$

式中:$M_{无}$——无铰拱拱趾弯矩;

K——主拱圈材料的弹性抗力系数;

J——无铰拱拱趾截面惯性矩。

由于应力 σ 是变形 δ 的 K 倍,因此图 3-15 中上下缘应力连线的夹角也是 $\theta_{无}$,即:拱趾上下缘的变形 δ 和应力 σ 连线的夹角都等于拱趾的转角 $\theta_{无}$。当上缘出现了拉应力时,转角 θ 仍符合式(3-45)。这里应指出,所谓无铰拱的"固结"并不等于没有转角,只不过上下缘纤维转角值 $\theta_{无}$ 很小而已。在无铰拱计算中,一般不计算 $\theta_{无}$,而是通过拱趾设置钢筋来承担弯矩所产生的拉应力。而平铰拱恰好就利用这个微量的转动,允许上缘一定程度的裂缝,降低固端的刚度,释放固端的部分弯矩。

拱圈材料的弹性抗力系数 K,根据模型试验分析与材料的弹性模量 E 成比例,$K = 0.4 \sim 0.6E$。该试验值中包含了部分塑性,如果剔除塑性,按纯弹性考虑,某些文献认为可假定 $K = E$。不同材料精确的 K 值,需通过试验求得。应当指出,在平铰分析中 K 是个比例值,其绝对值大小只影响应力 σ 值,而对平铰面轴向力偏心弯矩 M_k 影响不大。

②附加转角 θ' 计算

θ' 是由于拱圈拱趾转动后下缘局部受压应力大于全截面工作时的应力而产生的附加压缩量 $\Delta\delta$ 所相应的纤维夹角大小。根据模型试验分析,θ' 值的影响范围 $l = 1.5D \sim 2.0D$ 长度内(D 为截面全高),这和预应力锚头处应力集中沿轴线逐渐递减的规律是相同的。

由于影响区间内受力复杂,故 θ' 值计算很困难。但试验所测 θ' 值不大,随跨径 L 大而相对小。因此为简化计算可忽略,则拱趾转角:

$$\theta = \theta_{平} \approx \theta_{无} = \frac{M_{无}}{KJ} \tag{3-46}$$

即平铰拱的转角与无铰拱上(下)缘纤维夹角 $\frac{M_{无}}{KJ}$ 值相近。应当指出,考虑圬工材料的塑性后,能减小转角 $\theta_{平}$ 计算值,所以假定 $\theta_{平} = \theta_{无}$ 所忽略的 θ' 可以部分地为塑性所少算 $\theta_{平}$ 值来补偿,所计算结果可以满足工程要求。

(2)平铰拱约束弯矩 M_k 分析

截面开裂后发生转动 $\theta_{平}$ 后,截面内力平衡关系如图 3-13 所示。

转角: $\tan\theta_{平} \approx \theta_{平} \approx \dfrac{\delta}{h} = \dfrac{M_{无}}{KJ}$

下缘压应力: $\sigma = K\delta = K\theta_{平} h$

轴力平衡: $N_{平} = \dfrac{1}{2}hB\sigma = \dfrac{1}{2}hBK\theta_{平} h = \dfrac{1}{2}BK\theta_{平} h^2$

故受压高度为:

$$h = \sqrt{\frac{2N_{平}}{BK\theta_{平}}} = \sqrt{\frac{2N_{平}}{BK\dfrac{M_{无}}{KJ}}} = \sqrt{\frac{2N_{平}J}{BM_{无}}}$$

从上式可见,平铰受压高度 h 与假定的系数 K 无关,只与开裂前相应的无铰拱弯矩 $M_{无}$ 和与拱趾约束弯矩 M_k 相应的平铰轴向力 $N_{平}$ 大小有关。因而假定 $K = 10^6 \text{kN/m}^3$,对平铰面轴向力偏心弯矩 M_k 影响不大。

轴向力 $N_{平}$ 作用受压区中性轴 y 轴下缘 $\rho_{下}$ 处($\rho_{下} = \dfrac{W_{上}}{A}$),故轴向力 $N_{平}$ 与截面中心的偏心距 $e = X_{下} - Y_{下} + \rho_{下}$。

约束弯矩: $M_k = N_{平} \cdot e$

对于图 3-15 所示的结构,在拱趾约束弯矩 M_k 作用下,拱趾将产生相应的轴力 N'。因此平铰的轴向力为:

$$N_\Psi = N_{\mathcal{Z}} + N'$$

拱趾处的约束弯矩 M_k、轴力 N_Ψ 及受压高度 h 相互影响,需用迭代方法求得。

3) 偏心弯矩 M_k 计算

(1) 荷载作用下 M_k 的迭代计算

石拱桥材料的抗拉能力很弱,若分析中不考虑,则截面开裂后压应力沿截面成三角形分布。压应力合力对截面形心的弯矩即为平铰拱拱趾约束弯矩 M_k。显然,约束弯矩 M_k 与截面受压高度 h(或转角 θ)有关。而截面受压高度 h 取决于荷载作用下的拱趾弯矩和拱趾截面的抗弯刚度。根据石拱桥材料的特点,当拱趾截面上部开裂时,材料进入塑性,此时再按照叠加原理计算拱趾截面的变形已不适用。因而在分析石拱桥的平铰特性时,拱趾截面弯矩应是各种作用的总和,并在此基础上根据转角计算截面受压高度 h。

拱趾截面开裂后,截面刚度退化,抵抗弯矩能力下降,引起拱圈结构上的内力重分布,拱趾截面上的内力也发生变化。这种相互影响是很复杂的,在平铰拱拱趾约束弯矩 M_k 的分析中,采用如下方法处理。

首先由无铰拱结构计算拱上所有作用组合后的拱趾截面内力(弯矩 $M_{\mathcal{Z}}$、轴力 $N_{双}$),再根据内力计算拱趾截面的转角和受压高度,最终计算出拱趾截面的约束弯矩 M_k。考虑到拱趾约束弯矩 M_k、转角和受压高度的相互影响,约束弯矩 M_k 只能通过迭代法得到。其步骤如下:

首先计算双铰拱的拱趾截面轴力 $N_{双}$ 和无铰拱的拱趾截面弯矩 $M_{\mathcal{Z}}$,并取平铰拱拱趾约束弯矩 $M_k^0 = M_{\mathcal{Z}}$;拱趾抗扭刚度 $KJ = (E/m) \cdot J$,此处 KJ 为拱趾全截面的抗扭刚度。

① 按弹性材料式 (3-45) 计算转角 $\theta = \dfrac{M_k^0}{KJ}$,根据前面的分析,在后面的迭代计算过程中,转角 θ 不变。

② 计算该状态下拱趾截面受压高度 h 和相应的受压偏心距 e^0。

③ 计算 M_k^0 作用在双铰拱上拱趾截面的轴力 N^0。

④ 计算拱趾的总轴力:

$$\sum N^1 = N_{双} + N^0 \tag{3-47}$$

⑤ 计算平铰拱拱趾的约束弯矩:

$$M_k^1 = \sum N^1 \cdot e^0 \tag{3-48}$$

一般在荷载、温度等组合作用下,拱趾左右截面的 $N_{双}$ 和 N^0 不同,所计算的偏心距和约束弯矩也不同,应分别计算 $M_{k左(右)}^i$。设经 i 次迭代后平铰拱拱趾的约束弯矩为 M_k^i,进行下一步迭代。

⑥ 由式 $J^i = \dfrac{M_k^i}{K\theta}$ 可进一步计算 M_k^i 作用下的拱趾截面受压高度 h^i。

⑦ 由 h^i 计算拱趾截面受压区形心轴位置 $y_下^i$、受压截面面积 F^i、截面模量 $w_上^i$ 及偏心距 e^i。

⑧ 由拱趾的约束弯矩 M_k^i 计算在该弯矩作用下的双铰拱拱趾轴力 N^i,则双铰拱拱趾的总

轴力为 $\sum N = N_{双} + N^i$。

⑨ $M_k^{i+1} = \sum N \cdot e^i$。

若 $|M_k^i - M_k^{i-1}| \leq \varepsilon$（$\varepsilon$ 预先给定的数），迭代结束；否则继续⑥~⑨的步骤直至左右两拱趾截面约束弯矩均满足 $|M_k^i - M_k^{i-1}| \leq \varepsilon$。

（2）弹性压缩、温度变化、支座位移等 M_k 的迭代计算

上面 M_k 的迭代计算未考虑拱圈结构的弹性压缩、温度变化、支座位移等影响，拱圈在这些作用下，拱趾截面的内力将进一步发生改变。拱圈在这些作用下其拱趾截面约束弯矩 M_k 的计算基本与前面相同。其计算步骤如下：

① 计算无铰拱在上述作用下的拱趾截面弯矩；
② 计算双铰拱在上述作用下的拱趾截面轴力；
③ 与荷载作用相同，由迭代法求拱趾截面约束弯矩 M_k。

（3）M_k 计算特点

① 根据石拱桥材料特点，当拱趾开裂材料进入塑性后，其变形计算已不满足叠加原理。因而平铰拱拱趾约束弯矩 M_k 是在荷载、弹性压缩、温度变化、支座位移等各种作用最不利组合下，直接利用迭代方法计算拱趾截面发生转动和开裂后的 M_k，即上述两步的迭代是合并进行的。

② 从上述分析中可以看到，如令两拱趾 $M_k = 0$，则为双铰拱结构；如令 $M_k = EJ\theta = M_{无}$（等于无铰拱拱趾弯矩），再叠加到双铰拱上，所求得的平铰拱内力实质上等于无铰拱内力。

③ 无铰拱是拱趾未开裂，铰端约束弯矩 $M_k = M_{无}$ 的拱结构；而双铰拱是拱趾能自由转动，铰端约束弯矩 $M_k = 0$ 的拱结构；平铰拱则介于两者之间。由转角 θ 大小和轴向力 N 不同的偏心程度，使铰端存在着部分约束弯矩，因此平铰具有无铰、双铰两者的部分性能，是无铰拱结构向双铰拱结构转化的中间过程。平铰拱理论可以分析无铰拱结构向双铰拱转化的中间各种状态，因而对于那些已建成的石拱桥，在拱趾出现裂缝的情况，运用"平铰拱"的计算方法，可以验算其开裂后的承载力。这对老桥的鉴定和加固处理是有实用价值的。

3.2.3 三平铰拱理论

石拱桥上部腹拱是多跨连续结构，简单采用连续结构进行腹拱分析，显然不符合石拱桥的材料抗压不抗拉的特性。而拱上圬工腹拱，拱趾多用平铰结构。其拱顶受主拱圈弹性变形影响，容易开裂成缝。现行规范对它没有明确的计算方法，习惯上常用理论三铰拱来代替。这样活载推力就完全作用在立墙上，使其尺寸肥大。经多年的研究，并在多座桥梁上付诸实施的三平铰理论较好地解决了拱桥拱式上部结构的计算分析。

上节的两平铰拱是在拱圈的两拱趾设置平铰，而三平铰结构就是在两平铰的基础上，在拱顶再加一平铰。其计算图式可以表达为以三铰拱为基本结构，再叠加拱顶约束弯矩 M_s 和拱趾约束弯矩 $M_{k左}$、$M_{k右}$ 构成，如图 3-16 所示。

对图 3-16 所示三平铰结构，其计算方法与

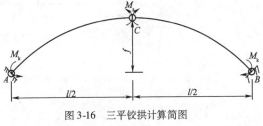

图 3-16 三平铰拱计算简图

步骤与二平铰结构基本相同。

1）拱趾、拱顶截面约束弯矩 M_k 计算

首先计算三铰拱在荷载、弹性压缩、温度变化、支座位移等各种作用最不利组合下的拱趾、拱顶截面轴力和无铰拱的拱趾、拱顶截面弯矩 $M_无$，并取平铰拱约束弯矩 $M_k^0 = M_无$；拱趾抗扭刚度 $KJ = (E\varepsilon/\delta) \cdot J$，此处 KJ 为拱趾全截面的抗扭刚度。

(1) 按弹性材料计算转角 $\theta = \dfrac{M_k^0}{KJ}$；

(2) 计算该状态下的拱趾、拱顶截面受压高度 h 和相应的受压偏心距 e^0；

(3) 计算 M_k^0 作用在三铰拱上拱趾、拱顶截面的轴力 N^0；

(4) 计算拱趾、拱顶的总轴力 $\sum N^1 = N_双 + N^0$；

(5) 计算平铰拱拱趾、拱顶的约束弯矩 $M_k^1 = \sum N^1 \cdot e^0$；设经 i 次迭代后平铰拱拱趾、拱顶的约束弯矩为 M_k^i，然后进行下一步迭代；

(6) 由式 $J^i = \dfrac{M_k^i}{K\theta}$ 可进一步计算 M_k^i 作用下的拱趾截面受压高度 h^i；

(7) 由 h^i 计算拱趾截面受压区形心轴位置 $y_下^i$、受压截面面积 F^i、截面模量 $w_上^i$ 及偏心距 e^i；

(8) 由拱趾的约束弯矩 M_k^i 计算在该弯矩作用下的双铰拱拱趾轴力 N^i，则双铰拱拱趾的总轴力为 $\sum N = N_双 + N^i$；

(9) $M_k^{i+1} = \sum N \cdot e^i$。

若 $|M_k^i - M_k^{i-1}| \leq \varepsilon$（$\varepsilon$ 为预先给定的数），迭代结束；否则继续(6)~(9)的步骤直至左右两拱趾截面约束弯矩均满足 $|M_k^i - M_k^{i-1}| \leq \varepsilon$。

上述分析中，若腹拱拱圈为等截面，拱趾和拱顶的抗弯刚度 KJ 相等，为常数。但在一般情况下腹拱拱圈是变截面的，拱圈各截面的抗弯刚度 KJ 不等，不仅对拱趾和拱顶的约束弯矩 M_k 有影响，也对拱圈各截面的内力分布有影响。为了便于计算常引入拱圈换算刚度。

2）变截面拱的厚度换算系数

对图 3-17 所示的拱圈截面变化规律，通常按下式计算：

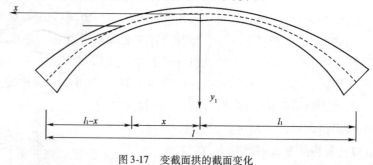

图 3-17　变截面拱的截面变化

$$\dfrac{J_d}{J\cos\varphi} = 1 - (1-n)\xi \tag{3-49}$$

$$\xi = \dfrac{x}{l_1} = \dfrac{x}{l/2} \tag{3-50}$$

当 $\xi = 1$（$x = l_1$ 拱趾），则：

$$n = \frac{J_d}{J_j \cos\varphi_j}$$

式中：n——拱厚变换系数，在初定拱趾和拱顶厚度后，便可得到拱圈变厚系数 n 值；
J_d——拱顶截面惯性矩；
J_j——拱趾截面惯性矩；
φ_j——拱趾截面拱轴线水平倾角。

则任意截面的惯性矩：

$$J = \frac{J_d}{[1 - (1 - n)\xi]\cos\varphi} \tag{3-51}$$

当拱圈采用等宽矩形截面时，根据截面惯性矩的特性，可得到任意截面处厚度计算公式：

$$d = C \cdot \frac{d_d}{\sqrt[3]{\cos\varphi}} \tag{3-52}$$

$$C = \frac{1}{\sqrt[3]{1 - (1 - n)\xi}} \tag{3-53}$$

式中：d_d——拱顶截面厚度；
φ——任意截面的拱轴线水平倾角。

不同的拱轴线，倾角不同。不同的拱轴线的水平倾角分别计算如下。

（1）抛物线拱轴线方程为：

$$y_1 = \frac{f}{l_1^2}x^2 = \frac{4f}{l^2} \cdot x^2 = \xi^2 f \tag{3-54}$$

则任意截面的水平倾角为：

$$\tan\varphi = \frac{dy_1}{dx} = \frac{d(\xi^2 f)}{d(\xi l_1)} = \frac{f}{l_1} \cdot \frac{d\xi^2}{d\xi} = \frac{4f}{l}\xi \tag{3-55}$$

（2）悬链线拱轴线方程为：

$$y_1 = \frac{f}{m-1}(\text{ch}K\xi - 1) \tag{3-56}$$

则任意截面的水平倾角为：

$$\tan\varphi = \frac{dy_1}{dx} = \frac{2fK\text{sh}K\xi}{l(m-1)} \tag{3-57}$$

（3）悬索线拱轴线方程为：

$$y_1 = a\left(\text{ch}\frac{x}{a} - 1\right) \tag{3-58}$$

则任意截面的水平倾角为：

$$\tan\varphi = \frac{dy_1}{dx} = \text{sh}\frac{x}{a} \tag{3-59}$$

由 C 和 n 的关系，以及任意截面的水平倾角，可求出任意截面处的厚度。

在有负水平位移 Δ 和荷载 P 作用下，几种不同拱结构的内力比较可见，无铰拱体系拱顶弯矩 M_s 和拱趾弯矩 M_k 值常常最大。对拱顶而言双铰拱次之，对拱趾而言单铰拱次之。而三平铰拱体系正负弯矩分布得都比较均匀,而且绝对值也最小。这说明三平铰的实质是无铰拱开裂后放松了拱趾和拱顶的约束,使全拱内力(不是截面应力重分布)接近均匀。这种自动调整内力的性能是圬工铰拱具有弹塑性的一种表现,而经典的弹性结构分析则无法分析这种现象。

3.2.4 石拱桥各种体系间的转换

桥结构根据其连接方式和地基状况,在拱圈结构分析中一般采用无铰拱、两铰拱或三铰拱结构形式。这种结构分析模型是将结构放在一个特定状态进行分析,这种分析模型对拱桥(如钢筋混凝土拱桥、钢管混凝土拱桥、圬工拱桥)在大多数工作状态下是符合的。但在某些情况下,这种分析模型则与拱桥结构的工作状态存在差距(如石拱桥拱趾、拱顶出现裂缝后的分析)。本章的平铰分析理论有助于解决石拱桥拱趾、拱顶出现裂缝后的分析,不仅可分析结构的特殊状态,还可分析石拱桥拱圈结构工作时的截面发展过程。引入"平铰"概念,可分析石拱桥主拱圈的各个工作阶段。石拱桥建在坚实的基础上,拱趾无位移且没有开裂,则主拱圈为图示的无铰拱结构。当拱趾在组合作用下截面受拉一侧的开裂,拱趾截面处的抗弯刚度下降,承受弯矩能力降低,但仍能承受一定量的弯矩。则主拱圈可用图 3-18 所示的平铰拱结构表示。图中的约束弯矩 M_k 是一个变量,随拱趾截面裂缝的延伸而减小。当拱趾约束弯矩 M_k 等于无铰拱拱趾的约束弯矩时,表明拱趾没有开裂;而当拱趾约束弯矩 M_k 等于零,则表明裂缝已经贯通拱趾全截面,拱圈为两铰结构。显然,无铰拱和两铰拱结构分别代表了拱圈的两种特定工作状态,即拱趾无裂缝或拱趾裂通;而平铰拱结构则能反映主拱圈的各种工作阶段,并且利用拱趾约束弯矩 M_k 建立了从无铰拱结构到两铰拱结构的桥梁。

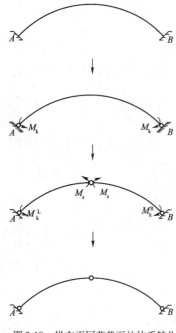

图 3-18 拱在不同荷载下的体系转化

对于腹拱,在考虑拱趾开裂的同时,若还考虑拱顶开裂,则腹拱就是从无铰拱结构体系向三铰拱结构体系转化,这中间的过渡阶段为平铰状态。即拱趾截面开裂,弯矩承载力下降,结构发生内力重分布,拱顶弯矩增大;拱顶开裂,结构转化为三平铰;若外部作用继续加大,拱趾及拱顶截面裂缝开展达到一定程度,结构由三平铰转为三铰拱结构。其发展过程为:无铰——两平铰(拱趾开裂,但仍能承受一定量的弯矩)——三平铰(拱顶开裂,但仍能承受一定量的弯矩)——三铰拱结构。

3.3 石拱桥拱上建筑联合作用

对服役石拱桥承载力的评估,若将其计算图式由弹性阶段的无铰拱拓展到部分截面开裂进入弹塑性阶段的平铰拱,则承载力评估更为准确,但不足之处还是只考虑了主拱圈本身独自工作。科学试验和长期的生产实践证明,拱桥的巨大潜力主要来源于拱上结构与主拱圈的共同受力。在活载作用下拱上建筑参与主拱联合作用,能减少活载内力,提高全拱结构刚度,一定程度上减小主拱圈变形,从而提高活载的通行能力。一方面联合作用的存在定性地解释了为什么服役石拱桥能超限正常使用的现状;另一方面规范对于联合作用计算方法不详的现状,必须对联合作用的受力机理和计算图式进行分析。

下面就服役石拱桥拱上建筑(设有平铰平缝的腹拱结构)参与联合作用计算模型进行讨论分析。

3.3.1 现行拱上建筑联合作用计算图式

腹拱推力是拱式拱上建筑联合作用的主要支柱,《公路桥涵设计手册 拱桥》(顾懋清,石绍甫主编)等给出图3-19所示的高次超静定结构计算图式,即取边腹拱为双铰拱,其余为单铰拱,考虑立墙的刚度。现行《拱桥》手册根据该模型制成表格,查表计算单个主拱(含四个腹拱)的拱顶、拱趾、$l/4$ 三个截面的联合作用弯矩折减系数 ξ。该种模型对于钢筋混凝土之类的可抗拉结构是可行的,对于腹拱为圬工材料的石拱桥则存在以下问题:

(1)材料基本不能受拉,受拉一侧基本没有作用;
(2)一般立墙较薄,其抗侧刚度有限;腹拱与立墙一般不是刚结。

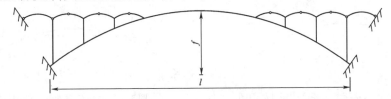

图3-19 联合作用模型一

在试验和结构分析基础上,考虑到腹拱不能承受拉力的特性,提出如图 3-20 所示的结构分析模型。即在不对称荷载作用下近似只计和荷载 P 相对的一侧受压腹拱推力 X_4 为多余力,此时腹拱受压按无铰拱计算。该模型的特点是忽略了立墙的抗推刚度,使结构予以简化,能手算求解。

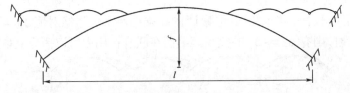

图3-20 联合作用简化模型二

经比较,图 3-19 和图 3-20 两种计算模型计算结果相近,其原因是图 3-20 的立墙刚度未计,但腹拱刚度按无铰拱计(或变截面单铰拱计)比图 3-19 的腹拱按单铰拱加双铰拱计要大,这样补偿了图 3-20 的立墙刚度。

近年来所设计建造的石拱桥,其拱上建筑以"宽帽窄墙"为主要特点,在构造上,立墙上下两端均进行切缝处理,经过试验分析研究,立墙的受力状态为压杆。以上计算图式还是和结构的实际受力状态有所差别。

3.3.2 考虑拱上建筑联合作用的简化计算方法

1) 简化法计算图式

根据服役石拱桥的试验分析、受力机理和构造特点建立基本假定,提出拱上建筑参与联合作用的弹簧模型、计算方法和公式。

(1) 非对称荷载作用

P 在拱左侧时(或非对称荷载时),主拱圈发生以水平侧移为主的变位,如图 3-21 所示,使右侧腹拱压缩,由腹拱抗推刚度 K_+ 而产生了推力 Q 和腹拱拱趾弯矩 M_Q。假定主拱与腹拱相交于 $l/3$ 截面上的抗推刚度比值 α 大小有关。该计算模型的特点是用一根水平杆来等代多孔腹拱的刚度,因此只要等代换算后,就相当能考虑多孔联合作用。考虑 M_Q 主要是能使拱顶和右拱趾的弯矩更确定些,但对左拱趾和荷载 P 作用下的截面弯矩影响不大,故如果计算左拱趾 M 和荷载 P 作用下截面弯矩也可将 M_Q 忽略不计。

(2) 对称荷载作用

P 在拱顶实腹段作用时如图 3-22 所示,对称荷载作用下主拱圈的变位以上下变位为主,在上翘处使立墙受压,并传递到腹拱拱趾,由腹拱的垂直刚度而产生腹拱拱趾的垂直抗力 R,R 的大小与荷载作用下立墙处挠度 f_p 和主拱、腹拱的垂直刚度比值大小 β 有关。该计算模型的特点是腹拱垂直刚度 C_+ 大小只取决于主拱、腹拱的几何物理特性,与腹拱孔数无关。

图 3-21 非对称荷载 P 联合作用计算简图　　图 3-22 对称荷载 P 联合作用计算简图

2) 立墙的计算模型

现阶段正在工程实践的轻型石拱桥,其拱上建筑以"宽帽窄墙"为主要特点,在构造上,立墙上下两端均进行切缝处理,一般立墙的宽度为 30~40cm,高宽比为 1/18,立墙的受力状态为压杆,忽略墙的抗推刚度,与腹拱刚度相比立墙的抗推刚度可忽略。

可以认为桥墩刚度小到可以忽略的 m 孔拱,在 m 端作用水平推力 H 时,各孔的推力均相同,因此各孔的相对水平位移也相同,但累计在 m 端的水平位移绝对值 $\Delta m = m\Delta_1$,如图 3-23 所示,如果 $m=4$ 孔时,则有 $\Delta_4 = 4\Delta_1$ 的关系。因而在联合作用中可以假定立墙两端为铰接。

图 3-23 无墙连拱位移

拱上立墙模型如图 3-24 所示,墙顶水平位移 $\Delta = \delta_1 + \delta_2 + \delta_3$。式中: $\delta_1 = \dfrac{Hh^3}{3EI}$,此值为立墙在水平荷载 H 作用下的墙顶水平位移量;δ_2 是主拱圈 A 在水平力 H 和垂直力 V 作用下所产生的水平位移,与主拱圈 $\dfrac{L^3}{3EI}$ 和立墙部位有关,当立墙在 $l/4$ 时 δ_2 很大;$\delta_3 = \varphi h_2$ 是由于主拱圈 A 在 H 和 V 作用下所产生的转角 φ 所引起的 B 点水平位移,对于高立墙值会很大。

立墙考虑主拱圈弹性位移后的抗推刚度应按 $K_{墙} = \dfrac{H}{\delta_1 + \delta_2 + \delta_3}$ 计算,与仅考虑立墙本身的刚度 $K_0 = \dfrac{1}{\delta_{11}}$ 相比较,可下降 50%~80%,以致与腹拱刚度 $K_{腹}$ 相比,可以近似忽略不计。

由以上分析可见,无论从实验和理论计算方面都可以说明在联合作用的计算中,可近似取立墙为两端铰接的图式,能传递垂直力而不能传递水平力,这为简化提供了方便。

3)腹拱荷载产生的推力处理

荷载 P 在腹拱上作用,产生垂直反力 V 和推力 H_P,垂直力 V 通过立墙传递到主拱圈,产生以挠度为主的变形,它受到腹拱的抗推刚度 K_+ 和垂直刚度 C_+ 的约束。若是有实腹段轻型石拱桥,水平推力 H_P 作用在 $l/3$ 截面附近的主拱圈上,使主拱圈产生以水平方向为主的变位 δ,这时整个桥面系的栏杆、缘石、填料、路面和侧墙都受到压缩,形成了一道强劲的水平刚性约束 $K_{面}$,其绝对值远大于主拱圈的抗推刚度 $K_{主}$,按照刚度分配的原理,可以认为腹拱的活载推力 H_P 绝大部分可沿桥面系和腹拱一直传递到两岸桥台上,这样在联合作用计算中可以近似假定 H_P 不作用在主拱圈上,不使主拱圈产生变形。联合作用计算简图中,就相当于荷载 P 所作用的那个腹拱上的两个垂直反力直接作用在主拱圈上。

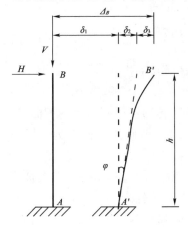

图 3-24 拱上立墙变位

4)主拱圈变形所受约束处理

主拱圈裸拱在荷载作用下产生变形:挠度 f、水平位移 δ 和转角 φ。多座桥梁荷载试验表明:挠度值 f 最大,水平位移 δ 次之,而转角 φ 很小,并有明显的规律性,实测 f 和 δ 明显小于裸拱的理论值。此现象表明:裸拱圈的变形受到腹拱、立墙、侧墙和桥面系的约束,特别是桥面系和腹拱对水平位移 δ 的约束,能使之减少 50% ~ 70%。这些都表明拱上构造参与主拱圈一起共同受力。

与主拱圈相连的任何种拱上构造,作为平面体系来分析,理论上每个节点有三种约束(垂直、水平和转动),一座单孔的拱桥就有 20 种以上的约束了。要用简单明确的概念来综合说明这样多的约束总效果,必须通过现场实桥的荷载试验,抓住主要矛盾,舍去次要因素,才能作出简化的计算模型的假定。这些假定本身带有一定的近似性,有些还未找到论证,但是只要在宏观上能满足工程的精度要求,就可以认为这些假定基本上是成立的。

5)主拱和腹拱弹性常数计算

(1)主拱的刚度

按结构力学定义,使主拱圈截面产生单位挠度(或单位水平位移)所需的垂直力 V(或水平力 H)的大小为该点的垂直(或水平)刚度。由于主拱圈和腹拱、立墙相连的点在不同截面,故可用力法分别求解。

(2)腹拱的刚度

①腹拱的计算假定

拱式拱上建筑联合作用系指腹拱采用三平缝(铰)结构,三平铰腹拱不同于理论三铰拱,它在拱趾受压缩时,能像无铰拱(或单铰拱)一样具有抗推(垂直)刚度。而在拱趾受拉有负水平位移时,它逐渐向三铰拱靠拢,但抗推刚度和垂直刚度趋近于双铰拱值。平铰拱这种特性是研究联合作用时两个必须考虑的边界条件。三平铰拱的刚度是一个随拱趾水平位移 Δ 大小而不同的变数,为了简化联合作用计算,并考虑到还有腹拱的护拱、填料、桥面系拱杆、缘石、侧墙对联合作用的约束,参照试验反复试算分析结果,三平铰腹拱在拱趾受压缩时,可综合地按无铰拱计算刚度;而拱趾受拉时,可综合地按三铰拱(刚度为 0)计算。

② 单孔腹拱刚度

使腹拱拱趾产生单位水平位移(或垂直位移)所需的推力(或垂直力)称腹拱的抗推刚度 K_+(或垂直刚度 C_+),如图 3-25 所示。

$$K_+ = \frac{360(1+n)EJ_s}{(15n^2+42n+7)f^2 l} \quad (n=1, K_+ = \frac{45EJ}{4f^2 l}) \tag{3-60}$$

$$C_+ = \frac{48EJ_s}{(1+3n)l^3} \quad (n=1, C_+ = \frac{12EJ}{L^3}) \tag{3-61}$$

括号中 $n=1$ 相当于等截面拱。

③ 多孔腹拱刚度

两孔腹拱之间的立墙传递主拱圈向上的翘曲,使腹拱产生单位挠度 $f=1$ 时,两腹拱的抗力为并联体系,所产生的垂直抗力称 $C_腹 = 2C_+$,m 孔腹拱,不计立墙刚度时,各腹拱组成串联系,m 端拱趾的抗推刚度可以用一根刚度相等的直杆来代替,$K_腹 = K_+/m$,由此可见,腹拱孔数越多,则拱端刚度越小。$K_腹$ 称为多孔腹拱的拱端等代刚度。

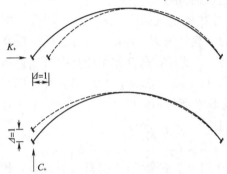

图 3-25 腹拱的抗推刚度和垂直刚度

6) 位移折减系数计算

(1) 挠度折减系数 α

主拱圈和立墙的轴线相交的截面 i 称为结点,该点裸拱圈的刚度为 $C_{主i}$,由于腹拱 $C_腹$ 的参加使得产生单位挠度所需要的垂直力增加至 $\sum C_i = C_{主i} + C_腹$,$\sum C_i$ 称为该结点的垂直刚度。

按照变位法的基本原理,挠度 f 与垂直刚度 $\sum C$ 成反比,故考虑腹拱参加主拱圈的共同受力(考虑联合作用后),裸拱圈的挠度应减少至 f_i,f_i 可按下式计算:

$$f_i = \frac{C_{主i}}{C_{主i}+C_腹}[f_P] = \alpha_i[f_P] \tag{3-62}$$

式中:$[f_P]$——裸拱圈在荷载 P 作用下的挠度;

α_i——挠度的折减系数,$\alpha_i = \frac{C_{主i}}{C_{主i}+C_腹} = \frac{C_{主i}}{\sum C_i}$。

(2) 水平位移折减系数 β

根据变位法的原理考虑腹拱参与主拱圈受力之后,裸拱圈的水平位移 Δ_P 也减少至 δ,如式:

$$\delta_i = \frac{K_{主i}}{K_{主i}+K_腹}[\Delta_P] = \beta_i[\Delta_P] \tag{3-63}$$

式中:$[\Delta_P]$——裸拱圈在荷载 P 作用下水平位移;

β_i——水平位移的折减系数,$\beta_i = \frac{K_{主i}}{K_{主i}+K_腹} = \frac{K_{主i}}{\sum K_i}$。

3.3.3 简化法联合作用平铰拱分析

无铰拱的拱趾上缘由于负弯矩引起拱趾开裂,进入"平铰"状态,拱趾开裂,刚度降低,"固结"条件改变,全拱内力将进行调整,重分配的内力是拱趾弯矩 M_k 减少,而 $l/4$ 附近截面弯矩 $M_{l/4}$ 加大。因此,在平铰拱中也引进拱上建筑对 $l/4$ 截面的变形约束概念(联合作用能将加大的弯矩又降低),这样为全面挖掘平铰拱的潜力提供了条件。

1) 平铰拱联合作用的计算图式

平铰拱以双铰拱为基本结构,在拱趾上迭加轴向力偏心弯矩 $M_k = Ne$ 而成。因此,联合作用的计算图示也就是在双铰拱上再叠加腹拱抗力和腹拱拱趾弯矩 M_k 而成,如图3-26所示为不对称荷载 P 在平铰拱一侧时的联合作用计算模型。

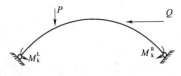

图3-26 平铰拱联合作用计算图式

2) 平铰拱联合作用的计算假定

平铰拱拱上建筑联合作用计算假定如下:

(1) 立墙上下端均为铰接,不计立墙的抗推刚度;
(2) 荷载 P 作用的另一侧腹拱受压缩,用无铰拱的抗推刚度综合代表全桥的约束;
(3) 荷载 P 作用下腹拱产生的水平推力沿桥面系传递,不作用于主拱圈上;
(4) 平铰拱在荷载 P 作用下的跨中截面水平位移 Δ_P 值,据资料模型分析,与无铰拱差异很小,故可近似采用无铰拱值;
(5) 平铰拱跨中截面的水平刚度 $K_{主}$(也称拱背刚度)也近似采用无铰拱值。

3) 计算步骤及框图

(1) 计算资料收集

(2) 腹拱抗力计算

① 联合作用计算简图;
② 通过影响线求出 $P=1$ 截面的水平位移影响线,再通过叠加原理求出车道集中荷载和均布荷载所引起的水平位移(或直接求解);
③ 联合作用水平位移折减系数;
④ 腹拱抗力系数;
⑤ 联合作用下截面水平位移;
⑥ 腹拱抗力 Q;
⑦ 移轴弯矩。

(3) 平铰轴向力偏心弯矩 M_k 计算

① 先假定拱趾不开裂,$M_k = EI\theta_平$,求出它在双铰拱中的附加轴力 N' 和 N'';
② 再与双铰拱轴向力叠加得到平铰轴向力 $\sum N$,插值初算偏心弯矩 $M_{k左}$ 和 $M_{k右}$;
③ 再以 $M_{k左}$ 和 $M_{k右}$ 为拱趾弯矩作用重复前两个步骤,每次假定的拱趾弯矩取前次的结果,迭代计算 2~3 次可收敛,并可满足工程精度要求。

(4) 联合作用挠度和内力计算

① 首先计算基本体系——双铰拱在自重 G、拱趾初始位移 Δ_0、荷载 P、抗力 Q、$M_腹$ 五种荷载作用下的挠度和内力再叠加,即:

$$\left.\begin{array}{l} f_双 = f_\Delta + f_P + f_Q + f_{M_腹} \\ M_双 = M_G + M_\Delta + M_P + M_Q + M_{M_腹} \\ N_双 = N_G + N_\Delta + N_P + N_Q + N_{M_腹} \end{array}\right\} \quad (3\text{-}64)$$

②平铰拱:求解平铰轴向力偏心弯矩 $M_{k左}$ 和 $M_{k右}$ 在双铰拱中引起的附加挠度 f' 和内力值 M' 和 N',与双铰拱值相加得到平铰拱挠度和内力,即:

$$\left.\begin{array}{l} f_{平} = f_{双} + f' \\ M_{平} = M_{双} + M' \\ N_{平} = N_{双} + N' \end{array}\right\} \quad (3\text{-}65)$$

③无铰拱:以拱趾不开裂的弯矩 $M_k = EI\theta$ 代入步骤②则可得到无铰拱的挠度和内力。

3.3.4 考虑拱上建筑联合作用弹簧模型

1)计算假定

考虑拱上建筑联合作用的弹簧模型有如下计算假定:

(1)立墙上下端为铰接,不计立墙的抗推刚度;

(2)在非对称荷载 P 作用下,拱结构以侧移为主,荷载作用点另一侧腹拱受压缩,用弹簧 K 来代表受压缩腹拱对主拱变形的约束,弹簧的刚度采用联合作用简化计算中串联腹拱的拱趾抗推刚度,对称荷载 P 作用下,拱结构以竖向位移为主,荷载作用点另一侧腹拱受压缩,用弹簧 C 来代表受压缩腹拱对主拱变形的约束,弹簧的刚度采用联合作用简化计算中并联腹拱的拱趾垂直刚度,如图 3-27 所示;

(3)荷载 P 作用下,腹拱产生的水平推力沿桥面系传递,不作用于主拱圈上;

(4)根据受荷载的状态,拱趾的约束弯矩 M_k 具有适应性,主拱拱趾的位移边界条件介于固定铰支座—平铰—固定端之间;

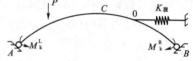
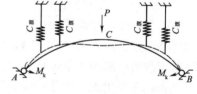

图 3-27 弹簧模型统一计算图示

(5)假定拱趾转角为以裸拱计算的拱趾转角。因为是否考虑拱上建筑与主拱圈的联合作用,主拱圈的温度变化、弹性压缩等,对拱趾的转角影响不大。根据前面分析结果,拱上联合作用主要是影响拱趾和拱顶截面之间的弯矩。故平铰约束弯矩按无铰拱拱趾截面转角来进行迭代计算(在电算时,不用考虑该假定)。并将约束弯矩视为外荷载,作用结构上。

2)理论计算分析

如图 3-28 所示,P 在拱左侧时,主拱圈发生以水平侧移为主的变形,使右侧腹拱压缩,由腹拱抗推刚度 $K_{腹}$ 而产生了推力 X_2,该计算模型的特点是用一根水平弹簧来等代多孔腹拱的刚度,因此只要等代换算后,就相当于计入多孔腹拱的联合作用。

以弹簧弹力 X_2 和拱结构的水平推力 X_1 为基本未知量,基本方程为:

$$\left.\begin{array}{l} \delta_{11}X_1 + \delta_{12}X_2 + \Delta_{1P} = 0 \\ \delta_{21}X_1 + \delta_{22}X_2 + \Delta_{2P} = \dfrac{-X_2}{K_{腹}} \end{array}\right\} \quad (3\text{-}66)$$

图 3-28 弹簧模型基本结构

以下侧受拉为正，N 以压为正，当 $f < \dfrac{l}{5}$ 时主系数中要考虑轴力的影响：

$$\delta_{ii} = \int \frac{\overline{M}_i^2 \mathrm{d}s}{EI} + \int \frac{\overline{N}_i^2 \mathrm{d}s}{EA}$$

$$\Delta_{iP} = \int \frac{\overline{M}_i M_P \mathrm{d}s}{EI}$$

所以：
$$\delta_{11} = \int \frac{\overline{M}_1^2 \mathrm{d}s}{EI} + \int \frac{\overline{N}_1^2 \mathrm{d}s}{EA} = \int \frac{y^2}{EI} \mathrm{d}s + \int \frac{\cos^2\varphi}{EA} \mathrm{d}s$$

$$\Delta_{1P} = \int \frac{\overline{M}_1 M_P \mathrm{d}s}{EI} = \int \frac{y M_P}{EI} \mathrm{d}s$$

$$\delta_{22} = \int \frac{\overline{M}_2^2 \mathrm{d}s}{EI} + \int \frac{\overline{N}_2^2 \mathrm{d}s}{EA}$$

$$= \int_0^{l/2} \frac{\left(-y + \dfrac{f}{l} x\right)^2}{EI} \mathrm{d}s + \int_0^{l/2} \frac{\left(\cos\varphi + \dfrac{f}{l}\sin\varphi\right)^2}{EA} \mathrm{d}s + \int_{l/2}^{l} \frac{\left[-\dfrac{f}{l}(L - x)\right]^2}{EI} \mathrm{d}s + \int_{l/2}^{l} \frac{\left(\dfrac{f}{l}\right)^2 \sin^2\varphi}{EA} \mathrm{d}s$$

$$\Delta_{2P} = \int \frac{\overline{M}_2 M_P \mathrm{d}s}{EI} = \int_0^{l/2} \frac{\left(-y + \dfrac{f}{l} x\right) M_P}{EI} \mathrm{d}s + \int_{l/2}^{l} \frac{-\dfrac{f}{l}(l - x) M_P}{EI} \mathrm{d}s$$

$$\delta_{12} = \delta_{21} = \int_0^{l/2} \frac{\left(-y + \dfrac{f}{l} x\right)(-y)}{EI} \mathrm{d}s + \int_{l/2}^{l} \frac{-\dfrac{f}{l}(l - x)(-y)}{EI} \mathrm{d}s$$

代入拱轴方程，积分求解，可求出多余未知力。

其内力如下。

荷载作用另侧：
$$\left. \begin{array}{l} M = M^0 - X_1 y \\ Q = Q^0 \cos\varphi - X_1 \sin\varphi \\ N = Q^0 \sin\varphi + X_1 \cos\varphi \end{array} \right\} \tag{3-67}$$

荷载作用一侧：
$$\left. \begin{array}{l} M = M^0 - X_1 y - X_2 (f - y) \\ Q = Q^0 \cos\varphi - (X_1 + X_2) \sin\varphi \\ N = Q^0 \sin\varphi + (X_1 + X_2) \cos\varphi \end{array} \right\} \tag{3-68}$$

3.4　本章小结

(1)本章提出了对于空腹式石拱桥其合理拱轴线应为悬索线的重要概念，建立了悬索线拱轴线石拱桥的力学方程，分析了荷载、温度及拱脚位移等各种作用影响下的结构内力，对比了不同荷载作用下的拱圈弯矩，构建了悬索线拱轴线石拱桥的力学模型。

(2)针对石拱桥裂缝以及随之产生的内力重分布难以分析的问题，运用"平铰"概念给出了有效的分析方法，系统讨论了两平铰拱、三平铰拱的计算模型以及内力分析方法；探讨了石拱桥可能发生的各种体系转换。

(3)考虑平铰拱的拱上建筑参与联合作用,构建了拱上建筑参与受力的简化计算图式,提出了平铰拱拱上建筑参与受力的分析方法,建立了拱上建筑联合受力的弹簧模型,系统给出了考虑拱上建筑参与受力的平铰拱计算分析模型。

(4)在前述理论构建与分析推导基础上,以张家界市观音大桥为对象进行了基于平铰拱理论的计算分析,给出运用平铰拱理论进行石拱桥力学分析的具体算例。

本章参考文献

[1] 侯新梅.刍议石筑拱桥的优越性[J].太原科技,2002(2):36-37.

[2] 上官兴.石拱桥的革新探讨[J].公路工程通讯,1983(31):35-63.

[3] 丁大钧.我国拱桥建设屡创辉煌[J].桥梁建设,2000(1):63-68.

[4] 罗福午.历史上的拱桥[J].建筑技术,2002,33(3):216-217.

[5] 向中富,顾安邦.特大跨石拱桥设计与施工[G]//第十五届桥梁学术会议论文集.2002.

[6] 张翔.RC—石砌体组合拱桥初步研究[D].西安:长安大学,2003.

[7] 蔺锡九,杨高中,蔡国宏.考虑拱上结构作用时实腹拱设计法[J].公路,1964(2).

[8] 顾懋清,石绍甫.公路桥涵设计手册 拱桥[M].北京:人民交通出版社,2000.

[9] 铁道部第一勘测设计院,兰州铁道学院.涵洞与拱桥[M].北京:中国铁道出版社,1994.

[10] 王国鼎.拱桥连拱计算[M].北京:人民交通出版社,1998.

[11] 房贞政.桥梁工程[M].北京:中国建筑工业出版社,2004.

[12] 王世槐.圬工拱桥[M].北京:人民交通出版社,1983.

[13] 中华人民共和国交通部.JTG D61—2005 公路圬工桥涵设计规范[S].北京:人民交通出版社,2005.

[14] 蔡松柏,沈蒲生,胡柏学,等.基于场一致性的2D四边形单元的共旋坐标法[J].工程力学,2009(12).

[15] 胡柏学,邓继华,谢海秋,李跃军.双非线性四边形平面应力单元分析石拱桥的极限承载力[J].湖南科技大学学报:自然科学版,2007(3).

[16] 上官兴.石砌二平铰拱的计算[J].公路工程通讯,1983(32):35-63.

[17] 上官兴.轻型石拱桥的计算理论研讨[J].东北公路,1981(4).

[18] 上官兴.三平铰腹拱的实验分析[J].公路工程通讯,1986(33).

[19] 陈红,牟天,徐立成.张家界格格洞大桥的设计[J].湖南交通科技,2003,29(2):57-59.

[20] 向中富,顾安邦.石拱桥施工模拟研究[J].公路,2001,(2):22-28.

[21] 聂建国,樊健生.700年石拱桥的静力加载试验与结构分析[J],清华大学学报:自然科学版,2003,43(6):34-38.

[22] 刘玉擎,陈艾荣.石拱桥的有限弹簧法分析及安全性评价[J].土木工程学报,2003,36(8):69-73.

[23] 胡崇武,范立础.大跨度分步施工石拱桥仿真分析[J].中国公路学报,2002,15(4):53-56.

[24] 裴红琴.大跨度石拱桥支撑技术的研究与应用[J].铁道建筑技术,2001(1):12-16.

[25] 向中富,顾安邦.丹河大桥施工模拟试验研究[J].重庆交通学院学报,1987,20(4):5-10.
[26] 胡崇武,周卫.丹河石拱桥设计施工与科研特点[J].公路,2001(2):18-20.
[27] 杨建红,张俊成,郝志强.丹河特大跨径石拱桥的施工监控[J].山西交通科技,2003,(1):48-49.
[28] 贺拴海.拱桥挠度理论[M].北京:人民交通出版社,1996.
[29] 宋海斌.大跨圬工拱桥计算方法和理论初步探讨[D].西安:西安公路交通大学,2000.
[30] 上官兴.拱桥联合作用的简化计算[J].公路工程通讯,1987(34):39-101.
[31] 罗松南,苏梅芳,等.石拱桥拱脚开裂过程中的内力分析[J].湖南大学学报:自然科学版,2003,30(4):11-13.
[32] Bicanic N,Stirling C,Poarce C J. Discontinuous modeling of masonry bridges. Computational Mechanic,2003(31):60-68

第4章 石拱桥健康状态综合评估

4.1 桥梁健康评估的重要性及现状

4.1.1 桥梁评估重要性

桥梁是交通运输的枢纽,其重要性不言而喻。随着时间的推移,新建的桥梁终究会成为旧桥。桥梁在建造和使用过程中,由于受到环境、有害物质的侵蚀,车辆、风、地震、疲劳、人为因素等作用,以及材料自身性能的不断退化,导致结构各部分在远没有达到设计年限前就产生不同程度的损伤和劣化,这些损伤和劣化需要及时监测和维修,否则会影响行车安全和缩短桥梁寿命,甚至导致桥梁突然破坏和倒塌[1]。

近年来,我国大力发展基础设施建设,交通建设事业取得长足的进步。随之出现了交通量猛增和载重吨位加重的现象,但我国大部分旧桥的桥面狭窄、线路不良、桥梁承载能力不足,特别是20世纪50~60年代修建的一些桥梁设计荷载标准低、桥龄较长、质量不高,发生了老化、破损等情况,其健康状况更令人担忧。在大量低等级桥梁被改造和扩建的同时,既有桥梁能否继续使用以及如何改造,以确保交通安全,已成为公路建设和管理部门面临的一个重大难题。

在一些发达国家,如美国、日本、西欧和北欧等国家桥梁损伤状态也很严重。据美国1981年公路桥梁普查资料显示,美国约有69万座公路桥梁,其中45%左右的桥梁存在损伤、缺陷等病害而需要修复或重建,有13.6万座属于因损伤而导致结构性缺陷,12.4万座属于功能不全而不能充分满足现代交通要求,估计要花费455亿美元用于修复和重建。日本在20世纪70~80年代,汽车运输急剧发展,汽车日益大型化、重型化,交通量逐年增加,给现有公路桥梁造成了越来越大的压力。使得1956年以前按旧标准设计施工的桥梁,其承载力难以满足需要。据统计,这类桥梁约5 500座,其中普通混凝土桥梁约4 500座。原联邦德国于1978~1979年两年内对一个州内的1 500多座钢筋混凝土和预应力混凝土桥梁做了全面检查,发现服役期达到50~60年的钢筋混凝土桥中,有27%的桥梁其上部结构至少有一处严重损伤,64%至少有一处重要损伤,77%至少有一处中等损伤;服役期在30~35年的钢筋混凝土桥中,有13%的桥梁上部结构至少有一处严重损伤,37%至少有一处重要损伤,53%至少有一处中等损伤。服役期在20~30年的钢筋混凝土桥中,有8%的上部结构至少有一处严重损伤,24%至少有一处重要损伤,46%至少有一处中等程度损伤。而预应力混凝土桥的损伤情况比钢筋混凝土桥更严重,英国约有92 000座属于1922年以前建造的桥梁中,由于当时尚未引入荷载标准,导致约1/4的桥梁不能满足现有规范的要求;在前南斯拉夫,大约有19%的桥梁运营状况不良。在我国,据1982年公路普查资料,20世纪50~60年代修建的桥梁大都表现为承载力不足,在国道干线上,设计荷载等级低于汽—10级的桥梁占5.4%。据1987年全国公路普查资料,我国公路现有桥梁中危桥约占 3.54%,其中国道干线上危桥约占 2.4%。旧桥的荷载等级比现行的公路—Ⅱ级要低 2~3 级,桥梁的宽度甚至不足交通量需求的 1/2[2]。

对于存在着病害甚至隐藏着重大事故隐患的桥梁,若要全部拆除重建,不仅资金耗费巨大,而且在时间上也不允许。若能采取有效的加固改造措施,恢复和提高它们的承载能力,使其继续为现代交通运输服务,则可以给国家和社会带来巨大的经济效益。据国外资料介绍,旧桥加固所需资金是新建桥梁的 10%~30%。我国公路部门的研究报告表明:梁桥的加固费用约为新建桥梁的 10%~30%,其中双曲拱桥的加固费用约为新建桥梁的 30%。对现有桥梁进行评估与维修加固,确保交通安全,已成为公路养护、管理及设计研究部门的当务之急。

4.1.2 桥梁健康状态评估的现状

所谓评估,就是评价估计某一事物的价值或优劣。由于桥梁状态评估涉及的范围广、因素多,在对其内涵的理解上往往有所偏重。一种较为全面的关于桥梁评估方法是:利用特定信息,分析既有桥梁的可靠性并做出工程决策的工作过程,它可分为信息收集、分析评估和决策建议等三个主要部分[3]。

桥梁状态评估是进行桥梁养护、维修和技术改造的基础,对相关部门的决策具有指导意义,是必不可少的重要环节。桥梁结构是一个受多因素影响的非线性和不确定的动态系统,由于评估的不全面性和不确定性,其健康状态评估方法的研究一直是个相当复杂的问题。桥梁安全性评估很大程度上依赖于工程经验。

如何在经济和技术许可的条件下,正确地评估桥梁的承载能力已成为欧州国家、美国、日本等发达国家桥梁安全性、可靠性与耐久性研究的热门课题[4]。自 20 世纪 80 年代以来,一些发达国家在桥梁工程的研究重点已逐步转向既有桥梁的养护维修、鉴定评估和加固改造方面,并已取得长足发展。1980 年,英国工程师协会(ISE)发表了《既有结构的评估》;1981 年,经济合作与发展组织(OECD)召开了"关于道路桥梁维修管理国际会议";1990 年、1993 年和 1996 年,在英国召开了三次国际性桥梁管理会议。在工程实践方面,美国、英国、加拿大等国先后颁布了基于结构可靠度理论和设计规范的桥梁评估规范或文件。我国也积极开展桥梁评估方面的研究,并将颁布基于设计规范的桥梁承载能力评定规程[5]。

以上的承载能力评估规范主要是针对中小型桥梁。中小型桥梁数量众多、分布广,不可能对每座桥梁安装结构监测系统,只能通过定期检测技术,对桥梁的最重要指标(承载能力)做出评估。对于大型桥梁,除了进行定期检测外,更多的是在桥梁上安装长期监测系统,对能反映桥梁健康状态的特征参数进行监测,再利用状态评估方法对桥梁健康状态做出科学评估。由于健康监测系统的研究起步较晚,因此大型桥梁健康状态评估的理论方法也处于起步阶段,还未真正建立起完善的评估体系。

经过调研与总结认为,目前对桥梁健康状态的评估研究主要集中在三个方面:

(1)桥梁状态综合评估:利用定期检测、长期监测系统获得的实测数据,综合评定桥梁健康状态,指导桥梁养护决策。

(2)桥梁状态可靠度评估:将可靠度理论引入既有桥梁评估,把影响结构可靠性的各种因素视为随机变量,以大量现场测试资料建立荷载效应与结构抗力的可靠性模型,确定结构失效模式的极限状态方程,从而计算既有桥梁结构在剩余期内的状态(如承载能力、疲劳破坏等)

失效概率。

（3）桥梁状态损伤评估：利用长期监测系统或其他方法获取桥梁的特征数据,通过模型修正理论反演桥梁结构的实际状态,从而进一步评估桥梁的承载能力,预测桥梁的退化状况。如果结构含有损伤,则模型修正的过程就包含了损伤识别的过程。

基于以上原因,本章主要对石拱桥健康状态的综合评估进行研究,探讨综合评估方法及其在石拱桥建设和维护管理中的应用。

4.1.3　桥梁健康状态综合评估方法

桥梁评估大致分为信息收集、分析评价和决策三个步骤[5]。信息收集是获取、整理能全面描述和记录桥梁基本特征和当前技术状况的信息,提供对桥梁结构进行分析评价和决策的数据支持。需要搜集的信息是:常规或特殊检查所积累的信息、设计施工文件、以往桥梁维修加固资料、各类试验资料。分析评价是根据所收集到的信息,选择适当的分析方法,对桥梁结构的工作状态进行综合评价。决策是根据分析评价的结果来决定桥梁的养护、维修、加固改造或替换。桥梁评估通常是一个由浅入深、循序渐进的过程。在开始评估时,通常采用容易收集到的信息,借助简单适用的评估方法,以便获得初评结果。若对初评结果把握不大或需要更精确的分析,则需通过详细的调查,收集更多信息或选择更先进、更复杂的分析模型,对结构进行再评估。

最初的桥梁状态综合评估方法是出现在20世纪70年代的美国,并编制了主要针对中小型桥梁日常评估、管理与养护决策的桥梁管理系统。后来其他发达国家也陆续进行了这方面的研究开发工作,先后投入使用的有日本道路公团桥梁管理系统、丹麦桥梁管理系统、加拿大阿尔伯塔省桥梁管理系统等。A. Emin Aktan,Daniel N. Farhey等(1996年)总结了利用综合分析和试验分析来进行桥梁状态的综合评估理论。通过对7座实际桥梁试样进行非破坏性测试、破坏性测试以及结构识别,阐述了桥梁状态评估和可靠性评估技术[6]。经过不断发展,国外的桥梁状态综合评估及管理系统经历了从简单到复杂,从单项数据处理到多项数据、多知识综合处理能力的专家系统阶段。Mohen A. Iss a,Shumin Tsui等(1995年)介绍了利用计算机建立桥梁维护专家系统来分析和评定现有的中小型公路桥梁[7]。H. G. Melhem,Senaka Aturaliya(1996年)采用专家系统工具 CLIPS 建立了桥梁总体评估程序,并提出了模糊加权向量方法,即由重要性两两比较矩阵得到指标权重,采用弱α分割和模糊加法得到相应各评估子集的模糊加权向量,提高了最终评估结果的稳定性,克服了部分监测者可能不精确检测结果的敏感性[8]。日本 Kusida M,Miyamoto A 等(1997年)认为桥梁管理系统应该具有桥梁状态评估功能,并利用机器学习建立了混凝土桥梁等级评估专家系统(BREX),其目标就是评估桥梁结构在诸多因素下的状态性能,如承载能力、耐久性能等[9]。葡萄牙 J. de Brito,F. A. Branco(1997年)阐述了基于知识推理的混凝土桥梁的管理专家系统 Bridge-1,并介绍了 Bridge-2 的模型[10]。

我国从20世纪80年代初也开始了这方面的研究工作。针对中小型桥梁,常用的评估方法是应用《公路桥涵养护规范》(JTG H11—2004)中的综合评估法[11]和交通部科研院于20世纪90年代研制的公路桥梁管理系统[12]。对于大型桥梁,现场荷载试验和检算已成为评估的主要手段。由于荷载试验容易造成桥梁损伤,一般只能在特殊情况下进行。影响大型桥梁健康状态的因素很多,目前还无法利用严谨的分析方法和数学模型进行结构安全性能评估。因此,实际应用时,主要利用综合评估方法进行健康状态评估,常用方法有常规加权综合法、层次分析方法、模糊理论方法、专家系统法以及智能方法等。陆亚兴(1996年)等人根据桥梁结构特点以及缺损特征,提出了桥梁构件缺损状况的监测内容及评级标准,引入桥梁缺损状况指数BCI作为桥梁缺损状态指标,建立了BCI的计算模型,通过主客观相结合的方法标定了模型的各项参数[13]。王永平(1996年)等人在对数十位桥梁专家进行咨询以及大量的调查研究基础上,收集整理了桥梁评估专家知识,提出用损伤度来度量桥梁结构或构件的损伤程度,并采用模糊数学原理,建立了桥梁使用性能的模糊综合评估体系,并探索建立了桥梁评估专家系统[14]。而李亚东(1997年)在国内率先系统介绍了既有桥梁现状和桥梁评估的发展,并提出了桥梁评估的基本特征,分析了桥梁评估与设计、管理的关系,对评估规范的主要特点进行了初步探讨[15]。潘黎明、史家钧(1997年)采用层次分析法,提出了钢筋混凝土叠合梁斜拉桥安全性与耐久性评估的指标体系与确定权重的方法。根据模糊综合评判原理,论述了综合评估方法,推荐了桥梁安全性与耐久性评估的算法[16]。2001年,兰海、史家钧引用灰色关联分析和变权综合的概念,在层次分析法建立评价指标体系基础之上,提出了确定评价指标评语和其他层次指标评语的综合方法,并做了实例计算分析,结果表明灰色关联度概念和变权综合方法可较好地应用于大型桥梁结构的状态评估[17]。张永清等(2001年)利用层次分析法建立了桥梁安全性评价模型,将多级模糊综合评判和打分法相结合,分析确定影响桥梁安全性的各因素的权重及隶属度,并计算出桥梁安全性的总评分,据此确定桥梁安全性等级,为桥梁使用阶段的管理决策提供依据[18]。郭红仙(2002年)等利用层次分析法和变权综合理论建立了一套适用于北京地区的预应力混凝土简支梁桥结构的综合评估系统[19]。徐家云等(2003年)探讨了模糊数学中隶属度理论在公路桥梁技术状态评估中的应用,通过比较桥梁损失度的隶属度值的大小来确定对应的技术状态等级[20]。淡丹辉、孙利民等(2004年)研究了Mamdani型模糊推理系统在桥梁状态评估中的应用问题[21]。刘沐宇等(2005年)则针对大跨度钢管混凝土拱桥,引入模糊理论建立了安全性模糊综合评价方法,并通过实际工程检验证明了该评估方法的可行性与实用性[22]。

综合比较以上各种理论方法发现,各方法均有一定的局限性,即单纯应用某一方法进行评估,很难保证评估结果的可靠性;特别是随着桥梁健康监测系统的不断出现,面对众多的监测指标和庞大的监测数据,如何综合评估桥梁在某个时刻下的健康状态则成为有待解决的问题。因此进一步完善状态评估理论,改进状态评估理论的缺陷,并结合多种评估方法进行大型桥梁健康状态的评估成为了必需。

4.2 桥梁健康状态综合评估的层次分析法

层次分析法(The Analytic Hierarchy Process,AHP)是20世纪70年代美国运筹学方面的学者T. L. Saaty提出的一种多指标综合评估的定量决策方法。它可以将一个复杂问题表示为有序的阶梯层次结构,并通过确定同一层次中各评估指标的初始权重,将定性因素定量化,在一定程度上减少了主观的影响,使评估更趋科学化。层次分析法是一种有效地处理那些难于完全用定量分析方法来分析的复杂问题的手段。可将复杂的问题分解成若干层次,在比原问题简单得多的层次结构上逐步分析,可以将人的主观判断用数量形式表达和处理。其是一种结合定量和定性分析的方法,易于掌握,也易于应用。

桥梁尤其是特大型桥梁,作为一个复杂系统,影响其健康状态的因素纵多且复杂,许多因素无法通过定量的函数关系进行量化评估,需依靠专家的经验进行判断。面对如此复杂、纵多影响因素的指标数据,甚至经验丰富的专家也难以判断和评估。将系统工程中的层次分析思想引入桥梁健康状态评估中,可以将诸多影响因素的指标条理化、层次化。把对某个健康状态影响程度相近或者联系比较紧密的因素指标放在一起,形成一层,建立起桥梁健康状态的层次型评估体系结构,然后利用层次分析法,最终获得桥梁的健康状态评估值。

4.2.1 基于层次分析法的评估体系建立

1)桥梁的一般评估体系

桥梁状态评估属于复杂的系统评估,评估指标体系的建立为评估结果是否准确可靠的关键。根据层次分析法的目标和步骤,建立相应的评估体系结构应符合一定的理论原则[23]。

一个复杂的系统评估可以用一个六元组形式描述[24]:

$$[A \quad V_V \quad V_S \quad W_A \quad M \quad O]$$

其中,A 为系统的评估体系结构,它由评估总目标层、中间评估准则和评估指标层组成。评估总目标层是指复杂系统综合性评估指标;中间评估准则层是由系统底层指标所组成的,便于领域专家、评估人员和知识工程师所理解和计算的指标;评估指标层是指影响复杂系统的最直接最重要的底层因素。V_V 为评估对象在指标体系下的属性值,它主要是评估指标层的值,可以为多种类型,如数值型、文本语言型、逻辑型等。V_S 是评估指标值经过归一化、模型量化以后的结果,为进一步评估上层指标提供依据。W_A 是评估主体对指标体系的偏好结构,反映各个指标对总体指标的贡献和重要程度,如常见的各指标的权重描述。M 是指由底层因素值加权求和汇总,然后逐层求解的计算过程。O 是输出的评估综合指标的结果,让决策人员对系统目前所处的健康状态有所认知。

在系统评估体系中所提出的每一项评估指标都是有其理由,不能凭空设想。这些"理由"就是对指标设计或选取的限制因素,一般是影响系统评估的重要因素,目前还没有理论知识可以依据,主要依靠专家经验选取。通常,指标的选取应遵循以下原则:

(1)可测性:可测性是对指标的定量表示。即指标能够通过数学公式、测试仪器或实验统计等方法获得。指标本身便于实际使用和度量;指标的含义明确,具备现实收集渠道,便于定量分析,具有可操作性。

(2)独立性:指标间的关系应是不相关的,指标之间应减少交叉,防止相互包含,要具有相对的独立性。

(3)完备性:完备性是指影响系统效应的所有指标均应包含在指标集合中,指标集应具有广泛性、综合性和通用性。

(4)客观性:指标能真实地反映系统的特性,不能因人而异。

(5)一致性:各个指标应与分析的目标相一致,所分析的指标不相互矛盾。

(6)简明性:指标应易于理解和接受,便于形成研究的共同语言。

(7)灵敏性:当系统的指标参数变化时,系统的性能应能相应地发生明显的变化。

评估指标体系必须科学、客观,尽可能全面考虑各种因素。当然在实际应用中,并不是指标越多越好,关键要考察评估指标所起作用的大小。在选择评估指标时不可能把全部指标都考虑进去,只能选取一些最能反映系统优劣的指标,剔除一些次要因素。若选取的指标因素过多,就会分散对主要指标因素的评估,反而适得其反,因此指标确定的方法尤为重要。指标的确定需要在动态过程中反复平衡,有些指标需要分解,另一些指标则需要综合或删除。为了得到较高的系统评估指标,应建立相应的评估模型,用模型来支撑指标的获取。在此基础上,确定指标模型的层次结构及其对系统的支撑关系。

2)石拱桥健康状态评估体系

拱桥健康状态评估体系结构的模型是按照监测数据类型不同而构建的。根据承载能力、主要承重构件损伤和结构外观损伤状态三种监测数据划分评估体系结构,评估体系的底层由各个主要构件的评估指标组成。图4-1是按照监测数据类型建立的拱桥评估体系结构。

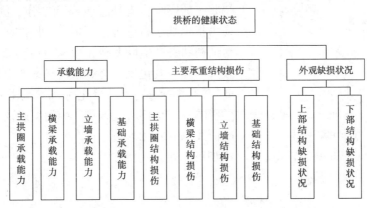

图4-1 按监测类型建立的拱桥健康状态评估体系结构

4.2.2 评估指标的标准化处理

建立以上的层次型评估体系结构后,下一步需对各评估指标的数据进行标准化处理,并确定各个评估指标的权重值。

底层评估指标的数据主要来源于结构监测或检测,根据数据类型不同,一般产生两类指标:①语言型指标,即仅对桥梁构件的状态进行语言型描述或简单等级划分,而没有数值结果,如构件表观损伤等;②数值型指标,即监测或检测数据为数值型的定量描述。一般为一个数值,如构件混凝土强度等,或一组数值序列,如斜拉桥的索力等[25]。

由于指标的评定标准各不相同,在评估时,为消除各指标数值不同量纲的影响,应对指标数据进行标准化处理,即对它们进行无量纲化处理,使得所有指标数值一致,这是系统综合评估的前提[26]。无量纲化处理过程就是评估指标标准化的过程。

标准化处理是通过一定的数学变换来消除指标量纲影响的方法,即把性质、量纲各异的指标转化为可以进行综合评估的一个相对的"量化值"[27]。从理论上讲,标准化处理非常重要,但在评估实践中,人们往往不顾及各个指标的性质和意义,处理时避难就简。譬如,人们都习惯于采取直线型得出处理方法,但对大多数指标来讲,指标实际值的变化对评估的影响并不是等比例,而具有非线性。因此,当指标处于不同水平时,标准化要作进一步的研究与改善。一般标准化处理需要借助于一定的数学模型来实现。

1) 语言型评估指标标准化处理

一般采用百分制将语言描述进行定量化。可先依据桥梁规范要求,由专家确定语言描述等级的评估值范围,再由检测人员根据实际情况确定中间结果。然而对语言型指标描述直接采用数值量化,常常会因人而异,具有强烈的主观因素,这会影响评估结果的准确性。由于语言型指标带有模糊特性,因此,可以利用模糊理论对描述性语言变量进行定量化,其关键就是合理确定模糊量化的隶属度向量,后面章节将对此进行讨论。

2) 单一数值型评估指标标准化处理

对于数值型指标,按照对评估对象的作用,基本上可分为正指标、负指标和适度指标三种类型,可采用不同类型的无量纲化数学模型进行标准化处理。由于指标对评估的非线性影响,当指标处于某种水平状态时,指标量化值的变化对结构状态的影响会有快慢及高低之分。例如,当结构的应力指标处于高应力水平时,微小的应力变化量都会对结构状态产生巨大破坏影响,而处于低应力水平时,较大的应力变化也不会对结构状态产生太大影响。因此,在对指标进行标准量化时,要考虑指标对评估状态的影响,一般可分为乐观型、中间型以及悲观型三种影响曲线,如图4-2所示。

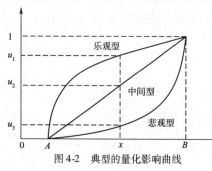

图4-2 典型的量化影响曲线

正指标的乐观型和悲观型量化数学模型可见式(4-1)。

$$f(x) = \begin{cases} A\dfrac{x - x_n}{x_m - x_n}e^{B\left(\frac{x-x_n}{x_m-x_n}-1\right)}, & x > x_n, \text{ 悲观型} \\ A\left(1 - \dfrac{x - x_n}{x_m - x_n}\right)e^{B\left(\frac{x-x_n}{x_m-x_n}-1\right)}, & x > x_n, \text{ 乐观型} \\ 0, & x \leqslant x_n \end{cases} \quad (4\text{-}1)$$

式中:x——评估指标值;

x_n——评估指标在区域范围内的最小值;

x_m——评估指标在区域范围内的最大值;

A——评估值范围参数,对于百分制一般可令$A=100$;

B——形状参数,当$B=0$时,即为线性的处理方法。

负指标的乐观型和悲观型量化数学模型可参考式(4-1)建立。

在建立的评估模型中,某些监测指标,如塔顶偏位等的量化值可作为适度指标。在进行标准化时,可参见式(4-2)。

$$f(x) = \begin{cases} A\dfrac{x - x_n}{x_0 - x_n}e^{B\left(\frac{x-x_n}{x_0-x_n}-1\right)}, & x_n < x < x_0 \\ A\left(\dfrac{x_m - x}{x_m - x_0}\right)e^{B\left(\frac{x_m-x}{x_m-x_0}-1\right)}, & x_0 \leqslant x < x_m \\ 0, & x \leqslant x_n \text{ 或 } x \geqslant x_m \end{cases} \quad (4\text{-}2)$$

式中:x_0——评估指标在区域范围内的最优值。

第4章 石拱桥健康状态综合评估

3)序列型数值评估指标标准化处理

评估模型体系中,某些监测项目,如索力、挠度曲线等,其检测结果为一数据序列。将实测数据与标准值数据进行比较量化时,可以认为,实测数据可以由两部分叠加而成:标准值曲线的平移和围绕标准值轴线的变化,即均匀变化和非均匀变化。因此,底层指标的评估量化值 R 则为:

$$R = \gamma \bar{x} \tag{4-3}$$

式中:γ——不均匀变化系数;

$\bar{x}$——均匀变化量化值。

其中,均匀变化量化值可由以下步骤获得:

(1)对评估指标中各测点的监测数据进行标准化处理,得到各个测点的评估值 x_i;

(2)计算监测指标的均匀量化值:

$$\bar{x} = \frac{1}{m}\sum_{i=1}^{m} w_i x_i \tag{4-4}$$

式中:m——测点总数;

w_i——第 i 个测点的权值;

x_i——第 i 个测点的评估值。

由图4-3知,均匀变化时,曲线出现平移现象,而不均匀变化时则表现为曲线之间的关联程度。因此,对于不均匀变化系数 γ,可借用灰色关联度分析方法的基本思想确定,即利用曲线的相似程度计算非均匀性变化系数[28]。

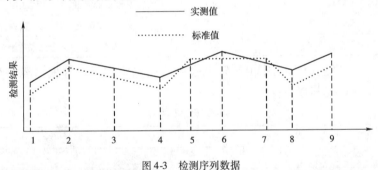

图4-3 检测序列数据

设参考数列为 X_0,$X_0 = \{x_0(1), x_0(2), \cdots, x_0(n)\}$;被比较数列为 $X_i (i=1,2,\cdots,n)$ $X_i = \{x_i(1), x_i(2), \cdots, x_i(n)\}$。在实际结构评估中,这些数列具有明确的物理意义,$X_0$ 即为结构竣工状态某监测项目的标准值(或设计值),X_i 为结构服役状态监测项目第 i 次检测的实测值。根据灰色关联度的实际物理意义,即表示曲线间的相似程度,灰色关联度 $r(X_0, X_i)$ 可作为评价指标的评语确定方法中的非均匀性变化系数。

目前,序列间灰色关联度的计算方法主要有五种:一般关联度、绝对关联度、斜率关联度、改进关联度、B型关联度等。在此,采用斜率关联度表示,其计算公式见式(4-5)。

$$r(X_0, X_i) = \frac{1}{n}\sum_{k=1}^{n-1}\left[1 \Big/ \left(1 + \left|\frac{a^{(1)}(x_0(k+1))}{x_0(k+1)} - \frac{a^{(i)}(x_i(k+1))}{x_i(k+1)}\right|\right)\right] \tag{4-5}$$

式中:$a^{(1)}(x_0(k+1)) = x_0(k+1) - x_0(k), k=1,2,\cdots,n-1$;

$a^{(i)}(x_i(k+1)) = x_i(k+1) - x_i(k), k=1,2,\cdots,n$;

$a^{(i)}(x(j))$ 在灰色系统理论中称为对数列 $x(j)$ 的 i 次累减生成。

4.2.3 评估指标的权重计算

建立了评估体系的层次结构模型，并将评估指标标准化之后，下一步须在评估结构状态之前，确定各层指标之间的相对重要性——权重值，可以用判断矩阵来计算。例如某层的两个评估指标 B_i、B_j 相对于上一层评估准则的重要性程度，用判断矩阵计算时，可以采用特定的数表示，即为确定性的层次分析法，它是目前普遍采用的传统层次分析法。

1) 指标的判断矩阵

在传统层次分析法中，对同一层的 n 个指标按照重要性程度给予定量的值，一般可以采用 5 级定量法，相应的赋值是 1，3，5，7，9，表示一个因素相对于另一个因素的重要程度，数字越大表明越重要（1 表示两个因素同等重要），见表 4-1。相反，如果要表示一个因素比另一个因素次要，则定量赋值可取为上述 1，3，5，7，9 的倒数。如果有些问题的分级可有较高的精确度，认为上述 5 级定量法不足以描述清楚，则可用 2，4，6，8 这四个数值进行内插值，成为 9 级定量法。在有的场合，甚至可以采用 1~9 之间的任意实数进行内插值。

分级等量　　　　　　　　　　　　　　　　　　　　　　　表 4-1

重要程度	赋 值	说 明
两因素同样重要	1	两因素对某性质相同的贡献
某因素对另一因素弱重要	3	从经验和判断，两个因素中稍重于某个因素
某因素对另一因素较重要	5	从经验和判断，两个因素中偏重于某个因素
某因素对另一因素很重要	7	实际显示某个因素占主导地位
某因素对另一因素极重要	9	两个因素中某个因素占绝对重要地位

下面采用 5 级等量法构造判断矩阵 **B**，见表 4-2，由专家和工程师根据经验和理论分析给出，对各因素定量地描述其重要性。

判断矩阵 **B**　　　　　　　　　　　　　　　　　　　　表 4-2

	B_1	B_2	...	B_j	...	B_n
B_1	b_{11}	b_{12}	...	b_{1j}	...	b_{1n}
B_2	b_{21}	b_{22}	...		...	b_{2n}
...	...	...	...	...	...	...
B_i	b_{i1}	b_{i2}	...	b_{ij}	...	b_{in}
...	...	...	...	...	...	...
B_n	b_{n1}	b_{n2}	...	b_{nj}	...	b_{nn}

注：b_{ji} 表示第 i 个属性和第 j 个属性相互比较值；B_i 表示构件或中间评估目标的第 i 个属性；判断矩阵中的赋值 b_{ij} 表示属性 B_i 对属性 B_j 的重要程度。

2) 判断矩阵一致性检验

很明显判断矩阵 **B** 必须满足下面性质：$b_{ji}>0$，$b_{ji}=1/b_{ij}$，$b_{ii}=1$，它的所有元素都必须满足 $b_{ji}=b_{jk}/b_{ik}$，即要求判断矩阵 **B** 在一定程度上满足一致性要求。理论上，构造出判断矩阵后即可计算权重，但是由于判断的复杂性以及人们认识问题的多样性和主观上的片面性、不稳定性,要达到完全一致性是很困难的。有时会发生"甲比乙极端重要,乙比丙极端重要,而丙比甲极端重要"这种逻辑上严重的错误。为了解决这个困难,通常的做法是:事先按照 $b_{ii}=1$ 和 $b_{ji}=1/b_{ij}$ 的一致性条件对判断矩阵上三角进行赋值。但这样构造的判断矩阵没有经过式 $b_{ji}=b_{jk}/b_{ik}$ 的检验,无法保证判断矩阵完全满足一致性条件,因此需要对判断矩阵做进一步的一致性检验。

验证判断矩阵是否符合一致性条件的检验步骤归纳如下:

(1) 求出一致性检验指标 CI。

$$CI = \frac{\lambda_{\max} - n}{n-1} \tag{4-6}$$

式中:n——判断矩阵 $\boldsymbol{B}$ 的维数;

$\lambda_{\max}$——判断矩阵的最大特征值。

(2) 求出平均随机一致性指标 RI[29],单层次判断矩阵的平均随机一致性指标 RI 随矩阵的维数而变动,其取值见表 4-3。

判断矩阵 RI 取值　　　　表 4-3

n	1	2	3	4	5	6	7	8	9
RI	0.00	0.00	0.58	0.90	1.12	1.24	1.32	1.41	1.45

(3) 求出判断矩阵 $\boldsymbol{B}$ 一致性指标 CR。

$$CR = \frac{CI}{RI} \tag{4-7}$$

当 $CR \leq 0.1$ 时,认为判断矩阵基本符合完全一致性条件,属于可以接受的程度;当 $CR > 0.1$ 时,认为初步建立的判断矩阵不能令人满意,需要重新分析赋值,仔细修正,直到检验通过为止。

3) 计算指标的权重

可利用满足一致性检验要求的两两判断矩阵计算各层指标的权重,即:

$$\boldsymbol{w} = \{w_1, w_2, \cdots, w_n\}^{\mathrm{T}}, \quad \sum_{i=1}^{n} w_i = 1 \tag{4-8}$$

权值的计算方法有很多,主要有:特征根法、求和平均法、乘积方根法,以及对数最小二乘法、最小二乘法等目标优化方法。不管采用哪种计算方法,其数学基础均为单一准则下的特征根的排序原理。

假设存在满足一致性的判断矩阵 $\boldsymbol{A}$,则矩阵 $\boldsymbol{A}$ 存在一个最大实特征根 λ,而其他特征根的模均小于这个特征根,它所对应的特征向量可全部由正分量组成,经归一化处理后,其特征向量是唯一的。一般地,记这个最大特征根为 $\lambda_{\max}$,可通过式(4-9)求解:

$$\boldsymbol{A}\boldsymbol{w} = \lambda_{\max} \boldsymbol{w} \tag{4-9}$$

显然,若存在一个两两判断矩阵 $\boldsymbol{A}^*$,$\boldsymbol{w}$ 是需要求解的指标权重,由于矩阵 $\boldsymbol{A}^*$ 不一定满足一致性要求,我们可以将判断矩阵 $\boldsymbol{A}^*$ 看作是完全一致性判断矩阵 $\boldsymbol{A}$ 中的元素发生微小扰动而形成的新矩阵,权重向量可用式(4-9)的求解。判断矩阵 $\boldsymbol{A}$ 发生扰动就会对特征根产生扰动,其最大特征根 $\lambda_{\max}^*$ 不一定等于 $\lambda_{\max}$。当矩阵 $\boldsymbol{A}$ 严重不一致时,最大特征根也会发生严重偏离,求解的特征向量也不会满足要求。所以,构造判断矩阵后,需要对矩阵进行一致性检验。

通常判断矩阵的打分是由多位专家参与的,这时一般采用计算权重平均值的方法确定权值。同时为了反映不同专家评估水平的差异,还可以给每位专家赋予可信度[30],指标的权重向量等于所有专家指标评估权重向量与它们的可信度的乘积,可用式(4-10)表示。

$$[w_1, w_2, \cdots, w_n] = \begin{bmatrix} w_1^1 & w_1^2 & \cdots & w_1^m \\ w_2^1 & w_2^2 & \cdots & w_2^m \\ \vdots & \vdots & \vdots & \vdots \\ w_n^1 & w_n^2 & \cdots & w_n^m \end{bmatrix} \begin{bmatrix} \lambda_1 \\ \lambda_2 \\ \vdots \\ \lambda_m \end{bmatrix} \quad (4\text{-}10)$$

式中:w_i——第i个指标的权值;

w_i^j——第j位专家计算的第i个指标的权重,其中$i=1,2,\cdots,n$;$j=1,2\cdots,m$;

n——该层指标总数量;

m——参与评估的专家总人数;

λ_j——第j位专家的可信度,满足条件$\sum_{j=1}^{m}\lambda_j = 1$。

4) 变权分析

在综合评估方法的实际运用中,评估指标还需要考虑均衡性问题,即评估指标的权重应该是变化的。当某一指标水平处于极差的状态时,应该加大对此指标的重视程度,即加大此评估指标的权重,甚至可以由这个指标判断结构整体的状态。因此进行状态评估时,应当利用变权原理来反映指标的不均匀性。

变权评估模式见式(4-11):

$$V = \sum_{j=1}^{n} w_j(x_1, \cdots, x_n, w_j^{(0)}, \cdots, w_n^{(0)}) x_j \quad (4\text{-}11)$$

式中:V——变权的评估值;

x_j——第j个指标的评估值;

$w_j^{(0)}$——第j个指标的初始权重,满足$\sum_{j=1}^{n} w_j^{(0)} = 1$,$w_j$为变权后的权重,且满足:

$$w_j(x_1, \cdots, x_n, w_j^{(0)}, \cdots, w_n^{(0)}) = \frac{w_j^{(0)} \dfrac{\partial B(x_1, \cdots, x_n)}{\partial x_j}}{\sum_{k=1}^{n} w_k^{(0)} \dfrac{\partial B(x_1, \cdots, x_n)}{\partial x_k}} \quad (4\text{-}12)$$

式中:$B(x_1, \cdots, x_n)$——均衡函数。由文献[30]取均衡函数为:

$$B(x_1, \cdots, x_n) = \sum_{j=1}^{n} x_j^\alpha, \quad 0 < \alpha \leq 1 \quad (4\text{-}13)$$

代入式(4-12),可得到变权公式为:

$$w_j(x_1, \cdots, x_n, w_j^{(0)}, \cdots, w_n^{(0)}) = \frac{w_j^{(0)} x_j^{-1}}{\sum_{k=1}^{n} w_k^{(0)} x_k^{-1}}; \quad j = 1, 2, \cdots, n \quad (4\text{-}14)$$

在层次分析法中,运用变权原理解决某些权重较小但其状态可能会影响整座桥梁状态问题的影响指标,会使评估结果更加合理。变权公式中,α 的取值反映了对均衡性的要求,在很大程度上将影响最终评估结果,但 α 的取值现在还没有可靠的理论推导,只能根据专家经验和实际情况调整。大量工程实践经验表明,$\alpha = 0.2$ 可适用于一般工程情况。

4.2.4 层次分析法评估桥梁状态的一般过程

1) 层次分析法评估过程

构建了评估层次结构后,对评估指标数值进行标准化处理并确定指标的权值,然后利用下式得到系统的综合评估值。

$$V_i = W_i \cdot R_i = \{w_{i1}, w_{i2}, \cdots, w_{in}\} \begin{Bmatrix} r_{i1} \\ r_{i2} \\ \vdots \\ r_{in} \end{Bmatrix} \quad (4\text{-}15)$$

式中:V_i——评估模型第 i 层的评估值;

W_i——评估模型第 i 层指标的权重值;

R_i——评估模型第 i 层指标的评语分数。

逐次按照式(4-15)对各层进行综合计算,最后得到综合评估值 V。整个评估的基本流程如图4-4所示。

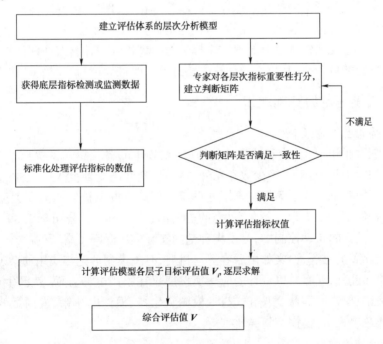

图 4-4　基于层次分析法的桥梁健康状态综合评估流程

利用层次分析法进行综合评估的关键点为指标数值标准化处理和如何构造两两比较判断矩阵计算评估指标的权重。运用层次分析法进行综合评估的实例已有很多,可参见文献[31-32]。

2) 层次分析法存在的问题分析

以上提到层次分析法的关键步骤有两个方面:指标数值的标准化处理和指标权重的确定。对于传统的层次分析法存在的问题,可以从这两个方面进行分析。

首先，对检测或监测指标进行底层评语处理时，传统的 AHP 方法是采用百分制打分。但是对于语言性描述的评估指标，往往含有模糊性而无法定量化处理。因此，需要在状态评估中引入模糊分析思想，并与层次分析思想相结合，考虑多层次、不同类别评估指标的智能模糊评判，最终得到反映桥梁整体健康状态的评估结果。

此外，影响指标重要性程度的因素很多，同时人们对事物的认识也存在着多样性，因此，在评判过程中总会存在着不确定性和模糊性，会造成评估指标重要性程度的判断必然具有很强的模糊性和不确定性。在传统的确定性层次分析法（AHP）中，专家构造判断矩阵时，指标之间的重要性程度采用定值来量化。但采用确定性的量化方法无法反映评估指标的模糊性和不确定性等特性，造成与实际情况的差异，因此需要对评估指标权重的计算进行更深入研究。

利用层次分析法进行桥梁健康状态的评估，目前还未有一套完整的理论体系，以规范为主的评估指标还十分粗糙，尤其以监测为目的状态评估还应做进一步研究。

4.3 基于层次分析法的桥梁健康状态模糊综合评估

层次分析法可以将复杂的桥梁状态评估问题简单化、条理化，但并不能解决评估中存在的模糊性与不确定性等方面的缺陷，因此，本节在上节研究的基础上，将模糊理论引入到桥梁状态综合评估之中。对无法精确打分的评估指标进行模糊化处理，同时，在评估指标的权重计算中也引入模糊理论的概念，对其权重的计算方法进行了改进。

4.3.1 模糊理论的基础知识

1）模糊数学诞生与发展

1965 年，美国加州大学伯克利分校的扎德（L. A. Zadeh）教授第一次提出了"模糊集合"的概念。但在最初的十年中，除了极少数专家外，模糊理论并未受到世人的关注。1974 年，英国的曼达尼（E. H. Mandani）教授率先将模糊逻辑应用到蒸汽发电机的压力和速度控制中，取得比常规的 PID 控制更好的效果。不久，丹麦的史密斯（F. L. Smith）公司于 1980 年成功地将模糊控制应用到水泥窑的自动控制中，为模糊理论的实际应用开辟了崭新的前景。从此，模糊数学如异军突起，相关的书刊、论文如雨后春笋。目前，有关模糊理论与应用的杂志、期刊有数十种，论文数千篇。此外，还有数以百计的应用实例。仅在家用电器方面，就已生产出了模糊热水器、模糊电饭锅、模糊空调器、模糊洗衣机、模糊吸尘器、模糊电冰箱、模糊微波炉、模糊摄录一体机、模糊彩色电视机、模糊空气净化器等。

2）模糊集合的概念

模糊理论的基础是模糊集合理论。模糊集合理论被认为是经典集合理论的扩展。经典集合理论的研究对象是具有明确边界的集合，而模糊理论的研究对象是"模糊"集合，其边界是"灰色的"。

在经典集合理论中，对元素 x 是否属于集合 A 是明确的，即 $x \in A$ 或 $x \notin A$，对元素 x 和集合 A 给出一个特征函数来描述元素对集合的隶属函数关系：

$$C(x) = \begin{cases} 1, & x \in A \\ 0, & x \notin A \end{cases} \tag{4-16}$$

但对于有些模糊量,用这种绝对化的划分则无法表示,因此,引进模糊集合。其基本思想是把经典集合的绝对隶属关系灵活化、模糊化。

模糊集合定义是设论域 X,集合 A,对于任意一个元素 $x \in A$,用一个函数 $\mu_A(x) \in [0,1]$ 来表示元素 x 隶属于集合 A 的程度,这个集合 A 称为模糊集合,$\mu_A(x)$ 称为模糊集合 A 的隶属函数,$\mu_A(x_i)$ 称为 x_i 的隶属度。

一个模糊集 A 完全可由其隶属函数刻画。$\mu_A(x)$ 值越接近于1,表示 x 隶属于 A 的程度越高;$\mu_A(x)$ 值越接近于0,表示 x 隶属于 A 的程度越低。当 $\mu_A(x)$ 的值域变为0,1时,$\mu_A(x)$ 演化为普遍集合的特征函数,模糊集合 A 也就演化为普通集合 A,因此可以认为模糊集合是普通集合的一般化。

模糊集合有各种不同的表示方法,一般可表示为:

$$A = \left\{ \frac{\mu_A(x)}{x}, x \in X \right\} \tag{4-17}$$

对于包含有限多个元素的模糊集合,A 也可以表示为:

$$A = \sum_{i=1}^{n} \frac{\mu_A(x_i)}{x_i}, x_i \in X \tag{4-18}$$

3) 隶属度的确定

在模糊理论中隶属度是一个关键概念。目前确定隶属度的方法多数尚处于研究中,主要停留在依靠经验、从实践效果中进行反馈从而不断校正的阶段。这就要求:一方面,隶属度要经常在实践中通过效果的反馈不断校正、不断改善,以便达到更加可信的目的;另一方面确定隶属度的方法本身也多种多样,还要从比较中进行鉴别和取舍。以下是几种比较实用的确定隶属度的方法[33]。

(1) 专家确定法

根据主观认识或个人经验,主要是专家经验,给出隶属度的具体数值。这种方法较适用于论域元素离散的情况。尽管得到的隶属度在数值上不一定可信,但这是一种可靠的逼近,比只有0,1两种隶属度来描述更接近于真实程度,若经过几次调查再综合多次经验知识,其可行度及逼近度更高。

(2) 多相模糊统计法

选用 n 个被调查的专家(组成专家组 N),对于 m 个模糊集合 $A_1, A_1 \cdots, A_m$ 做已知元素 u 的多相模糊统计,可求得 $\mu_{A_i}(u)(i=1,2\cdots,m)$。对于某专家 $P \in N$ 要求确定:

① $\mu_{A_i}^P = \begin{cases} 1, P \text{ 认为 } u \in A_i \\ 0, P \text{ 认为 } u \notin A_i \end{cases}$;

② $\sum_{i=1}^{m} \mu_{A_i}^P = 1$,即 u 一定是属于而且仅被认为属于 $A_1, A_2, \cdots, A_m$ 之一;

③ 元素 u 隶属于模糊集 A_i 的隶属度为:

$\mu_{A_i}(u) = \sum_{P=1}^{n} \mu_{A_i}^P / n$ 或加权平均 $\sum_{P=1}^{n} w_i \mu_{A_i}^P / n$。

(3) 隶属函数确定法

在很多情况下,可用一些常见的分布型函数作为隶属函数来近似表达一些模糊集合。常用的函数形式有正态分布型、矩形分布型、梯形分布型、三角分布型、S分布型等,当然所选用的分布函数应尽量符合模糊集合的本质特性。我们可根据问题的实际情况选择分布函数作为隶属函数,并且函数中的待定参数也可根据要表达的模糊集合的实际情况进行选择和统计确定。除以上三种方法外,还有模糊统计法、德尔菲法、对比排序法、综合加权法等,不管采用哪一种方法,所确定的隶属度均应通过实践来检验,在使用过程中应利用信息反馈进行不断地调整,以求在实用中达到相对的稳定。

常用的隶属函数如下。

三角分布型隶属函数:

$$\mu_A(x) = \begin{cases} x - b/(a-b), & x \in [b,a] \\ c - x/(c-a), & x \in (a,c] \\ 0, & x \in R - [b,c] \end{cases} \quad (4-19)$$

正态分布型隶属函数:

$$\mu_A(x) = \exp[-(x-a/b)] \quad (4-20)$$

四边形隶属函数:

$$\mu_A(x,a,b,c,d,H) = \begin{cases} I(x), & x \in [a,b] \\ H, & x \in [b,c] \\ D(x), & x \in (c,d] \\ 0, & x \in R - (a,d) \end{cases} \quad (4-21)$$

式中,$a \leq b \leq c \leq d, 0 \leq H \leq I, 0 \leq I(x) \leq 1$ 是 $[a,b]$ 上的一个非减函数,$0 \leq D(x) \leq 1$ 是 (c,d) 上的一个非增函数,当模糊函数 A 为标准模糊函数($H=1$)时,其隶属函数可以简单地记为 $\mu_A(x,a,b,c,d)$。

对于四边形隶属度函数,若 $I(x) = (x-a)/(b-a), D(x) = (x-d)/(c-d)$,则为梯形隶属函数;在满足上述条件下,$b = c$,则为三角隶属函数。

若 $a = +\infty, b = c = \bar{x}, d = -\infty$,且 $I(x) = D(x) = \exp\left[-\left(\frac{x-\bar{x}}{\sigma}\right)^2\right]$,则为高斯隶属函数;若 $a = b = c = d, h = 1$,则为单点隶属函数,所以可以把四边形隶属函数看成一般的隶属函数。

本文在后面工程实例评估中运用了梯形分布隶属函数,根据桥梁状态的评估规范,制定桥梁构件的等级评定准则,确定隶属函数的参数,进行评估指标数值的模糊化处理。评估指标的模糊化是桥梁健康状态模糊综合评估中的关键步骤。

4.3.2 模糊综合评估

传统的综合评估是用一些简单的数值来表示,然后通过总分法或加权求和法获得综合的评估结果。模糊综合评估同传统的评估方法不同,它必须建立评估指标的因素集 $U = (U_1, U_2, \cdots, U_n)$ 和合理的评判集 $V = (V_1, V_2, \cdots, V_m)$,然后通过专家评定或其他方法获得模糊评语矩阵 $R = (r_{ij})_{n \times m}$,再利用合适的模糊算子进行模糊变换运算,获得最终的综合评估结果。

1) 模糊变换的基本概念

映射(Negoita, Ralescu, 1975)[34]:

$$T_R : F(U) \to F(V)$$
$$A \mapsto B = T_R(A)$$

称为 U 到 V 的一个模糊变换。B 称为 A 在模糊变换 T_f 下的像，而 A 是 B 的原像。

设 A、$B \in F(U)$，若模糊变换：
$$T_R : F(U) \to F(V)$$

满足：

(1) $T_R(A \cup B) = T_R(A) \cup T_R(B)$

(2) $T_R(\lambda A) = \lambda T_R(A)$，$\lambda \in [0, 1]$

则称 T_R 是从 U 到 V 的一个模糊线性变换。

设 $R \in F(U \times V)$ 为给定的模糊关系，则 R 唯一确定了从 U 到 V 的模糊线性变换，对于 $T_R : F(U) \to F(V)$ 使得 $\forall A \in F(U)$，均有：

$$TR(A) = A \circ R \in F(V) \tag{4-22}$$

当指标因素集 $U = (u_1, u_2, \cdots, u_n)$ 和评判集 $V = (v_1, v_2, \cdots, v_m)$ 均为有限论域时，A 是 U 上的一个模糊向量，记为 $A = (a_1, a_2, \cdots, a_n)$，$R = (r_{ij})_{n \times m}$ 是 $U \times V$ 上的一个模糊关系矩阵（其中 $a \geq 0, r_{ij} \leq 1$），则按照模糊变换规则，可以得到一个 m 维的模糊向量 B，即：

$$B = A \circ R = (a_1, a_2, \cdots, a_n) \circ \begin{bmatrix} r_{11} & r_{12} & \cdots & r_{1m} \\ r_{21} & r_{22} & \cdots & r_{2m} \\ \cdots & \cdots & \cdots & \cdots \\ r_{n1} & r_{n2} & \cdots & r_{nm} \end{bmatrix} \tag{4-23}$$

2）模糊综合评估中相关的数学模型

对桥梁健康状态进行综合评估时，首先对底层指标进行评估，然后利用模糊变换理论进行综合评估。一般步骤可归纳为：

(1) 建立底层评估指标的因素集 $U = (u_1, u_2, \cdots, u_n)$

根据评估体系模型，最底层指标的集合为 $U = (u_1, u_2, \cdots, u_n)$。例如图 4-1 建立的评估体系模型，若将混凝土质量作为评估目标，则其底层指标有：混凝土强度、混凝土裂缝、保护层损伤和钢筋锈蚀，即由它们组成混凝土质量的评估因素集。在因素集 U 中，各指标对评估目标的重要性程度不一样，因此各指标的权重组成因素集 U 上的一个模糊向量，记为 $A = (a_1, a_2, \cdots, a_n)$，表示指标重要性程度的隶属度向量。

(2) 建立评估的评判集 $V = (v_1, v_2, \cdots, v_m)$

在综合评估中，无论是总的评估目标还是单个指标，都需要建立一个统一的模糊评判集，使得评估时，其评语能统一地反映在评判集上。在桥梁的评估规范中将桥梁构件的技术状态通常分为 5 级，因此可建立一个统一的 5 维模糊评判集 $V = (v_1, v_2, v_3, v_4, v_5)$，分别对应桥梁状态的良好、较好、较差、坏的、危险五级。

(3) 建立底层指标的评语矩阵

依据评判集，对单个指标的评估，建立一个从 U 到 $F(V)$ 的映射，$R : U \to F(V)$

$$u_i \mapsto R(u_i) = \frac{r_{i1}}{v_1} + \frac{r_{i2}}{v_2} + \cdots + \frac{r_{im}}{v_m} \tag{4-24}$$

根据桥梁状态评估的评判集，可取 $m = 5$。式(4-24)是对第 i 个指标的模糊评语。对所有指标分别进行模糊评判，构成了从 $U \times V$ 上的模糊评语矩阵，如下式：

$$R = \begin{bmatrix} r_{11} & r_{12} & \cdots & r_{1m} \\ r_{21} & r_{22} & \cdots & r_{2m} \\ \cdots & \cdots & \cdots & \cdots \\ r_{n1} & r_{n2} & \cdots & r_{nm} \end{bmatrix} \quad (4\text{-}25)$$

因此由(U,V,R)三元体构成了一个单层模糊综合评估数学模型,并称(U,V,R)为评估空间。

(4)利用模糊变换理论进行桥梁健康状态的综合评估

根据因素集U中的模糊向量$A=(a_1,a_2,\cdots,a_n)$,构造桥梁的模糊评语矩阵$R=(r_{ij})_{n\times5}$,选择合适的模糊算子,进行模糊变换运算,最后得到一个5维的模糊评估向量$B=(b_1,b_2,\cdots,b_5)$。依据最大隶属度判别原则,可以得到桥梁目前的健康状态等级。综合评估运算公式为:

$$B = A\circ R = (a_1, a_2, \cdots, a_n) \circ \begin{bmatrix} r_{11} & r_{12} & \cdots & r_{15} \\ r_{21} & r_{22} & \cdots & r_{25} \\ \cdots & \cdots & \cdots & \cdots \\ r_{n1} & r_{n2} & \cdots & r_{n5} \end{bmatrix} = (b_1, b_2, \cdots, b_5) \quad (4\text{-}26)$$

式中:∘——模糊算子。

在模糊运算中,一般有以下几种运算算子:

①主因素突出型,即$M(\vee,\wedge)$型:该模型突出了评估中的主要因素而忽视了其余指标的影响,运算过程为:

$$b_j = \bigvee_{i=1}^{n}(a_i \wedge r_{ij}) \quad (4\text{-}27)$$

②全面制约型,即$M(\wedge,\otimes)$型:将原因素指标r_{ij}修正为$r_{ij}^{a_i}$,达到制约的功能,与$M(\vee,\wedge)$相反,该模型恰好突出了信息中的次要因素,运算过程为:

$$b_j = \bigwedge_{i=1}^{n}(r_{ij}^{a_i}) \quad (4\text{-}28)$$

③加权平均型,即$M(\otimes,*)$型:每个评估指标根据其权重对于评估目标有一定的贡献,运算过程为:

$$b_j = \sum_{i=1}^{n} a_i r_{ij} \quad (4\text{-}29)$$

由于综合考虑了不同指标对评估的影响,在桥梁健康状态评估时建议采用加权平均型模型进行模糊综合运算。

3)模糊多级综合评估

上一节中,已经提到评估模型是分成若干层次,因此,需要进行多层次模糊综合运算。设第i层n个子因素组成一个因素集,结合它们的模糊评语矩阵R_i的模糊综合运算为:

$$B_i = w_i \circ R_i = (w_{i1}, w_{i2}, \cdots, w_{in}) \circ \begin{bmatrix} r_{11}^{(i)} & r_{12}^{(i)} & \cdots & r_{1m}^{(i)} \\ r_{21}^{(i)} & r_{22}^{(i)} & \cdots & r_{2m}^{(i)} \\ \cdots & \cdots & \cdots & \cdots \\ r_{n1}^{(i)} & r_{n2}^{(i)} & \cdots & r_{nm}^{(i)} \end{bmatrix} = (b_{i1}, b_{i2}, \cdots, b_{im}) \quad (4\text{-}30)$$

式中:w_i——该因素集的权重向量,经过模糊综合运算得到的模糊向量$B_i=(b_{i1},b_{i2},\cdots,b_{im})$

是该因素集对应第 $i+1$ 层某评估指标的模糊评语向量。

依次逐层进行模糊综合运算,最终可获得桥梁健康状态综合评估模糊向量 $\boldsymbol{B} = (b_1, b_2, \cdots, b_m)$。依据评判集和最大隶属度原则,可以确定桥梁所处的状态等级以及相应的养护决策。

4.3.3 基于层次分析法的桥梁健康状态模糊综合评估

在传统的层次分析法中,计算权重的两两判断矩阵存在着不确定性,不少国内外专家、学者提出引入模糊集理论来解决这一问题,称之为模糊层次分析法(Fuzzy AHP)[35]。模糊层次分析法是对传统层次分析法的改进,但目前在桥梁领域,特别在桥梁评估领域中应用研究很少。1983 年荷兰学者 Van Loargoven 提出了用三角模糊数表示模糊判断矩阵的方法,并运用三角模糊数运算和对数最小二乘法求解得到指标的排序[36]。还有学者提出基于模糊一致性矩阵的模糊层次分析法,并讨论了判断矩阵的一致性检验和权重计算[37]。后来,又有学者进一步提出运用模糊推理的方法评估桥梁的健康状态,模糊推理方法,适合于表达模糊和不确定性的知识,其推理方式比较类似于人类的思维方式,是处理不确定性、非线性的有利工具,具有较强的解释推理功能[38]。特别是对于语言型的评估指标,采用模糊理论可以实现量化评估,能够最大化地减少人为主观因素,使评估结果趋于合理化。但是,在实际应用中需要大量的数据样本。

引入模糊判断矩阵在很大程度上反映了指标判断的模糊性和不确定性,可获得满意的权重值,能够反映评估的实际状态。但是,采用模糊判断矩阵需要熟悉模糊数学方法,这对一般的工程专家来说有些不方便。因此,引入不确定性层次分析法确定权重的方法,采用区间数来表达评估指标判断的程度,即构造不确定性判断矩阵,同样能够反映判断信息的模糊性和不确定性,且构造区间型的判断矩阵比起模糊层次分析法中构造判断矩阵相对简单些,其实用性更强。利用不确定性判断矩阵来进行层次分析的方法称为不确定性层次分析法[39]。本节将阐述不确定性判断矩阵的构造和一致性检验的方法。由于利用常规方法获得的区间值权重无法应用到桥梁状态综合评估中,本节将介绍一种计算区间最优权重的单目标优化模型,同时运用实数遗传算法进行全局最优解的自动搜索,求解区间权重的最优值,即为评估指标的权重值。

1) 不确定性判断矩阵的运算性质

设 $a = [a^p, a^q] = \{x \mid 0 < a^p \leqslant x \leqslant a^q\}$,是 a 的一个区间数。设 $b = [b^p, b^q]$ 为另一个区间数,则区间的运算定义如下:

(1) $a + b = [a^p + b^p, a^q + b^q]$;

(2) $a \cdot b = [a^p b^p, a^q b^q]$;

(3) $\dfrac{a}{b} = \left[\dfrac{a^p}{b^q}, \dfrac{a^q}{b^p}\right]$。

采用传统的两两比较的方法构造区间判断矩阵,区间判断矩阵的元素采用区间数标度,区间判断矩阵应符合下面的条件:

设 $\boldsymbol{A} = (a_{ij})_{n \times n}$,$\boldsymbol{a}_{ij} = [a_{ij}^p, a_{ij}^q]$ 为一个区间判断矩阵,且矩阵元素满足:

(1) $a_{ii} = [1, 1]$,$i = 1, 2, \cdots, n$;

(2) $\forall i, j$,$\dfrac{1}{9} \leqslant a_{ij}^p \leqslant a_{ij}^q \leqslant 9$;

(3) $a_{ji} = \dfrac{1}{a_{ij}} = \left[\dfrac{1}{a_{ij}^q}, \dfrac{1}{a_{ij}^p}\right]$。

当矩阵所有元素 a_{ij} 满足 $a_{ij}^p = a_{ij}^q$ 时，区间判断矩阵就退化为数字判断矩阵，即为确定性判断矩阵，也就是传统的判断矩阵。

2) 不确定性判断矩阵的一致性检验

类似传统判断矩阵，区间判断矩阵同样需要检验其一致性。在构造区间判断矩阵时，因为人们对事物认识的片面性和模糊性，难免会造成一个不满足：

(1) $a_{ii} = [1,1]$，$i = 1,2,\cdots,n$；(2) $\forall i,j, \dfrac{1}{9} \leq a_{ij}^p \leq a_{ij}^q \leq 9$；(3) $a_{ji} = \dfrac{1}{a_{ij}} = \left[\dfrac{1}{a_{ij}^q}, \dfrac{1}{a_{ij}^p}\right]$ 这三个条件的区间判断矩阵，导致权重计算的错误。因此，必须对区间判断矩阵进行一致性检验。

在文献[39-40]中给出了区间判断矩阵一致性检验的定义，但实际可操作性差。文献[41]中提出了一种基于线性规划的区间判断矩阵一致性的检验方法，但是计算比较复杂。文献[42]则根据传统判断矩阵的一致性检验的方法，提出将区间数判断矩阵进行一致性数字逼近，再利用传统方法进行检验。设区间判断矩阵 A，根据 a 的区间数的定义，取：

$$m_{ij} = \left(\prod_{k=1}^{n} \dfrac{a_{ik}^p a_{ik}^q}{a_{jk}^p a_{jk}^q}\right)^{\frac{1}{2n}} \tag{4-31}$$

则称矩阵 $M = (m_{ij})_{n \times m}$ 为满足互反性的一致性数字判断矩阵。

从而，检验区间判断矩阵 A 的一致性转化为检验数字矩阵 M 的一致性，再利用传统的判断矩阵检验方法验证判断矩阵的一致性，其中需要检验 CI、RI、CR 等指标。

3) 评估指标的权重值确定

目前虽有不少研究区间判断矩阵的权重计算方法[43-44]，但是计算的权重值仍为区间值，无法应用到桥梁的状态评估中。在文献[45-47]中提出了采用线性规划方法求解权重值，但是这种方法需要事先预知权重的估计区间，因此仍只适用于决策方案比较中。

本文引入一种新的求解方法，先建立一种求解权重值的目标优化模型，然后利用实数遗传算法进行目标的全局最优化搜索，从而获得最优化权重，使桥梁健康状态的综合评估工作得以顺利进行[48]。

(1) 目标优化模型

由判断矩阵需要满足的条件可知，构造的区间判断矩阵中隐含了专家给出的指标权重，我们假设某一指标 i 的权重区间为 $w_i = [w_i^p, w_i^q]$，$i = 1,2,\cdots,n$。则指标 i 和 j 进行重要性比较时，可能的两两判断矩阵范围为：

$$A_{ij}^* = [a_{ij}^*, b_{ij}^*] = \left[\dfrac{w_i^p}{w_j^q}, \dfrac{w_i^q}{w_j^p}\right] \tag{4-32}$$

当区间 A 和区间 A^* 最接近，上述的 w_i 就是判断矩阵所隐含的权重区间。其中，两个区间的接近程度可以用相离度表示。

设有两个闭区间，$a = [a_p, a_q]$，$b = [b_p, b_q]$，则：

$$D(a,b) = \sqrt{(a_p - b_p)^2 + (a_q - b_q)^2} \tag{4-33}$$

式中：$D(a,b)$——区间 a 和 b 之间的欧式距离，描述了两个区间之间的相离程度。当 $a_p = b_p$，

$a_q = b_q$ 时,则有 $a = b$,即两区间完全重合,其相离度为 0。当 b 区间满足 $b_p = b_q$ 时,区间 b 收缩为一个确定点,则 $D(a,b)$ 就描述了确定点 b 至区间 a 的相离距离。

根据相离度的概念,可构造一个求解权重区间的单目标优化模型[49]:

$$\min F(w) = \sum_{i=1}^{n}\sum_{j=1}^{n} D(A_{ij}, A_{ij}^*)^2 \tag{4-34}$$

由于指标权重之间相互关联,相互耦合,利用式(4-34)很难求出所需的权重区间,即使求出了权重区间仍无法确定指标的具体权重。事实上,在权重区间中还客观存在着一组能够平衡反映各指标间重要性程度的最优权向量 $\{w_i^*\}$,其元素满足:

$$w_i^* \in [w_i^p, w_i^q], \sum_{i=1}^{n} w_i^* = 1 \tag{4-35}$$

假设根据已知的判断矩阵 A,获得了一组最优权重向量 $\{w_i^*\}$,则各权重指标之间的两两判断范围 A_{ij}^* 就退化为一个确定的点:

$$A_{ij}^* = \frac{w_i^*}{w_j^*} \tag{4-36}$$

由式(4-34)求解权重区间的目标优化模型就转化成求解最优权向量的单目标模型,如下式:

$$\min F(w) = \sum_{i=1}^{n}\sum_{j=1}^{n} D(A_{ij}, A_{ij}^*)^2 = \sum_{i=1}^{n}\sum_{j=1}^{n} D(A_{ij}, w_i^*/w_j^*)^2$$
$$\text{s.t.} \begin{cases} 0 \leq w_i^* \leq 1; i = 1, 2, \cdots, n \\ \sum_{i=1}^{n} w_i^* = 1 \end{cases} \tag{4-37}$$

(2)遗传算法

建立单目标优化模型后,可利用遗传算法进行优化搜索。由于遗传算法采用交换、突变等操作,产生了新的个体,扩大了搜索范围,且隐含了并行搜索能力,使得搜索到的权重值为全局最优解。大量的应用结果表明其具有很强的计算能力,遗传算法已成为一种切实可行、鲁棒性强的优化技术和搜索方法。

由于标准遗传算法的实际应用存在着局限性,如早熟收敛、优化效率不高、求解精度差等缺点,因此,采用一种基于实数编码的加速遗传算法(RGA)[50]来进行全局搜索,其理论分析和实例证明可见相关文献[51-52]。

①无约束目标函数

将式(4-37)作为遗传算法的目标函数,但由于遗传算法属于无约束优化方法,因而引入惩罚函数法将上述约束问题转化为无约束问题,即原目标函数增广为一个新的目标函数,如下式:

$$\min F(w) = \sum_{i=1}^{n}\sum_{j=1}^{n} D(A_{ij}, w_i/w_j)^2 + (c \times t)^\alpha \Big[\sum_i (\max\{0, -w_i\})^\beta +$$
$$\sum_i (\max\{0, w_i - 1\})^\beta + |1 - \sum_i w_i|^\beta\Big] \tag{4-38}$$

式中:t——遗传进化代数;

c、α、β——调整参数。

可以看出,随着代数的增加,不可行解的惩罚压力将迅速增长。进行全局搜索,当目标函数的适应度值达到最优时,所对应的参数就是最优权重值$\{w_i^*\}$。

②遗传过程

实数编码不存在编码和解码过程,一个实参数向量对应成一个染色体,一个实数变量对应成一个等位基因,所以具备了连续变量函数渐变性的能力[53]。其基本过程如下:

a. 编码和初始化群体$p(0)$

染色体基因根据参数变量的上下限(v_i^p, v_i^q)随机产生,即:

$$w_i = v_i^p + \beta(v_i^q - v_i^p); i = 1, \cdots, n \tag{4-39}$$

式中:n——染色体的编码长度;

β——[0,1]内的随机数。

显然这样产生的染色体满足约束条件。若设群体规模为m,则可随机产生m个满足上述编码的染色体$p(0)$。

b. 适应度评价及选择

设某t代表群体$p(t)$,将群体$p(t)$代入目标函数(4-38)中进行适应度计算。进行适应度评价时,采用基于排序的适应度分配方式,即种群按目标值进行排序,而适应度选择取决于个体在种群中的序位,而不是实际的目标值,从而避免了过早停滞和收敛现象。

最常用的排序选择方法就是将队列序号映射为期望的选择概率,其适应度为:

$$Fit(p) = 2 - p + \frac{2(p-1)(k-1)}{m-1} \tag{4-40}$$

式中:m——种群大小;

k——个体在种群中的序位;

p——选择压力,即最佳个体选中的概率与平均选中概率的比值,一般$p \in [1.0, 2.0]$。

c. 复制和交叉

按照排名选择机制,从群体$p(t)$中选择一定的群体进行复制操作,得到群体$p^1(t)$。根据交叉概率从$p^1(t)$中随机选取第$k、l$个染色体基因$w_{kj}、w_{lj}$进行交叉。交叉后产生的子染色体基因为:

$$w'_{kj} = \lambda_j w_{kj} + (1 - \lambda_j) w_{lj}$$
$$w'_{lj} = \lambda_j w_{lj} + (1 - \lambda_j) w_{kj}; j = 1, \cdots, n \tag{4-41}$$

式中:λ_j——[0,1]内的随机数。

交叉前后应保证有:$w_{kj} + w_{lj} = w'_{kj} + w'_{lj}$。交叉获得的子代个体数目由交叉概率控制,最后得到群体$p^2(t)$。

d. 变异

根据变异概率,随机选择$p^2(t)$中的染色体进行变异,变异数量由变异率控制。第i个变异染色体中的基因w_{ij}作如下运算:

$$\text{当 } 0 < \zeta \leq 0.5, w''_{ij} = w_{ij} - (w_{ij} - v_j^p)\zeta$$
$$\text{当 } 0.5 < \zeta < 1, w''_{ij} = w_{ij} - (w_{ij} - v_j^q)\zeta \tag{4-42}$$

式中:w_{ij}——变异前的变量值;

w''_{ij}——变异后的变量值；

ζ——随机值，根据 ζ 的变化，变量 w_{ij} 作跳跃式减少和增大。

e. 终止准则

经过上面的遗传操作，重新获得的 m 个染色体作为新的父代群体 $p(t+1)$ 进行适应度计算和评价，并实施遗传操作过程。当遗传迭代满足终止准则时，系统输出最佳个体，即最优权向量 w_i^*。

为了提高收敛速度，可以采用一定的策略控制遗传算法的终止。例如可以给定一个精度要求 ε，当满足精度要求时，遗传过程则终止；可以假设最优良个体连续不变的代数，例如假设连续 10 代不出现优良个体就终止算法；还可以假设最大的遗传代数，例如假定最大遗传代数为 150 代。

4）算例分析

为了验证遗传算法的有效性，有必要运用算例进行测试。以斜拉索损伤状态为例建立区间判断矩阵。斜拉索损伤主要影响因素有三个：保护套损伤、锚固系统损伤和减震器损伤。评估专家根据这三个影响因素相对于评估目标斜拉索损伤的重要性程度给出了区间判断矩阵 A：

$$A = \begin{bmatrix} [1,1] & [1,2] & [2,3] \\ [0.5,1] & [1,1] & [1,2] \\ [0.33,0.5] & [0.5,1] & [1,1] \end{bmatrix} \tag{4-43}$$

运用遗传算法，对 A 进行最优权重搜索，设置群体数为 30，选取前 20 个个体作为父代进行复制、交叉，变异的个数为 8 个，加速循环 40 代后，算法终止得到目标最优解。区间矩阵 A 的最优权重值见表 4-4。最终的测试结果表明采用遗传算法计算的适应度比专家现场估计权重值的适应度小，说明遗传算法能搜索到更优解。

区间判断矩阵 A 的最优权值　　　　表 4-4

名　称	A 的最优权重值			适应度值
专家现场估计	0.40	0.35	0.25	22.494 9
遗传优化解	0.396	0.381	0.233	20.612 0

4.4　工程实例——乌巢河大桥健康状态评估

湖南省凤凰县的乌巢河大桥位于该县沱江镇（县城）至腊尔山公路 32km 的乌巢河 V 形峡谷中。该桥主跨 120m，全长 241m，高 42m，宽 8m，是一座全空腹式石肋拱桥，其外观如图 4-5 所示。

4.4.1　评估模型的建立

根据监测指标的类型，建立乌巢河大桥健康状态模糊综合评估的结构体系模型，如图 4-1 所示。

图 4-5 乌巢河大桥

4.4.2 评估指标的分级标准和等级隶属函数

桥梁健康等级划分如图 4-1 所示。下面制定乌巢河大桥的各评估指标的分级标准。

1）承载能力

主拱圈承载能力的等级评定准则见表 4-5。

主拱圈承载能力的等级评定准则　　　　　表 4-5

评 估 等 级	评 定 准 则	等　　　级	得　　　分
良好	较高	Ⅰ	87.5～100
较好	没有降低	Ⅱ	62.5～75
较差	略有降低	Ⅲ	37.5～50
差	降低较为明显	Ⅳ	12.5～25
危险	降低十分明显	Ⅴ	0

同样，确定横梁、立墙、基础的承载力分级标准和等级隶属函数，与主拱圈承载能力等级标准和等级隶属函数相同，这里不再累述。

2）主要承重结构的损伤

主拱圈结构损伤等级评定准则见表 4-6。

主拱圈结构损伤的等级评定准则　　　　　表 4-6

评 估 等 级	评 定 准 则	等　　　级	得　　　分
良好	无损伤	Ⅰ	87.5～100
较好	损伤轻微	Ⅱ	62.5～75
较差	有一定损伤	Ⅲ	37.5～50
差	损伤严重	Ⅳ	12.5～25
危险	损伤很严重	Ⅴ	0

同样,确定横梁、立墙、基础的结构损伤分级标准和等级隶属函数,与主拱圈结构损伤等级标准和等级隶属函数相同,这里也不再赘述了。

3)外观缺损状况

上部结构缺损状况的等级评定准则见表 4-7。

上部结构外观缺损状况的等级评定准则　　　　表 4-7

评估等级	评定准则	等级	得分
良好	外观良好	Ⅰ	87.5～100
较好	基本完好	Ⅱ	62.5～75
较差	中等缺损	Ⅲ	37.5～50
差	缺损严重	Ⅳ	12.5～25
危险	缺损很严重	Ⅴ	0

下部结构损伤状况的等级评定准则和等级隶属函数可参见上部结构缺损状况的等级评定准则和等级隶属函数。

4.4.3　中间层各评估指标模糊综合评估过程

下述所有检测、专家评定数据来源于文献[54]。评估指标的权重计算如工程实例一,这里只给出最后的结果值。

1)承载能力

主拱圈、横梁、立墙和基础的承载能力对于总承载能力的权重确定方法利用不确定性区间矩阵确定。它们的权重值见表 4-8。

承载能力的各评估指标权重　　　　表 4-8

评估指标	权值	评估指标	权值
主拱圈承载能力	0.328	立墙承载能力	0.205
横梁承载能力	0.154	基础承载能力	0.313

(1)主拱圈

主拱圈承载力检测有 7 个测点(1～7 个测点按拱顶到拱脚的顺序),其检测值见表 4-9,权重值见表 4-10。

主拱圈承载力标准化处理后的数值　　　　表 4-9

测点	1	2	3	4	5	6	7
评分	74.42	90.02	74.83	96.83	80.22	70.65	87.91

主拱圈承载力的各测点的权重　　　　表 4-10

测点	1	2	3	4	5	6	7
权重	0.24	0.22	0.16	0.15	0.09	0.08	0.06

主拱圈总体评价值 = 主拱圈各测点承载能力均匀变化得分 × 非均匀变化系数。其中：主拱圈承载力的均匀变化得分 $= \sum_{i=1}^{7} \overline{w}_i x_i = 76.6$，非均匀变化系数 $\gamma = 0.97$，主拱圈承载力的总体评价值 $= 76.6 \times 0.97 = 74.30$。最后按照主拱圈的等级隶属函数得到主拱圈的模糊化向量 $(0,1,0,0,0)$。

(2)横梁

横梁的承载力检测点有 5 个(左右分别两个测点，中间一个测点)，其检测值见表4-11，权重值见表4-12。

横梁承载力评分　　　　　　　　　　　　　　　　　　　　　表4-11

数据	1	2	3	4	5
评分	77.1	86.3	89.2	85.7	76.7

横梁承载力各测点权重　　　　　　　　　　　　　　　　　　表4-12

测点	1	2	3	4	5
权重	0.13	0.22	0.30	0.22	0.13

与主拱圈的承载力数据处理方法相同，计算横梁承载力的均匀变化得分 $= 84.594$，非均匀变化系数 $\gamma = 0.971$，横梁总体评价值 $= 84.594 \times 0.971 = 82.14$，最后得到横梁承载能力模糊化向量 $(0.072, 0.928, 0, 0, 0)$。

(3)立墙

通过检测评定，立墙承载能力评分为84.30，其模糊化向量 $(0.244, 0.756, 0, 0, 0)$。

(4)基础

基础的承载力经测定，其评分为89.39，模糊化向量为 $(1,0,0,0,0)$。

因此，乌巢河大桥的主要承载能力模糊综合评估结果见表4-13。

承载能力模糊综合评估　　　　　　　　　　　　　　　　　　表4-13

评估指标	权值	评估输入	评估结果
主拱圈承载能力	0.328	$(0,1,0,0,0)$	
横梁承载能力	0.154	$(0.072,0.928,0,0,0)$	$(0.374,0.626,0,0,0)$
立墙承载能力	0.205	$(0.244,0.756,0,0,0)$	
基础承载能力	0.313	$(1,0,0,0,0)$	

2)主要承重结构损伤

主要结构主拱圈、横梁、立墙和基础的结构损伤权重值见表4-14。

主要承重构件各评估指标的权重　　　　　　　　　　　　　　表4-14

评估指标	权值	评估指标	权值
主拱圈结构损伤	0.301	立墙结构损伤	0.204
横梁结构损伤	0.188	基础结构损伤	0.307

经过专家现场检测,主拱圈、横梁、立墙和基础的结构损伤评分分别为89.75、84.36、80.69、78.91,模糊化向量分别为(0.680,0.320,0,0,0)、(0.249,0.751,0,0,0)、(0,1,0,0,0)、(0,1,0,0,0)。

因此,乌巢河大桥的主要承重构件损伤的模糊综合评估结果见表4-15。

主要承重构件损伤状态模糊综合评估　　　　　　　　　　表4-15

评估指标	权　值	评估输入	评估结果
主拱圈结构损伤	0.301	(0.680,0.320,0,0,0)	(0.253,0.747,0,0,0)
横梁结构损伤	0.188	(0.249,0.751,0,0,0)	
立墙结构损伤	0.204	(0,1,0,0,0)	
基础结构损伤	0.307	(0,1,0,0,0)	

3) 外观损伤状况

经过现场观察,专家评定的上部结构和下部结构的损伤状况评分分别为86.79、85.31,模糊化向量分别为(0.443,0.557,0,0,0)、(0.325,0.675,0,0,0)。它们的权重值见表4-16。

外观损伤状况的各评估指标权重　　　　　　　　　　表4-16

评估指标	权　值
上部结构缺损状况	0.437
下部结构缺损状况	0.563

因此,乌巢河大桥的外观损伤状况的综合评估结果见表4-17。

外观损伤状况模糊综合评估　　　　　　　　　　表4-17

评估指标	权　值	评估输入	评估结果
上部结构缺损状况	0.437	(0.443,0.557,0,0,0)	(0.377,0.623,0,0,0)
下部结构缺损状况	0.563	(0.325,0.675,0,0,0)	

4.4.4　乌巢河大桥健康状态模糊综合评估结果

对综合承载能力、主要承重结构损伤和外观损伤状况三个评估指标进行模糊综合评估,结合相应的权重,得到石拱桥的模糊综合评估结果。经过运算,最终得到乌巢河大桥的模糊综合评估结果 $V = (0.336, 0.664, 0, 0, 0)$,见表4-18。

根据最大隶属度邻近判别法,即选择模糊子集中最大值作为最终结果输出,乌巢河大桥的健康状态模糊综合评估的最终输出结果为二级,达到"较好"等级(0.664),有(0.336)偏向"良好",按照评估等级的涵义,可以描述为承载力没有降低,主要承重构件损伤轻微,表观状况基本完好,需要小修保养。该评估结果基本上与现场专家的观察、检测结果一致,再次说明了采用基于层次分析法的模糊评估方法的可行性和有效性。

同样,将该健康状态评估模型存入知识库中,该模型便可以用于对乌巢河大桥进行健康状态评估,大大地提高工作效率。同时,将该评价系统与该桥梁日常维护和管理结合起来,将对桥梁承载能力、结构的外观损伤和主要承重构件的损伤状态评估与维护起到良好的指导作用。

乌巢河大桥健康状态模糊综合评估   表4-18

评估指标			评估输入		评估输出	
二级指标	权重	三级指标	权重	初步评估	中间结果	评估结果
承载力	0.471	主拱圈承载能力	0.328	(0,1,0,0,0)	(0.374,0.626, 0,0,0)	(0.336,0.664, 0,0,0)
		横梁承载能力	0.154	(0.072,0.928,0,0,0)		
		立墙承载能力	0.205	(0.244,0.756,0,0,0)		
		基础承载能力	0.313	(0.244,0.756,0,0,0)		
主要承重结构损伤	0.318	主拱圈结构损伤	0.301	(0.680,0.320,0,0,0)	(0.253,0.747, 0,0,0)	
		横梁结构损伤	0.188	(0.249,0.751,0,0,0)		
		立墙结构损伤	0.204	(0,1,0,0,0)		
		基础结构损伤	0.307	(0,1,0,0,0)		
外观缺损状况	0.211	上部结构缺损状况	0.437	(0.443,0.557,0,0,0)	(0.377,0.623, 0,0,0)	
		下部结构缺损状况	0.563	(0.325,0.675,0,0,0)		

4.5 本章小结

本章针对石拱桥的健康状况评估需求,总结了目前国内外桥梁状态评估研究的现状以及已有的桥梁健康状态综合评估的发展,比较了已有的评估方法,揭示了现有理论方法的局限性,提出应用单一方法进行评估,难以保证评估结果的可靠性,宜建立多种方法综合的石拱桥健康状况评估方法,并选择将层次分析法的思路和模糊综合评判的方法综合运用到桥梁评估中,最终实现了对乌巢河大桥安全性的有效评估。具体工作如下:

(1)分析了传统层次分析法的缺陷,将模糊理论的概念引入层次分析法中,把两种方法充分结合起来进行桥梁健康状态的综合评估。为了使评估过程更符合人们的思维习惯和减少评估中理论知识缺少的局限性,提出了运用不确定性判断矩阵,并利用遗传算法计算区间判断矩阵的最优权重,通过实例计算表明,此方法能够得到最优的权重值。

(2)在模糊理论和模糊变换基本概念的基础上,建立了通用的模糊综合评估中评估指标的数学模型和多级模糊综合评估数学模型。

(3)运用模糊综合评判方法,在层次分析思想的基础上对乌巢河大桥的安全性进行了评估,选用梯形函数作为隶属函数,参考《公路养护技术规范》(JTG H10—2009)和《公路桥梁承载能力检测评定规程》(JTG/T J21—2011),将桥梁构件的状态分成五个评价等级,同时运用区间判断矩阵确定评估指标的权重值,然后根据多级模糊综合评估原理,评估了乌巢河大桥的安全状态。

本章参考文献

[1] 张宇峰,徐宏,等.大跨桥梁结构健康监测及安全评价系统研究与应用进展[J].公路,2005,6(12):22.

[2] 许肇峰.既有钢筋混凝土桥梁损伤状况综合评估方法研究[D].成都:西南交通大

学,2006.
- [3] Li Yadong. Research on Reliability-based Assessment of Existing Bridge Structures[R]. Research Report,1995.
- [4] 郭彤,李爱群,李兆霞.大跨桥梁结构状态评估方法研究进展[J].东南大学学报:自然科学版,2004,24(5):699-704.
- [5] 中华人民共和国交通运输部.JTG/T J21—2011 公路桥梁承载能力检测评定规程[S].北京:人民交通出版社,2011.
- [6] Aktan A Emin, Farhey Daniel N, Brown David L. Condition Assessment for Bridge Management[J]. Journal of Infrastructure Systems,1996,2(3):108-117.
- [7] Issa Mohen A,Tsui Shumiu, Youslf Alfred. Application of Knowledge-Based Expert System for Rating Highway Bridge [J]. Engineering Fracture Mechanics,1995,50(5):923-934.
- [8] Melhem Hani G, Aturaliya Senaka. Bridge Condition Rating Using an Einenvector of Priority Settings [J]. Microcomputers in Civil Engineering, 1996, 11(3):321-359.
- [9] Kusida M,Miyamoto A, Kinoshita K. Development of Concrete Bridge Rating Prototype Expert System with Machine Learning [J]. ASCE J Computer of Civil Engineering,1997,11(4):238-247.
- [10] De Brito J, Branco F A, Christensen P T. An Expert System for Concrete Bridge Management [J]. Engineering Structures, 1997,19(7):519-526.
- [11] 中华人民共和国交通部.JTG H11—2004 公路桥涵养护规范[S].北京:人民交通出版社,2004.
- [12] 刘效尧,蔡键,刘晖.桥梁损伤诊断[M].北京:人民交通出版社,2002.
- [13] 陆亚兴,殷建军,姚祖康,等.桥梁缺损状况评价方法[J].中国公路学报,1996,9(3):55-61.
- [14] 王永平,张宝银,张树仁.桥梁使用性能模糊评估专家系统[J].中国公路学报,1996,(2):62-67.
- [15] 李亚东.既有桥梁评估初探[J].桥梁建设,1997,(3):18-21.
- [16] 潘黎明,史家钧.桥梁安全性与耐久性综合评估研究[J],上海市政工程,1997,11,(4):1-7.
- [17] 兰海,史家钧.灰色关联分析与变权综合法在桥梁评估中的应用[J].同济大学学报,2001,29(1):50-54.
- [18] 张永清,等.用层次分析法评价桥梁的安全性[J].西安公路交通大学学报,2001,21(3):52-56.
- [19] 郭红仙,任宝双,钱稼茹.北京地区钢筋混凝土简支梁桥结构综合评估系统[J].清华大学学报:自然科学版,2002,42(6):825-831.
- [20] 徐家云,何晓鸣,张俊.模糊理论在桥梁评估中的应[J].武汉理工大学学报,2003,25(7):38-41.
- [21] 淡丹辉,孙利民.Mamdani型模糊推理系统在桥梁状态评估中的应用[J].同济大学学报:自然科学版,2004,32(9):1131-1135.
- [22] 刘沐宇,袁卫国,任飞.大跨度钢管混凝土拱桥安全性模糊综合评价[J].武汉理工大学学报,2005,25(5):33-36.

[23] 范剑锋.桥梁健康状态的智能评估方法的研究[D].武汉:武汉理工大学,2006.

[24] 刘克胜,徐磊,张维明,等.复杂巨系统系统结构分析与研究[J].计算机应用研究,2000,(8):6-11.

[25] 翁沙羚.文晖大桥健康监测评估系统的研究与开发[D].杭州:浙江大学,2004.

[26] 张凤华,谢立礼.城市防震减灾能力评估研究[J].自然灾害学报,2001,10(4):57-64.

[27] 朱孔来.评价指标的非线性无量纲模糊处理方法[J].系统工程,1996,14(6):58-62.

[28] 兰海,史家钧.灰色关联分析与变权综合法在桥梁评估中的应用[J].同济大学学报,2001,29(1):50-54.

[29] 许树柏.实用决策方法——层次分析法原理[M].天津:天津大学出版社,1988.

[30] 孙九春.大型桥梁综合评估系统研究[D].上海:同济大学,2002.

[31] 张永清,等.用层次分析法评价桥梁的安全性[J].西安公路交通大学学报,2001,21(3):52-56.

[32] 胡雄,吉祥,陈兆能,等.拉索桥梁安全性与耐久性评估的专家系统设计[J].应用力学学报,1998,15(4):122-126.

[33] 李宏兴,汪群.工程模糊数学方法及应用[M].天津:天津科学技术出版社,1993.

[34] 常大勇,张丽丽.经济管理中的模糊数学方法[M].北京:北京经济学院出版社,1995.

[35] Yousheng Cheng, Hani G Melhem. Monitoring Bridge Health using Fuzzy Cased-based Reasoning [J]. Advanced Engineering Informatics, 2005,9(3):299-315.

[36] Van Loargoven. A Fuzzy Extension of Saaty's Priority Theory[J]. Fuzzy Sets and Systems, 1983,11(3):229-241.

[37] 姚敏,张森.模糊一致矩阵及其在软科学中的应用[J].系统工程,1997,15(2):54-55.

[38] 王铁生,华锡生.模糊神经网络在大坝变形预报中的应用[J].工程勘察,2002,(5):21-23.

[39] 魏毅强,刘进生,王绪柱.不确定 AHP 中判断矩阵的一致性概念及权重[J].系统工程理论与实践,1994,14(4):16-22.

[40] 刘心报.不确定型 AHP 中判断矩阵一致性的定义[J].运筹与管理,1998,7(2):41-43.

[41] Islam R,Biswal M P,Alam S S. Preference Programming and Inconsistent Interval Judgments [J]. European Journal of Operational Research,1997,9(7):53-62.

[42] 许先云,杨永清.不确定 AHP 判断矩阵的一致性逼近与排序方法[J].系统工程理论与实践,1998,(2):19-22.

[43] 吴祈宗,朱心想.几种区间数判断矩阵排序权向量计算方法的比较研究[J].北京工商大学学报:自然科学版,2002,20(4):53-57.

[44] Bryson N, Mobolurin A. An Action Learning Evaluation Procedure for Multiple Criteria Decision Making Problem [J]. European Journal of Operational Research,1996,96(3):379-386.

[45] 达庆利,徐泽水.不确定多属性决策的单目标最优化模型[J].系统工程学报,2002,17(1):50-55.

[46] 穆增超,刘三阳.区间 AHP 权重计算的目标规划法[J].经济数学,2003,20(3):87-90.

[47] 樊治平,张全.不确定性多属性决策的一种线性规划方法[J].东北大学学报:自然科学版,1998,19(4):419-422.

[48] 范剑锋.桥梁健康状态的智能评估方法的研究[D].武汉:武汉理工大学,2006.

[49] 范剑锋,袁海庆,刘文龙.基于不确定型层次分析法的桥梁模糊综合评估[J].武汉理工大学学报:自然科学版,2005,27(4):54-57.

[50] Fan jianfeng, Zhong Luo, Tong Qiwei. Genetic Searching for Optimize Closure State of CFST Arch Bridge Construction[J]. DCABES PROCEEDING, 2004,(9):362-365.

[51] 金菊良,杨晓华,丁晶.基于实数编码的加速遗传算法[J].四川大学学报:工程科学版,2000,32(4):20-24.

[52] 王小平,曹立明.遗传算法——理论、应用于软件实现[M].西安:西安交通大学出版社,2002.

[53] 范剑锋,钟洛,袁海庆.钢管混凝土拱桥施工合龙合理状态的遗传搜索[J].武汉理工大学学报:交通科学与工程版,2005,29(4):564-567.

[54] 王永平,张宝银,张树仁.桥梁使用性能模糊评估专家系统.中国公路学报,1996,5(6):12-15.

[55] 湖南省交通科技研究所,凤凰县交通局.凤凰县乌巢河大桥试验报告[R].2004.

[56] 李睿,曾威,胡柏学,于德介,张丹丹.环境激励下基于小波能量互熵的结构损伤诊断方法[J].公路工程,2006,(6).

[57] 罗阳青,邵旭东,胡柏学.桥梁健康评估模糊层次分析法的应用[J].湖南交通科技,2008,(4).

第5章 石拱桥加固改造技术

本章主要从以下几个方面入手,提出桥梁加固设计的三个准则:恒载应力准则、组合应力准则和极限承载力准则,并研究制定加固施工工艺和质量控制标准。

(1)钢筋混凝土套箍封闭主拱圈加固石拱桥技术

从钢筋混凝土套箍封闭主拱圈加固拱桥的机理分析、模型试验、设计理论和实施工艺等方面出发,结合依托工程,研发出了钢筋混凝土套箍封闭主拱圈加固石拱桥成套技术。

(2)石拱桥增设复合钢筋混凝土拱板(肋)加固技术

从石拱桥增设复合钢筋混凝土拱板(肋)加固技术的机理与适用性分析、模型试验、设计理论、实施工序等关键技术出发,结合依托工程,研发出了增设复合钢筋混凝土拱板(肋)加固石拱桥成套技术。

(3)基于平铰拱理论分析调整全桥内力的加固改造技术

与弹性理论比较,运用平铰拱理论分析全桥内力,从调整拱上恒载、改善拱上构造、实施工序等关键技术出发,结合依托工程,研发出了基于平铰拱理论分析调整全桥内力的加固改造成套技术。

(4)锚喷混凝土加固技术

锚喷技术就是从喷射混凝土与锚杆、钢筋网等配合使用的过程中发展起来的一种新技术。其实质就是增大受力断面和补强钢筋、加强结构的整体性,使其能承受更大的外荷载。

(5)灌浆加固技术

灌浆加固技术系指施加一定的压力,将某种浆液灌入结构或构件内部裂缝中,以达到封闭裂缝,提高主拱圈的整体性,恢复并提高结构耐久性和抗渗性能的一种修补方法。

(6)粘贴加固技术

粘贴技术一般采用环氧树脂或建筑结构胶将钢板、钢筋、玻璃钢、碳纤维等抗拉强度高的材料粘贴在主拱圈表面,使之与结构物形成整体,从而达到提高主拱圈的抗弯、抗剪能力,以及减少裂缝扩展的目的。

(7)体外预应力加固技术

体外预应力加固桥梁是以粗钢筋、钢绞线或高强钢丝等钢材作为施力工具,对桥梁结构施加预应力,以预加力产生的弯矩和拉力部分抵消外荷载产生的内力,从而达到改善旧桥使用性能并提高其极限承载能力的目的。

(8)石拱桥综合加固整治技术

从石拱桥综合加固整治技术的适用范围、应用方法出发,提供石拱桥综合加固整治技术。

5.1 钢筋混凝土套箍封闭主拱圈加固石拱桥技术

5.1.1 钢筋混凝土套箍封闭主拱圈加固拱桥的机理分析

钢筋混凝土套箍封闭主拱圈加固拱桥的机理是截面增大理论、"套箍效应"和断裂力学机理。

1）截面增大理论

采用钢筋混凝土套箍加固拱桥的机理之一是截面增大理论。依靠锚杆及现浇混凝土本身的黏结力,将现浇钢筋混凝土套箍层和原主拱圈层有机地结合在一起,达到共同承担活载的目的。在加固前,主拱圈极限承载力的计算模式为：

$$\gamma_0 N_d < \varphi A f_{cd} \tag{5-1}$$

式中：γ_0——结构重要性系数；

N_d——轴向力设计值；

A——原主拱圈截面面积；

f_{cd}——砌体轴心抗压强度设计值；

φ——构件轴向力的偏心距 e 和长细比 β 对受压构件承载力的影响系数。

加固后,在暂不考虑其他影响因素,仅仅考虑截面增大效应的条件下,复合主拱圈极限承载力强度计算模式为：

$$\gamma_0 N_d < \varphi (A f_{cd} + \eta_1 A_1) f_{cd} = \varphi A f_{cd} + \varphi A_1 + f_{c1d} \tag{5-2}$$

式中：A_1——钢筋混凝土加固层的面积,$\eta_1 = f_{c1d}/f_{cd}$；

f_{c1d}——加固层中混凝土的轴心受压强度设计值；

其余符号意义同式(5-1)。

将式(5-1)与式(5-2)进行比较,可看出采用钢筋混凝土套箍加固后其极限承载力明显得到了提高。

2）套箍效应

钢筋混凝土套箍层的增设,使得原主拱圈在活载作用下处于三向受压状态。由于侧压限制,使得主拱圈内部裂缝的产生和发展受到阻碍；利用结构在三向受压状态下其强度得到提高的原理,通过沿原主拱圈环状增设钢筋混凝土套箍,使原主拱圈强度得到提高,这就是钢筋混凝土套箍加固拱桥的"套箍效应"。

(1)套箍效应的产生

套箍效应是由于核心混凝土轴向受压后横向变形受到套箍约束而产生。这种对侧向变形的约束来自套箍层,而套箍层对内部材料约束可以从以下圆筒受均布压力的例子中类比而推知。

设有圆筒内径为 a,外径为 b。埋在无限大弹性体中,受均布压力 q_a 和 q_b,如图5-1所示。

由弹性力学可知,在轴对称荷载作用下应力分布应当是轴对称的,因此取应力分量表达式为：

$$\left.\begin{aligned}\sigma_r &= \frac{A}{r^2} + B(1 - 2\ln r) + 2C \\ \sigma_\theta &= -\frac{A}{r^2} + B(3 + 2\ln r) + 2C \\ \tau_{r\theta} &= \tau_{\theta r} = 0\end{aligned}\right\} \quad (5\text{-}3)$$

式中：A、B、C——待定常数；

σ_r——极坐标下径向的正应力；

σ_θ——极坐标下法向的正应力；

$\tau_{r\theta}$、$\tau_{\theta r}$——极坐标下的剪应力。

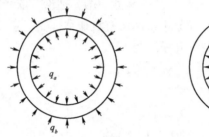

图 5-1 圆筒受均布力

边界条件要求：

$$(\tau_{r\theta})_{r=a} = 0, (\tau_{\theta r})_{r=b} = 0$$
$$(\sigma_r)_{r=a} = -q_a, (\sigma_r)_{r=b} = -q_b$$

边界条件中前两个已经满足，而后两个条件要求：

$$\frac{A}{a^2} + B(1 + 2\ln a) + 2C = -q_a$$

$$\frac{A}{b^2} + B(1 + 2\ln b) + 2C = -q_b$$

现在，边界条件都已满足，再来考虑位移单值条件。由弹性力学可知在上述条件下位移分量为：

$$\left.\begin{aligned}u_r &= \frac{1}{E}\left\{\left[-(1+\mu)\frac{A}{r} + 2(1-\mu)Br(\ln r - 1)\right] + (1 - 3\mu)Br + 2(1-\mu)Cr\right\} + I\cos\theta + K\sin\theta \\ \mu_\theta &= \frac{4Br\theta}{E} + Hr - I\sin\theta + K\cos\theta\end{aligned}\right\}$$

$$(5\text{-}4)$$

式(5-4)中环向位移 u_θ 的表达式中 $\frac{4Br\theta}{E}$ 一项是多值的：对于同一个 r 值，在 $\theta = \theta_1$ 和 $\theta = \theta_1 + 2k\pi$ 时，环向位移相差 $\frac{8Br_1\theta}{E}$。在圆环或圆筒中，这是不可能的，因为 (r_1, θ_1) 和 $(r_1, 2k\pi + \theta_1)$ 是同一点，不可能有不同的位移。因此由位移单值条件可得 $B = 0$。所以可以求得 A 和 C 分别为：

$$A = \frac{a^2 b^2 (q_b - q_a)}{b^2 - a^2}, \quad 2C = \frac{q_a a^2 - q_b b^2}{b^2 - a^2}$$

所以得应力分量为:

$$\sigma_r = -\frac{\frac{b^2}{r^2}-1}{\frac{b^2}{a^2}-1}q_a - \frac{1-\frac{a^2}{r^2}}{1-\frac{a^2}{b^2}}q_b, \quad \sigma_\theta = -\frac{\frac{b^2}{r^2}+1}{\frac{b^2}{a^2}-1}q_a - \frac{1+\frac{a^2}{r^2}}{1-\frac{a^2}{b^2}}q_b$$

针对钢筋混凝土套箍封闭主拱圈加固拱桥技术而言,套箍层只约束核心混凝土的应变,亦即 $q_b=0$,此时应力分量为:

$$\sigma_r = -\frac{\frac{b^2}{r^2}-1}{\frac{b^2}{a^2}-1}q_a, \quad \sigma_\theta = \frac{\frac{b^2}{r^2}+1}{\frac{b^2}{a^2}-1}q_a, \quad \tau_{r\theta} = \tau_{\theta r} = 0 \tag{5-5}$$

当然轴向受压后,套箍层受到来自核心混凝土的作用并非如上述例子所存在的均布压力 q_a,而是核心混凝土对套箍层的不均匀挤压,但是这种挤压作用于套箍与均布荷载极其相似。因此核心混凝土和套箍层共同(或者仅核心混凝土)承受轴向压力后,套箍层中也会产生类似于圆筒内的应力。另一个方面,核心材料对套箍挤压的同时,套箍也会对核心材料产生反作用——约束核心材料的这种横向变形。这种反作用必然与套箍内的应力相对应,就如圆筒内壁作用 q_a 均布荷载在圆筒内部对应产生 σ_r、σ_θ 一样,当套箍有 σ_x、τ_x 的内力时核心材料表面必然存在 q_x 的荷载作用。

广义虎克定律指出:任何材料当其受双向或三向压应力时,材料中各单元体的各棱边总变形均比单向应力时的棱边变形小,即:

$$\left.\begin{aligned}\varepsilon_1 &= \frac{\sigma_1}{E} - \frac{\mu}{E}(\sigma_2+\sigma_3)\\ \varepsilon_2 &= \frac{\sigma_2}{E} - \frac{\mu}{E}(\sigma_1+\sigma_3)\\ \varepsilon_3 &= \frac{\sigma_3}{E} - \frac{\mu}{E}(\sigma_2+\sigma_1)\end{aligned}\right\} \tag{5-6}$$

因此,核心材料在三向应力状态下由于其横向应变减小、构件内部连续性提高,因而能大幅度提高承载力。

(2) 三向受压试验结果

对于构件在三向受压状态下的力学性能研究,前人已作了较多的试验,现分三种情况予以说明。

① $\sigma_1 > \sigma_2 = \sigma_3 > 0$

对于该情况,Richart,Balmer,Chinn 等人均作了大量的试验。尽管试验结果有一些差异,但变化规律基本相同。Richart 根据试验的结果,提出如下强度关系式:

$$\sigma_1 = \sigma_{cy} + 4.1\sigma_r \tag{5-7}$$

式中:$\sigma_r = \sigma_2 = \sigma_3$;$\sigma_{cy} = \sigma_\theta$。

上式适用于侧压应力不很大的情况,可概括为下列经验公式:

$$\sigma_1 = \sigma_{cy} + k\sigma_r^m \tag{5-8}$$

或

$$\sigma_1/\sigma_{cy} = 1 + k(\sigma_r/\sigma_{cy})^m \tag{5-9}$$

式中,k、m 为参数,一般 $m \leqslant 1.0$,为简化计算可取 $m=1.0$,即:

$$\sigma_1/\sigma_{cy} = 1 + k\sigma_1/\sigma_{cy} \tag{5-10}$$

式中,k 值随 σ_r/σ_{cy} 值的大小而定,即随 $\sigma_2/\sigma_{cy} = \sigma_3/\sigma_{cy}$ 而定。当 $\sigma_\gamma/\sigma_{cy} \leqslant 1.0$,可取 $k = 4.0 \sim 5.0$。

当 σ_r/σ_{cy} 很小接近零时,k 值可达 $6.0 \sim 8.0$,一般情况下,k 值在 $3.0 \sim 4.0$ 内变化。

② $\sigma_1 = \sigma_2 > \sigma_3 > 0$

这类三向受压试验的试件可以是实心圆柱体,也可以是立方体。在这种受力条件下,由于两侧轴的压应力不等($\sigma_2 > \sigma_3$),当 σ_3 为常值时,受另一侧轴较大压应力(σ_2)的侧限约束,σ_1 所在轴能支承的抗压强度(σ_1)和其破坏压应变(ε_1)值,比侧向二轴为等值压应力($\sigma_2 = \sigma_3$)时大。就强度变化而言,这一变化关系,可参见图 5-2 的实测三向受压强度变化的结果。

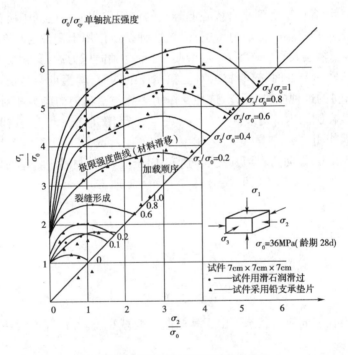

图 5-2 结构三向受压强度变化曲线图

当一方向的主压力 σ_3 为给定常值时,另两轴方向(σ_1、σ_2)内破坏强度的变化关系,虽和双轴受压有些相似,但由于是空间受力体系,试件受 σ_3 轴内主压应力的侧限影响,破坏时的实际最大主压应力轴强度,要比双轴受压相应强度高,而且其值随 σ_3 值的增加而增大。

实测极限强度,实际是前述临界压应力或非稳定裂缝开始传播扩展时的压应力值,Launay 等取为极限强度与 Kotsovos 等建议的破坏准则基本一致。

③ $\sigma_1 > \sigma_2 > \sigma_3 > 0$

Launay 也反映了 $\sigma_1 > \sigma_2 > \sigma_3 > 0$ 三向受压时的情况。最大主压应力轴的极限应力强度(σ_1)值与另两轴压应力(σ_2,σ_3)值的大小有关。在一定的 σ_3/σ_0 值下,σ_1/σ_0 值并不总是随 σ_2/σ_0 值的增加而增大;σ_1/σ_0 和 σ_2/σ_0 的变化有些和双向受压相似,但强度值较高,而且随 σ_3/σ_0 值的增加而增大。

根据美国 ACI-ASME 锅炉委员会 1975 年编制的混凝土原子能反应堆压力容器和安全壳设计规范,采用三向受压强度变化曲线。在由曲线来确定三向受压强度时,混凝土强度的提高,采用混凝土强度修正系数 C,受压强度许可值为 $0.45Cf'_c$。具体的计算步骤如图 5-3 所示。求得的系数 C,必须满足 $C \geq 1.0$ 条件。

由上述分析可知,结构在处于三向受压时,由于套箍效应的影响,无论是处于何种情况,其强度均会有较大幅度的提高。

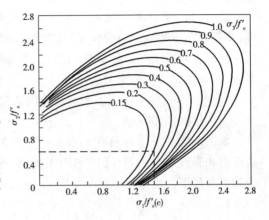

图 5-3　混凝土强度修正系数计算曲线图

3）断裂力学机理

（1）主拱圈计算模式

由于选用材料等多方面的原因,主拱圈砌缝和砌块表面及内部存在天然微观裂纹,如图 5-4、图 5-5 所示。由于该阶段裂纹较小,对主拱圈截面不足以构成大的损伤,因此,此时主拱圈力学计算模式属三次超静定结构（按无铰拱计算）。随着荷载长期作用于桥梁结构,加上主拱圈材料本身存在风化、剥蚀现象,拱桥微裂纹不断扩展,直到有一条裂纹发展成贯穿主拱圈的裂缝。此时,拱桥则由原三次超静定无铰拱结构变为单铰拱结构（图 5-6,图 5-7）。

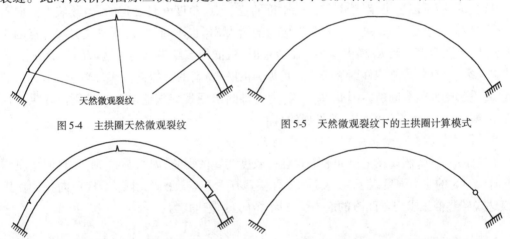

图 5-4　主拱圈天然微观裂纹　　　　图 5-5　天然微观裂纹下的主拱圈计算模式

图 5-6　裂纹扩展至出现贯穿裂缝　　图 5-7　出现贯穿裂缝后的单铰计算模式

桥梁相应内力调整,个别截面内力值增大,加速了裂纹的进一步扩展。直至拱桥变为双铰拱（图 5-8）或三铰拱结构（图 5-9）。当拱桥出现三铰拱结构时,桥梁已变为静定结构。

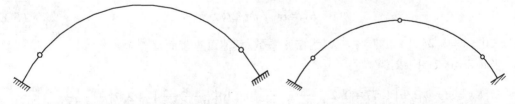

图 5-8　变成双铰结构的主拱计算模式　　图 5-9　变成三铰静定结构的主拱计算模式

此时,桥梁尚属稳定结构。但随着主拱圈裂缝的进一步发展,一旦桥梁出现第四条贯穿裂缝,则变为四铰非稳定可变体系,随时都有垮塌的危险。

从以上拱桥破坏过程分析可看出,控制和抑制桥梁裂缝的发展,对保证梁的安全至关重要。

(2)机理一:变主拱圈表面裂纹为内部裂纹

①主拱圈断裂判据

如图 5-10 所示在试样中心有一长度为 $2a$ 的穿透裂纹,外加拉应力和裂纹平面垂直,采用图中坐标系,则可以证明,在裂纹端附近有如下的应力分布:

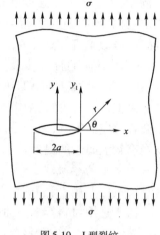

图 5-10 Ⅰ型裂纹

$$\left.\begin{aligned}\sigma_x &= \frac{K_\mathrm{I}}{\sqrt{2\pi r}}\left[\cos\frac{\theta}{2}\left(1-\sin\frac{\theta}{2}\sin\frac{3\theta}{2}\right)\right] \\ \sigma_y &= \frac{K_\mathrm{I}}{\sqrt{2\pi r}}\left[\cos\frac{\theta}{2}\left(1+\sin\frac{\theta}{2}\sin\frac{3\theta}{2}\right)\right] \\ \tau_{xy} &= \frac{K_\mathrm{I}}{\sqrt{2\pi r}}\sin\frac{\theta}{2}\cos\frac{\theta}{2}\cos\frac{3\theta}{2}\end{aligned}\right\} \quad (5\text{-}11)$$

从式(5-11)可以看出,对于裂纹尖端附近的任一点,角度 θ 是确定的,因此该点的应力大小完全由应力强度因子 K_I 决定。随着外应力的增大,K_I 也不断增大,而裂纹尖端各点的应力也随 K_I 增大而增大。当 K_I 增大至某一临界值时,就能使裂纹尖端附近区域的应力 σ_y 大到足以使材料裂纹扩展,最终构件断裂破坏。可见,存在一材料的断裂韧性 K_Ic,当 $K_\mathrm{I}=K_\mathrm{Ic}$ 时,裂纹就开始扩展,构件就会断裂。因此,$K_\mathrm{I}=K_\mathrm{Ic}$ 为主拱圈出现贯穿裂缝的断裂准则。在拱桥加固过程中,减小 K_I 即可达到抑制裂缝扩展的目的。

②采用钢筋混凝土套箍加固前后主拱圈 K_I 比较

主拱圈加固前,假设在主拱圈表面存在一长度为 a 的裂纹,如图 5-11 所示,此时主拱圈在受单向拉伸时的应力强度因子 K_I 表达式,可从具有中心裂纹的"无限大"板单向拉伸作用的 K_I 表达式经过修正求得。此时的应力强度因子 K_I 的表达式为:

$$K_\mathrm{I1} = 1.12\sigma\sqrt{\pi a} \quad (5\text{-}12)$$

主拱圈在加固后,由于其表面存在一强大的钢筋混凝土套箍层,使得主拱圈表面裂纹变为内部裂纹,如图 5-12 所示。此时,裂纹尖端附近应力强度因子 K_I 的表达式为:

$$K_\mathrm{I2} = \sigma\sqrt{\pi a/2}f(\lambda) \quad (5\text{-}13)$$

式中,$\lambda = a/2(W+2\Delta W)$;$f(\lambda)$ 为修正系数,其值可查表而得。

当 $a/2 < 0.7(W+2\Delta W)$ 时:

$$K_\mathrm{I2} = \pi\sigma\sqrt{2/a}\left[1.77+0.227\frac{a}{W+2\Delta W}-0.510\left(\frac{a}{W+2\Delta W}\right)^2+2.7\left(\frac{a}{W+2\Delta W}\right)^3\right]$$

$$(5\text{-}14)$$

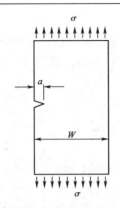 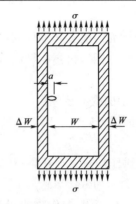

图 5-11　主拱圈表面裂纹　　　　图 5-12　主拱圈表面裂纹转化为内部裂纹

一般情况下，$a \ll W + 2\Delta W$，则此时式(5-14)可以表示为：

$$K_{I2} = 0.707\sigma \sqrt{\pi a} \tag{5-15}$$

比较式(5-14)和式(5-15)可知：在同样裂纹宽度、应力作用下主拱圈应力强度因子，$K_{I1} = 1.12\sigma \sqrt{\pi a}$ 减至 $K_{I2} = 0.707\sigma \sqrt{\pi a}$，$(K_{I1} - K_{I2})/K_{I1} \times 100\% = 36.9\%$，即加固后应力强度因子减少 36.9%。此结果表明，加固后由于钢筋混凝土套箍层的作用，使得原主拱圈表面裂纹变为内部裂纹，应力强度因子大幅度减小，对稳定桥梁裂缝的开展极为有利。

(3)机理二：主拱圈裂纹嘴的集中闭合力阻裂

当集中力作用在裂纹嘴(起裂点)上时，此时集中力产生的应力强度因子最大；相应，在主拱圈裂纹扩展时，从外部裂纹的起裂点施加一对和开裂方向相反的集中闭合力时，此时集中力产生的负应力强度因子也最大，主拱圈裂纹的总应力强度因子也减少最多。从钢筋混凝土套箍层加固主拱圈的实际情况看，由于套箍层与原主拱圈设有可靠的锚杆连接，并有强大的环向箍筋，如图

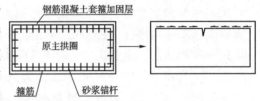

图 5-13　套箍抑制裂纹扩展示意图

5-13 所示，当主拱圈出现裂纹扩展时，钢筋混凝土套箍层势必产生一强大的抑制裂纹开展的力，大大减少裂纹处的应力强度因子，起到积极的抑制裂纹发展作用。

5.1.2　模型试验

在理论分析和机理研究的基础上，对钢筋混凝土套箍加固拱桥的系列模型进行了试验。

1)试验目的

(1)通过钢筋混凝土套箍加固拱桥的模型试验，检验该加固技术在实践中的可行性；

(2)通过试验，验证钢筋混凝土套箍层与原主拱圈层的协调变形、共同承担活载能力；

(3)验证模型拱加固后其在正常使用状态下的强度、刚度、裂缝指标改善情况及极限承载力提高幅度；

(4)通过钢筋混凝土"套箍效应"配套试验，研究构件在不同刚度套箍层作用下的力学状态情况。

2) 试验概况

本次试验分为钢筋混凝土套箍加固拱桥主模型试验和"套箍效应"配套试验。

钢筋混凝土套箍加固拱桥主模型试验共有5片试验拱,分别命名为A1、A2、A3、A4、A5,其试验内容为:

A1——原拱直接加载至破坏;

A2、A3——在原拱完好的状态下作增设钢筋混凝土套箍层的加固,相应加固后的试验拱命名为A2′、A3′;

A4、A5——原拱作加载直至开裂,开裂后即卸载,并作钢筋混凝土套箍加固处理,相应加固处理后的试验拱命名为A4′、A5′。

上述试验拱中,A1代表未作加固处理的原桥,A2′、A3′代表在无明显病害下需作加固增强处理的拱桥,A4′、A5′代表存在一定病害需作加固整治处理的拱桥。通过测试上述各片试验拱在加载工况下的应变、挠度、裂缝指标,即可反映出采用钢筋混凝土套箍加固拱桥的实际效果。

"套箍效应"配套试验旨在研究不同套箍层刚度(厚度)对核心混凝土构件的影响。试验共分9组共30个试件进行:

B0——加固前试件,尺寸为10cm×10cm×30cm,共6个;

B1——套箍层厚度为2.25cm,承压面为10cm×10cm(加固层不承压),共3个;

B2——套箍层厚度为2.5cm,承压面为10cm×10cm(加固层不承压),共3个;

B3——套箍层厚度为2.75cm,承压面为10cm×10cm(加固层不承压),共3个;

B4——套箍层厚度为3cm,承压面为10cm×10cm(加固层不承压),共3个;

B5——套箍层厚度为3.25cm,承压面为10cm×10cm(加固层不承压),共3个;

B6——套箍层厚度为3.5cm,承压面为10cm×10cm(加固层不承压),共3个;

B7——套箍层厚度为3.75cm,承压面为10cm×10cm(加固层不承压),共3个;

B8——套箍层厚度为4cm,承压面为10cm×10cm(加固层不承压),共3个。

通过测试B0~B8的强度,研究不同套箍层厚度的"套箍效应"。

3) 试验拱的设计与制作

为了使模型更具有代表性、更好地与实际工程比较,在进行大量分析和计算钢筋混凝土拱桥及圬工拱桥基础上,选定实桥原型跨径为60m,矢跨比为1/5。为了模拟实桥上的横墙及立柱,在模型拱的两个四分点分别设计一道横墙。根据相似原理,确定模型相似比为1/20;同时考虑到试件制作难度、试验条件及构造要求,对试件加固层厚度并不严格按照相似比取值。为了模拟全空腹式拱桥,A3′、A4′、A5′采用全主拱圈封闭的套箍;相应的,为模拟实腹式拱桥,A2′拱顶段采用顶部开口的U形套箍加固。

试验拱的制作按照钢筋混凝土套箍加固拱桥模型试验施工设计图,组织具有丰富经验的试验人员完成。主拱模型制作过程中为了缩短模型达到强度的时间,要求在混凝土搅拌过程中掺入适量的早强剂。每一片试验拱在加固时植入长7.5cm,嵌入深度为5cm的锚杆以锚固钢筋、增强加固层与主拱圈之间的联系,促进两者之间协调变形,在加固层施工以前主拱圈表面进行凿毛处理;主拱圈、加固层预制完成后,根据现场条件必须制作不得少于一组的10cm×10cm×10cm立方体强度试块;试件制作完成后,为使试件尽快达到强度要求在其终凝后用热水养护。

图 5-14 为加固前试验拱,其尺寸为净跨径 3m、高 22cm、宽 50cm;图 5-15 为加固处理后的试验拱,其尺寸为在加固前试验拱的基础上环状增设 3cm 厚的钢筋混凝土层。

图 5-14　加固前试验拱模型

图 5-15　加固后的试验拱

4) 加载试验

加载试验在重庆交通大学结构实验室进行。

(1) 测点布置

主模型试验加载过程要求测试截面位移及混凝土和钢筋应变。位移测点布置在拱脚、四分点及拱顶五个位置,其中拱脚处测量水平位移,其余三处测量竖向挠度,要求各测点处的仪器置于拱腹中线上。

各片试验拱在加载过程中要求测试两拱脚、两四分点、拱顶五处钢筋表面应变。

"套箍效应"配套试验只要求测试试件承载力,不要求测试位移、应变。

(2) 加载方式

主拱模型试验加载方式采用两点加载,如图 5-16 所示。加载之前必须对各模型用 1~2t 的荷载进行预压。各级荷载之间的级差根据试验进程适当调整,原则上要求在构件出现可见裂缝以前荷载级差为 1t,构件开裂后适当加大级差。每级荷载作用之后,要求 3~5min 后待构件变形稳定方可记录位移、应变数据。

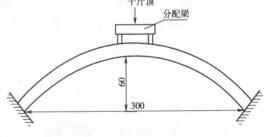

图 5-16　主拱试验加载示意图

"套箍效应"配套试验采用连续加载直至结构破坏。

随主拱试件与套箍试件同时制作的标准试块的抗压强度试验按规范进行。

5) 试验结果分析

根据模型测试结果,分析如下:

(1) 应变测试结果表明,由于钢筋混凝土套箍层与原主拱圈结合,形成复合主拱圈,提高了主拱圈的强度,使得在同级荷载作用下,加固后主拱圈的钢筋和混凝土的应变值较加固前减少 20% ~60%。

(2) 挠度测试结果表明,加固后主拱圈在同级荷载作用下的挠度值减少 30% ~50%。

(3) 裂缝测试结果表明,加固后主拱圈的开裂荷载等级较加固前提高近 1 倍,且同级荷载下的主拱圈裂缝根数和最大裂缝宽度较加固前有较大幅度的减小,采用钢筋混凝土套箍加固的复合主拱圈在正常使用状态下的力学性态较加固前有较大幅度的改善。

(4)由测试结果可知,A2′、A3′、A4′、A5′的极限承载力分别是 A1 试验拱的 1.623、1.690、1.587 和 1.571 倍,可见,采用套箍加固后主拱圈极限强度可较加固前提高 57%~62.3%,加固效果显著。

(5)A2′、A3′为完好状态下直接作加固的试验拱,A4′、A5′为出现开裂后的试验拱,从试验结果看,尽管 A4′、A5′比 A2′、A3′极限承载力高,但超过值在 8% 以内,可见,钢筋混凝土套箍加固技术对已出现病害拱桥或无明显病害需作加固增强处理的拱桥均有较大的适用性。

(6)基于 9 组试件的不同厚度套箍层的试件强度试验表明,"套箍效应"随套箍层刚度的提高而愈明显,但"套箍效应"系数趋近于一常值。本次试验中,钢筋混凝土"套箍效应"系数介于 1.2~1.5,此值可作为套箍加固设计的依据。

综上所述,钢筋混凝土套箍层能和原主拱圈有效结合在一起,形成复合主拱圈,协调变形、共同承担可变作用,发挥了套箍效应,能改善桥梁力学性态和较大幅度地提高原桥的承载力。

5.1.3 钢筋混凝土套箍封闭主拱圈加固拱桥的设计理论与方法

在前述钢筋混凝土套箍加固拱桥机理分析及模型试验的基础上,提出钢筋混凝土套箍封闭主拱圈加固拱桥的设计方法。

1)设计准则

三个准则为恒载应力准则、组合应力准则和极限承载力准则。

(1)恒载应力准则

桥梁加固后,由于加固层增加了原主拱圈的负担,造成原主拱圈边缘应力增大。因此,还应验算桥梁在本身恒载与加固层恒载作用下原主拱圈应力是否满足强度要求。

综上,桥梁加固应满足准则:

$$\sigma_{恒} < \sigma_{L} \tag{5-16}$$

式中:$\sigma_{恒}$——桥梁在加固前或在拟定截面尺寸下加固后在恒载作用下主拱圈边缘应力;

σ_{L}——原主拱圈边缘应力限值。

恒载应力准则是桥梁加固的首要基本准则,只有在满足该准则前提下,方可进行后续加固工作。

(2)组合应力准则

在各种最不利荷载组合作用下,原主拱圈边缘应力必须满足强度要求,桥梁加固的重点在于新、老主拱圈能够协调变形,共同承担可变作用。一般而言,新增加的主拱圈层往往采用强度和弹性模量均较高的材料,而老主拱圈层由于已运营多年,出现材料强度衰减,整体受力性能降低的情况,因此,桥梁加固中控制应力的是新、老复合主拱圈中的老主拱圈,具体地说,桥梁加固后,在最不利荷载作用下,新、老复合主拱圈中的老主拱圈边缘应力必须满足强度要求,即:

$$\sigma_{组} < \sigma_{L} \tag{5-17}$$

式中：$\sigma_{组}$——组合荷载作用下原主拱圈边缘应力值；

σ_L——原主拱圈应力限值。

组合应力准则是桥梁加固中尺寸拟定的控制准则，只有在满足该准则前提下方可进行后续加固工作。

(3) 极限承载力准则

在最不利荷载组合作用下，桥梁加固后其强度要满足下列公式，即：

$$\gamma_0 N_d < \varphi(A + \eta_1 A_1) f_{cd} = \varphi A f_{cd} + \varphi A_1 f_{c1d} \tag{5-18}$$

式中：γ_0——结构重要性系数；

N_d——轴向力设计值（加固后结构在后期荷载作用下的轴力值）；

A——原主拱圈截面面积；

f_{cd}——原砌体轴心抗压强度设计值；

φ——构件轴向力的偏心距 e 和长细比 β 对受压构件承载力的影响系数；

A_1——钢筋混凝土加固层的面积；

f_{c1d}——加固层中混凝土的轴心受压强度设计值。

极限承载力准则是桥梁加固满足前两准则前提下，体现提高桥梁承载力幅度的准则，桥梁加固效果是否显著，以该准则为依据。

(4) 桥梁加固准则的执行

桥梁加固是一项严密的系统工程，其包括两大块内容：

① 原始基本数据的收集

包括原桥的构造尺寸、材料的实际强度、承重结构破损率及实际断面尺寸等一系列参数，原桥基本数据的收集正确与否直接影响整项加固工程。

② 加固三准则的严格执行

整个桥梁加固准则执行程序如图 5-17 所示。

2) 钢筋混凝土套箍加固石拱桥设计技术

(1) 截面增大设计理论与方法

本设计理论采用承载能力极限状态法。即将加固后的结构（加固层和原结构层）视为一个整体共同承担后期荷载，其原理为截面增大理论。极限承载力强度计算公式如下：

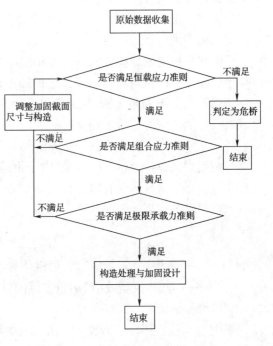

图 5-17　桥梁加固准则执行程序框图

$$\gamma_0 N_d < \varphi(A + \eta_1 A_1) f_{cd} = \varphi A f_{cd} + \varphi A_1 f_{c1d} \tag{5-19}$$

式中：γ_0——结构重要性系数；

N_d——轴向力设计值（加固后结构在后期永久和可变作用下的轴力值）；

A——原主拱圈截面面积；

f_{cd}——原砌体轴心抗压强度设计值;

φ——构件轴向力的偏心距 e 和长细比 β 对受压构件承载力的影响系数;

A_1——钢筋混凝土加固层的面积;

f_{c1d}——加固层中混凝土的轴心受压强度设计值。

加固后的结构截面强度应满足上式方能达到要求。

按照截面增大理论的设计方法遵照以下的程序进行:

①原桥现状调查

通过原桥设计、施工情况调研、现场病害勘测等工作的开展,获取原桥的现状资料。

②原桥承载力检算

按原桥实际拱轴线、截面特性、材料特性情况,计算桥梁在最不利荷载组合作用下产生的荷载效应 N_j,以及考虑截面削减、材料强度等因素后的桥梁实际抗力效应 $N_u = \varphi A f_{cd}$。

③比较 N_j 与 N_u

如 $N_j < N_u$,则表明原桥尚能满足承载力要求,只作一般病害处治即可;如 $N_j > N_u$,则需对原桥进行加固设计。

④初拟加固层尺寸

根据富余量 $(N_u - N_j)/N_u \times 100\%$ 的大小,初步拟定加固层的材料和几何尺寸。

⑤加固强度验算

根据初步拟定的加固层的材料和几何尺寸,利用式(5-19)进行强度验算,如满足要求,则以拟定的加固层的材料和几何尺寸进行加固设计(同时要考虑钢筋的构造处理问题、结构耐久性等因素),如不满足要求,则重新拟定尺寸和选取材料强度进行设计、验算,最终获取安全、经济、可靠的钢筋混凝土加固层的设计参数。

(2)"套箍效应"设计理论与方法

与截面增大设计理论不同的是,由于钢筋混凝土套箍产生"套箍效应",使得原主拱圈在三相受压状态下材料强度有所提高,相应加固后桥梁的极限承载力与仅考虑截面增大设计理论有一定幅度的提高。强度计算公式如下:

$$\gamma_0 N_d < \varphi A f'_{cd} + \varphi A_1 f_{c1d} \qquad (5-20)$$

式中:f'_{cd}——考虑"套箍效应"后,原砌体轴心抗压强度设计值,取为 $k f_{cd}$;

k——考虑"套箍效应"后原主拱圈材料的强度提高系数,一般取值 $1.1 \sim 1.5$;

其他符号的意义同式(5-19)。

采用"套箍效应"作加固设计方法同截面增大理论类似,所不同之处是在拟定加固层强度和尺寸时,应充分考虑原主拱圈由于"套箍效应"的作用。

根据加固前结构的承载力水平,可初步拟定套箍加固层的尺寸和材料强度。然后根据式(5-20)进行强度验算。如强度满足要求,则以拟定的套箍加固层的尺寸和材料强度进行加固设计、验算,直至获取安全、经济、可靠的钢筋混凝土套箍层的加固设计参数。

(3)容许应力设计理论与方法

①设计理论

由于钢筋混凝土套箍层与原主拱圈形成复合主拱圈协调变形,共同承担活载作用,增大了抵抗截面矩,使得在活载作用下产生的原主拱圈边缘应力值明显减小,从而达到加固旧桥的目的。

a. 加固前应力验算公式

加固前,主拱圈最不利截面最大应力验算公式如下:

压应力 $$\sigma_0 = \sum N/A_0 + \sum M/W_0 \leqslant K[\sigma] \tag{5-21}$$

式中:σ_0——原砌体截面边缘最大压应力;

$\sum N$——轴力总和;

$\sum M$——弯矩总和;

A_0——原主拱圈截面面积;

W_0——原主拱圈弯曲平面内受压边缘的截面抵抗矩;

$[\sigma]$——原主拱圈容许轴心受压应力;

K——塑性影响系数,$K = 1 + 1.5\dfrac{e_0}{y}$;

e_0——偏心距,$e_0 = \dfrac{\sum M}{\sum N}$;

y——截面重心至偏心方向的截面边缘距离。

弯曲拉应力 $$\sigma_{wl0} = \frac{\sum M}{W'_0} - \frac{\sum N}{A_0} \leqslant [\sigma_{wl}] \tag{5-22}$$

式中:σ_{wl0}——原砌体截面边缘最大弯曲拉应力;

W'_0——原主拱圈弯曲平面内受拉边缘的截面抵抗矩;

$[\sigma_{wl}]$——容许弯曲拉应力;

其他符号意义同前。

b. 加固后应力计算公式

加固后,由于复合主拱圈的共同作用,原主拱圈边缘应力变为一期结构重力作用下产生的应力(截面特性采用原主拱圈)和后期作用(新增永久作用+可变作用)下产生的应力(截面特性采用复合主拱圈组合截面)的叠加。主拱圈不利截面的最大应力(原砌体截面应力)计算公式则变为:

压应力 $$\sigma_1 = \sigma_0 + \frac{\sum N_{后期}}{A_1} + \frac{\sum M_{后期} y_1}{I_1} \tag{5-23}$$

式中: σ_1——加固后拱圈截面原砌体材料的最大压应力;

$\sum N_{后期}$、$\sum M_{后期}$——分别为加固后复合拱圈在后期作用(新增永久作用+可变作用)下的轴力和以及弯矩值总和;

A_1——复合主拱圈组合截面面积(组合截面应按弹性模量比换算为原砌体材料的换算截面);

I_1——复合主拱圈在弯曲平面内的截面惯性矩(按弹性模量换算为换算截面的惯性矩);

y_1——换算截面重心至偏心方向原主拱圈边缘的距离。

弯曲拉应力

$$\sigma_{wl1} = \sigma_{wl0} + \frac{\sum M_{后期} \cdot y'_1}{I_1} - \frac{\sum N_{后期}}{A_1} \quad (5\text{-}24)$$

式中：σ_{wl1}——加固后拱圈截面原砌体材料的最大拉应力；

y'_1——截面重心至受拉侧原主拱圈边缘的距离；

其他符号意义同上。

②设计方法

采用容许应力法做增设复合钢筋混凝土拱板（肋）加固设计的程序如下：

a. 收集原桥现状资料，并按式(5-21)、式(5-22)验算原桥的应力情况；

b. 如应力验算满足要求，则可作一般方法处治原桥；如应力验算不满足要求，则需作加固设计；

c. 初拟套箍加固层的尺寸和材料强度，按式(5-23)、式(5-24)进行试算；

d. 如应力验算满足要求，则作进一步优化设计，直至获取安全、经济可靠的加固设计参数；

e. 如应力验算不满足要求，则重新修改尺寸和材料强度，作进一步验算，最终通过多次试算，获取安全、经济、可靠的钢筋混凝土加固层的设计参数。

5.1.4 工程实例

工程示范一：御临河大桥——两跨38m石肋拱桥

御临河大桥位于重庆市渝北区统景辖区内。原桥系一座15m（石板拱）+38m（石肋拱）+38m（石肋拱）+15m（石板拱）的四跨石拱桥，全长141.35m，桥面宽为净—7+2×1.0m（人行道）。该桥竣工通车于1979年，由于受到了洪水的冲击、浸蚀作用，地震的震动破坏，以及石料本身的风化剥蚀，其承载力得到了削减。特别是1989年7月的特大洪水与同年9月份的地震，给该桥承载力带来了较大的削减作用，出现了主拱圈多处砂浆脱落、拱轴线局部变形以及拱石开裂（最长裂缝80cm，最宽处裂缝宽达0.7cm）等病害现状。

该桥采用"钢筋混凝土套箍封闭主拱圈加固拱桥技术"加固，工期仅为1个月。该桥目前已经历了两年多时间的检验和两次特大洪水的考验，完全能满足安全运营。

工程示范二：沙担沟大桥——主跨80m石板拱桥

沙担沟大桥位于丰石公路，系一座主跨80m的石板拱，建成通车于2001年10月。由于石料强度偏低，造成拱轴变形，同时该桥位于库区三期水位淹没区，主拱石在水浸泡状态下，强度会削减，给工程技术人员和工程管理人员带来了深深的隐忧。

该桥采用"钢筋混凝土套箍封闭主拱圈加固技术"加固，工期35d。加固整治后，桥梁的强度、刚度得到了较大幅度的提高，同时解决了主拱圈防水蚀的问题。如图5-18所示。

工程示范三：峡南溪大桥——主跨60m石板拱桥

峡南溪大桥位于丰都新县城，系一座主跨60m的石板拱桥，建成通车于1992年。由于主拱圈石料强度偏低，造成拱轴变形、拱脚开裂现象，给工程管理和技术人员带来了隐忧。同时，随着交通量的猛增，该桥原来仅为9m的宽度已远不能满足城市桥梁交通通行能力的要求。因此，加固拓宽峡南溪大桥势在必行。

该桥采用"钢筋混凝土套箍封闭主拱圈加固拱桥技术"在不中断交通的情况下加固整治了该桥，较大幅度地提高了桥梁的刚度。如图5-19所示。

第5章 石拱桥加固改造技术

图5-18 加固后的沙担沟大桥

图5-19 加固施工中的峡南溪大桥

5.2 石拱桥增设复合钢筋混凝土拱板(肋)加固技术

增设复合钢筋混凝土拱板(肋)技术又分为增设钢筋混凝土拱板加固技术和增设钢筋混凝土板肋加固技术。两种加固技术的加固机理和设计理论、方法是一致的，只是在施工工艺和应用范围有所差别。

1)增设钢筋混凝土拱板加固技术

这种加固技术主要针对主拱圈不宽(一般用于主拱圈宽度小于9m)的拱桥，旨在通过沿原主拱圈拱腹和两侧面增设一层钢筋混凝土拱板加固层(呈"⊔"形)，形成复合主拱圈，通过复合主拱圈的协调变形，共同作用来承担后期荷载，达到增大主拱圈刚度、强度，提高桥梁承载力的目的。构造示意图如图5-20所示。

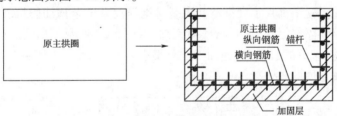

图5-20 增设钢筋混凝土拱板加固拱桥构造图

2)增设钢筋混凝土板肋加固技术

这种加固技术主要针对拱圈宽度大于等于9m、主拱圈病害严重、结构承载力严重不足的拱圈结构。旨在先通过增设钢筋混凝土拱肋(拱肋的数目和尺寸可根据计算确定)来达到早期加固桥梁的目的，然后现浇混凝土拱板，与浇筑好的拱肋一起协同原结构共同承担后期作用。这种加固技术具有以下优势：

(1)先浇筑的拱肋加固层本身自重较小，不会对原结构产生较大的附加永久作用，同时，拱肋加固层可以帮助原主拱圈承担后期作用，减轻原结构的负担；

(2)后浇筑的拱板混凝土其重量可由已发挥强度的拱肋和原主拱圈共同承担，当后浇筑的混凝土其强度发挥时，则整个混凝土板肋加固层其承载力潜力较仅增设钢筋混凝土拱板的承载力大，增设钢筋混凝土板肋的构造示意图如图5-21所示。

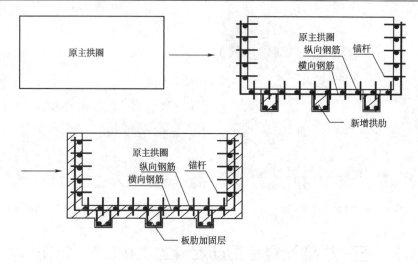

图 5-21 增设钢筋混凝土拱板加固拱桥构造图

5.2.1 加固机理与适用性

1）加固机理

(1) 截面增大理论（同钢筋混凝土套箍加固拱桥机理）

(2) 断裂力学机理一：变主拱圈表面裂纹为内部裂纹

①主拱圈断裂判据（同钢筋混凝土套箍加固拱桥机理）

②采用增设钢筋混凝土拱板加固前后主拱圈 K_I 比较（同钢筋混凝土套箍加固拱桥机理）

(3) 断裂力学机理二：主拱圈裂纹嘴的集中闭合力阻裂机理

增设复合钢筋混凝土拱板加固拱桥其阻裂与钢筋混凝土套箍加固机理相同，原主拱圈拱腹表面增加了一层加固层，并配置有纵横向钢筋，如图 5-22 所示。加固层以及纵向钢筋的作用相当于在裂纹嘴（裂纹的起裂点）施加了一对集中闭合力，闭合力产生的负的应力强度因子能够起到阻止裂纹发展的作用。

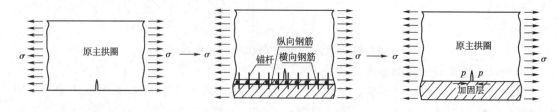

图 5-22 加固层阻裂作用示意图

(4) 共同作用机制

加固层和原结构层如果能够共同作用，协调变形，则加固部分才能为原结构承担一部分后期作用，从而起到加固的效果。因此，加固层和原结构层的界面黏结处理和保障机制成了加固工程成败的关键。研究加固层和原结构层黏结机理、共同作用机制、荷载的传递机理，才能提出更好的界面黏结方法和构造措施；反过来，有效的黏结处理措施使得界面之间作用的传递更加合理、清晰。

对于拱结构而言,主拱圈属于压弯构件,截面内力为压力和弯矩。利用增设复合钢筋混凝土拱板(肋)加固石拱桥,加固层和原结构层在后期荷载的作用下主要产生拉、压应力。由于新老结构层之间的黏结作用以及锚杆的抗剪作用,新老结构层能够协调变形,因而新老结构层之间的界面层就产生了剪应力。剪应力由新老结构层的黏结力(混凝土、砂浆和原砌体之间的胶着力)、界面之间的摩阻力抵抗,而在加固过程中对原拱圈的凿毛处理、压力灌浆处理增大了界面层的摩阻力。锚杆的安设则又增强了新老结构层的黏结,提高了两者之间的黏结力。另外,锚杆承担着大部分剪力的传递。如果界面之间发生了剥离破坏,虽然剪力只由锚杆承担,但加固层和原结构层已不再是一个共同作用的整体,也即加固层和原结构层不能共同作用承担结构重力。因而,新老结构层的界面黏结处理显得尤为关键。

2) 适用性

增设钢筋混凝土拱板(肋)加固技术主要是针对实腹式石拱桥因拱石风化、砂浆脱落、主拱圈开裂、主拱圈发生不可恢复的永久性变形而导致的结构承载力不足或结构不利截面边缘应力超过容许应力等情况。其中该加固技术又根据实腹式石拱桥的病害严重程度以及原拱圈的宽度分为增设钢筋混凝土拱板加固技术和增设钢筋混凝土板肋加固技术。对于原桥病害严重急需加固和主拱圈宽度大等于9m(根据工程经验来看)的实腹式石拱桥可以考虑采用增设钢筋混凝土板肋的加固技术进行加固。

利用增设钢筋混凝土拱板(肋)加固后,能够提高结构的整体性、提高主拱圈的强度和刚度、改善结构的耐久性,并提高结构的承载力等。因而从加固效果上看是可行的。

另外,从施工技术层面来看,施工工程量不大,工艺流程清晰,施工技术难度不大,基于以上优点,该加固技术能够得以实施和持续发展。

5.2.2 模型试验

1) 试验概况

本次试验分为模型拱结构破坏试验、增设复合钢筋混凝土拱板(肋)加固拱桥主模型试验,以及锚杆抗拔试验等配套试验。

整个模型试验共有3片模型拱,其中两片用来做拱结构破坏试验,另外一片做增设复合钢筋混凝土拱板(肋)加固试验。

配套试验则是在加固施工现场进行加固层和原结构层共同受力情况检测及锚杆的拉拔试验等,旨在研究加固层与原结构层协调变形情况、加固层的材料强度利用情况以及锚杆拉拔力的影响因素,获得锚杆最大抗拔力的参数组合。

试验拱的设计与制作:为了使模型更具有代表性、更好地与实际工程比较,在分析、计算了大量石拱桥的基础上,选定实桥原型跨径为60m,矢跨比为1/6,拱轴系数 $m=2.24$,主拱圈厚1.2m,主拱圈材料采用 MU50 块石砌 M10 砂浆。原桥的尺寸如图5-23所示。

本模型根据相似原理进行设计和制作,考虑到该模型在加载时不至于发生脆性破坏,跨径和拱圈宽以1:10的比例缩小;而为了后期拱桥加固的便利实施,拱圈厚则以1:4.8的比例缩小。为了使模型很好地反映原桥的破坏状态,本次试验主拱圈材料选用和原桥材料重度相同的 M10 砂浆砌 C25 预制块。但是根据相似原理,在保持应力相同的前提下,模型的材料重度必须是原桥材料重度的10倍,这样模型在自重作用下就不能很好地反映原桥在自重作用下的

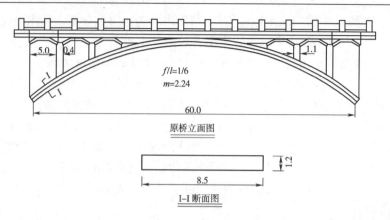

图 5-23　原桥总体布置图(尺寸单位:m)

受力状态,所以要通过加载的方式对模型的主拱圈进行配重。制作好的模型拱如图 5-24 ~ 图 5-26 所示。

本次模型主要对拱顶和拱脚两个截面进行最不利加载试验,作用在模型上的荷载分为两个主要部分:①主拱圈的配重和拱上建筑的自重;②破坏荷载。这两个部分用 3 个工况来进行加载(具体工况见表 5-1)。在模型上设置 9 个加载点,其中主拱圈的配重和拱上建筑以集中力和均布力的形式加载,具体加载力的大小和位置见静载加载示意图 5-27 所示。

图 5-24　第一片试验拱

图 5-25　第二片试验拱

图 5-26　第三片试验拱

工 况 详 表　　　　　　　　表 5-1

工　况	对 应 荷 载	形　式
工况一	0.6 ×(配重加拱上建筑的等效荷载)	集中力和均布力
工况二	工况一 + 拱顶破坏荷载	集中力和均布力
工况三	工况一 + 拱脚破坏荷载	集中力和均布力

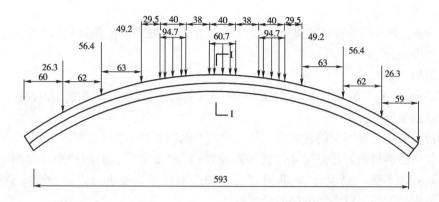

图5-27 模型加载示意图(尺寸单位:cm)

2)试验结果分析

(1)模型拱结构破坏试验结果分析;

(2)增设复合钢筋混凝土拱板(肋)试验结果分析;

(3)锚杆拉拔试验结果分析。

5.2.3 加固设计理论与方法

1)承载能力极限状态法的设计理论与方法

(1)设计理论

本设计理论采用承载能力极限状态法。视加固后的结构(加固层和原结构层)为一个整体共同承担后期作用,其原理为截面增大理论。极限承载力强度计算公式如下:

$$\gamma_0 N_d < \varphi(A + \eta_1 A_1)f_{cd} = \varphi A f_{cd} + \varphi A_1 f_{c1d} \tag{5-25}$$

式中:γ_0——结构重要性系数;

N_d——轴向力设计值(加固后结构在后期作用下的轴力值);

A——原主拱圈截面面积;

f_{cd}——原砌体轴心抗压强度设计值;

φ——构件轴向力的偏心距e和长细比β对受压构件承载力的影响系数;

A_1——钢筋混凝土加固层的面积;

f_{c1d}——加固层中混凝土的轴心受压强度设计值。

加固后的结构截面强度应满足上式方能达到要求。

(2)加固设计方法

按照截面增大理论的设计方法遵照以下的程序进行:

①原桥现状调查

通过原桥设计、施工情况调研、现场病害检测等工作,获取原桥的现状资料。

②原桥承载力检算

按原桥实际拱轴线、截面特性、材料特性计算桥梁在最不利荷载组合作用下产生的荷载效应N_j,以及考虑截面削减、材料强度等因素后的桥梁实际抗力效应$N_u = \varphi A f_{cd}$。

③比较 N_j 与 N_u

如 $N_j < N_u$，则表明原桥尚能满足承载力要求，只作一般病害处治即可；如 $N_j > N_u$，则需对原桥进行加固设计。

④初拟加固层尺寸

根据富余量 $(N_u - N_j)/N_u \times 100\%$ 大小，初定加固层的材料（强度等级）和尺寸。

⑤加固强度验算

根据初步拟定的加固层的材料和几何尺寸，利用式（5-25）进行强度验算，如满足要求，则以拟定的加固层的材料和几何尺寸进行加固设计（同时要考虑钢筋的构造处理问题、结构耐久性等因素）；如不满足要求，则重新拟定尺寸和选取材料强度进行设计、验算，最终获取安全、经济、可靠的钢筋混凝土加固层的设计参数。

2）容许应力设计理论与方法

（1）设计理论

原拱桥拱圈在恒载和活载作用下，不利截面的边缘应力可能超过了其容许应力，从而导致材料的破坏进而引起结构的破坏。而利用增设复合钢筋混凝土拱板（肋）加固技术加固后，加固层便可以和原主拱圈共同作用，一起承担后期作用（新增永久作用 + 可变作用），从而减轻了原结构的负担。根据应力叠加原理加固后原砌体截面最大应力值等于原结构在一期永久作用下砌体截面边缘最大应力值加上加固后结构在后期作用（新增永久作用 + 可变作用）下砌体截面最大应力值，使之满足容许应力值，从而达到旧桥加固的目的。应力叠加图如图5-28所示。

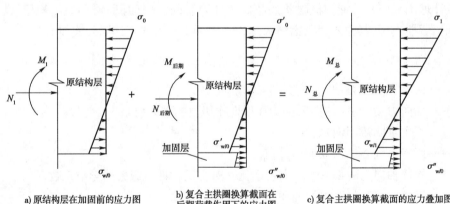

a) 原结构层在加固前的应力图　　b) 复合主拱圈换算截面在后期荷载作用下的应力图　　c) 复合主拱圈换算截面的应力叠加图

图5-28　加固前后应力叠加图

①加固前应力验算公式

加固前，主拱圈最不利截面最大应力验算公式如下：

压应力　　　　　　　　$\sigma_0 = \sum M/W_0 + \sum N/A_0 \leq [\sigma]$ 　　　　　　　　（5-26）

式中：σ_0——原砌体截面边缘最大压应力；

$\sum N$——轴力总和；

$\sum M$——弯矩总和；

A_0——原主拱圈截面面积；

W_0——原主拱圈的弯曲平面内受压边缘的截面抵抗矩;

$[\sigma]$——原主拱圈容许轴心受压应力;

K——塑性影响系数;$K = 1 + 1.5e_0/y$;

e_0——偏心距,$e_0 = \sum M / \sum N$;

y——截面重心至偏心方向的截面边缘距离。

弯曲拉应力 $\qquad \sigma_{wl0} = \sum M / W_0^t - \sum N / A_0 \leq [\sigma_{wl}] \qquad$ (5-27)

式中:σ_{wl0}——原砌体截面边缘最大弯曲拉应力;

W_0^t——原主拱圈弯曲平面内受拉边缘的截面抵抗矩;

$[\sigma_{wl}]$——容许弯曲拉应力;

其他符号意义同前。

②加固后应力计算公式

加固后,由于复合主拱圈的共同作用,原主拱圈边缘应力变为一期恒载作用下产生的应力(截面特性采用原主拱圈)和后期作用(新增永久作用+可变作用)下产生的应力(截面特性采用复合主拱圈组合截面)的叠加。主拱圈不利截面的最大应力(原砌体截面应力)计算公式则变为:

$$\sigma_1 = \sigma_0 + \frac{\sum N_{后期}}{A_1} + \frac{\sum M_{后期} y_1}{I_1} \qquad (5-28)$$

式中:σ_1——加固后拱圈截面原砌体材料的最大压应力;

$\sum N_{后期}$、$\sum M_{后期}$——加固后复合拱圈在后期作用(新增永久作用+可变作用)下的轴力和以及弯矩值总和;

A_1——复合主拱圈组合截面面积(组合截面应按弹性模量比换算为原砌体材料的换算截面);

I_1——复合主拱圈在弯曲平面内的截面惯性矩(按弹性模量换算为换算截面的惯性矩);

y_1——换算截面重心至偏心方向原主拱圈边缘的距离。

弯曲拉应力 $\qquad \sigma_{wl1} = \sigma_{wl0} + \frac{\sum M_{后期} \cdot y'_1}{I_1} - \frac{\sum N_{后期}}{A_1} \qquad$ (5-29)

式中 σ_{wl1}——加固后拱圈截面原砌体材料的最大拉应力;

y'_1——截面重心至受拉侧原主拱圈边缘的距离;

其他符号意义同上。

(2)设计方法

采用容许应力法做增设复合钢筋混凝土拱板(肋)加固设计的程序如下:

①收集原桥现状资料,并按式(5-26)、式(5-27)验算原桥的应力情况;

②如应力验算满足要求,则可作一般方法处治原桥;如应力验算不满足要求,则需作加固设计;

③初拟套箍加固层的尺寸和材料强度,按式(5-28)、式(5-29)进行试验算;

④如应力验算满足要求,则作进一步优化设计,直至获取安全、经济可靠的加固设计参数;

⑤如应力验算不满足要求,则重新修改尺寸和材料强度,作进一步验算,最终通过多次试

算,获取安全、经济、可靠的钢筋混凝土加固层的设计参数。

5.2.4 加固关键技术

1)压力灌浆技术

对于石拱桥而言,主拱圈块石和砂浆之间黏结强度偏低,施工时主拱圈砌筑质量差,基础沉降不均匀等原因都将会造成主拱圈开裂,内部产生空洞等病害现象。因此在增设钢筋混凝土拱板前应对主拱拱腹采用压力灌浆技术予以补强。要求用灌浆机进行灌浆,灌浆压力介于1.2~2.5MPa,灌浆水泥强度等级不低于42.5级,水泥砂浆强度等级不低于M20。

2)增设拱板(肋)的构造措施

两种加固技术在构造设计上基本类似,具体构造设计如下:

(1)锚杆

锚杆在钢筋混凝土加固层中所起的作用主要有三个方面:

①把钢筋混凝土加固层与原主拱圈层连接在一起,形成共同受力、协调变形的整体,其表现方式主要为弯拉状态下的抗拔力。同时,在加固层浇筑早期,由于混凝土强度还未发挥而不能承受自重,因此锚杆(和支架)还承担着混凝土加固层的重力。

②抗剪作用。拱桥主拱属压弯构件,在后期作用(加固层永久作用+可变作用)下加固层和原拱圈之间应力的传递主要通过界面层和锚杆来实现,但钢筋混凝土加固层与原主拱圈之间的界面属一薄弱界面,抗剪能力差,所以大部分的剪力是通过锚杆来传递。

③临时固定钢筋网的作用。在钢筋混凝土加固层施工过程中,现浇混凝土前,锚杆通过焊接方式固定纵横钢筋网格。

锚杆的种类有多种,如砂浆锚杆、化学黏合剂锚杆、树脂锚杆等。在此介绍在实践中应用最为广泛的砂浆锚杆。砂浆锚杆的选取应考虑如下因素:

①锚杆长度

锚杆长度应根据抗拔要求验算确定。根据试验和实践结果,一般可取8~16cm。

②锚杆直径

锚杆直径过大,将对原主拱圈产生一定的应力集中破坏作用,直径过小,对抗拔受力不利,实践中一般可取$\phi 12$、$\phi 14$、$\phi 16$。

③砂浆强度等级

砂浆强度等级不应小于M20。

④锚杆钻孔直径

锚杆钻孔大小应适中,如过大,对原结构的损坏较大且受力不利,如过小,不便施工,且砂浆黏结强度难以保证。根据试验和实践结果,一般大于锚杆直径4~6mm。

(2)钢筋混凝土加固层

①尺寸

钢筋混凝土加固层的设计尺寸应根据加固后结构的强度验算而得。一般而言,在满足强度前提下,尺寸越小越经济,且恒载负面影响效应越小,但过小的尺寸容易导致混凝土表面的龟裂,且根据国内外研究资料,为了达到主拱圈防水蚀、抗风化的要求,主拱圈厚度应有一最小尺寸要求。尺寸越大,恒载负面影响效应也越大。因此从构造、材料、使用角度,其加固层尺寸应满足表 5-2 要求。

加固层构造尺寸要求 表 5-2

最小尺寸	拱腹不应小于 9cm,左右侧不小于 6cm
最大尺寸	加固层产生的永久作用效应不应大于原拱桥永久作用产生的恒载效应的 30%

②加固层钢筋及间距

加固层钢筋应结合整个加固层的尺寸情况,经计算分析后确定。一般而言,纵向主筋,取 $\phi16 \sim \phi28$,主筋间距应处于 $15 \sim 25$cm;横向钢筋取 $\phi14 \sim \phi25$,钢筋间距应处于 $20 \sim 30$cm。

③混凝土强度等级

加固层混凝土强度等级应按大于 C40 设计。

④截面形式

钢筋混凝土加固层的截面可沿主拱圈弧长等截面设计,也可根据加固受力各截面计算结果,设计成变截面的。一般而言,为了施工过程中的架模方便,可沿主拱圈弧长等截面设计。

5.2.5 工程实例

工程实例: 湖南省龙山县靛房一桥——3×10.9m 实腹式石板拱桥

湖南省龙山县靛房一桥位于省道 X015 线上,修建于清朝嘉庆年间。该桥为三孔实腹式悬链线石板拱桥,桥梁全长 51m,净跨径 10.9m,净矢高 6.05m,主拱圈厚度 0.55m,如图 5-29 所示。

2005 年 7 月,采用"增设复合钢筋混凝土拱板(肋)加固技术"加固增强了该桥,取得了良好的社会、技术和经济效益。桥梁使用荷载等级提高至公路—Ⅱ级。

图 5-29 加固施工中的湖南省龙山县靛房一桥

5.3 基于平铰拱理论调整全桥内力的加固改造技术

5.3.1 机理分析及适用性

1) 机理分析

(1) 平铰拱理论(见第 3 章)

(2) 弹性理论分析

拱式桥梁在荷载(恒载、活载)作用下,除了承受荷载产生的轴向压力外,还承受荷载对其产生的弯矩和剪力,所以拱桥是承受压、弯、剪荷载的承重结构。

悬链线空腹拱的拱轴是利用与其三铰拱恒载压力线在拱顶、两 $L/4$ 点和拱脚处五点重合的方法确定的,除此五点外,其他截面均与压力线有偏离。由结构力学知,压力线与拱轴线的偏离会在拱中产生附加内力。对于静定三铰拱,各截面的偏离弯矩 M_P 可以三铰拱的恒载压力线与拱轴线在该截面的偏离弯矩 Δy 表示($M_P = H_P \Delta y$);对于无铰拱,其偏离弯矩的大小,以

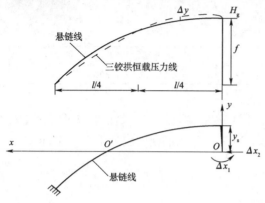

图 5-30 无铰拱内力计算图

该偏离弯矩 M_P 算出无铰拱的偏离弯矩值。计算简图如图 5-30 所示。

荷载作用在基本结构上引起弹性中心的赘余力为:

$$\Delta x_1 = -\frac{\Delta_{1P}}{\delta_{11}} = -\frac{\int_s \frac{\overline{M}_1 M_P}{EI}ds}{\int_s \frac{\overline{M}_1^2 ds}{EI}} = -\frac{\int_s \frac{M_P}{I}ds}{\int_s \frac{ds}{I}}$$

$$= -H_g \frac{\int_s \frac{\Delta y}{I}ds}{\int_s \frac{ds}{I}} \qquad (5-30)$$

$$\Delta x_2 = -\frac{\Delta_{2P}}{\delta_{22}} = -\frac{\int_s \frac{\overline{M}_2 M_P}{EI}ds}{\int_s \frac{\overline{M}_2^2 ds}{EI}} = -H_g \frac{\int_s \frac{y\Delta y}{I}ds}{\int_s \frac{y^2 ds}{I}} \qquad (5-31)$$

式中:M_P——三铰拱恒载压力线偏离拱轴所产生的弯矩,$M_P = H_P \Delta y$,$\overline{M}_1 = 1$,$\overline{M}_2 = -y$;

Δy——三铰拱恒载压力线与拱轴线的偏离值。

由计算简图可知,任意截面的偏离弯矩、偏离轴力和偏离剪力为:

$$\begin{cases} \Delta M = \Delta x_1 - \Delta x_2 y + M_P \\ \Delta N = x_2 \cos\varphi \\ \Delta Q = x_2 \sin\varphi \end{cases} \qquad (5-32)$$

式中:y——以弹性中心为原点(向上为正)的拱轴线纵坐标。

由式(5-32)可知:偏离附加内力的大小与荷载的具体布置有关。通过调整荷载的方法来调整偏离附加内力的大小,即可对拱轴线和压力线进行调整,使两者尽量吻合,从而改善主拱圈的受力状况。

(3)挠度理论分析

取简支曲梁作为挠度理论分析的基本结构,如图 5-31 所示,将荷载作用下的超静定赘余力转化为弹性中心的三个赘余力,在恒载作用下分别为 H_g、M_g 和 Q_g,在活载作用下分别为 H_x、M_x 和 Q_x。

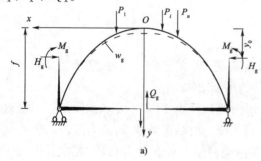
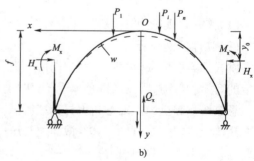

图 5-31 基本结构

图 5-31 中:w_g——结构重力作用时的拱轴竖向位移;

w——可变作用(外载)时的拱轴竖向位移;

y_0——弹性中心至拱顶的距离(按弹性理论计算);

H_g、M_g、Q_g——结构重力作用下在基本结构弹性中心的赘余水平力、弯矩和剪力;

H_x、M_x、Q_x——可变作用(外载)下在基本结构弹性中心的赘余水平力、弯矩和剪力。

结构重力作用控制方程如下。

考虑推力与挠度的相互作用对拱内力的影响时,结构重力作用下拱中任一截面的弯矩表达式可写为:

$$M = M_g - H_g[y_0 - (y + w_g)] + \overline{M}_g = M_g + H_g(y - y_0) + H_g w_g + \overline{M}_g \quad (5\text{-}33)$$

由于结构重力及结构均对称,故 $Q_y = 0$。

将式(5-33)代入平衡方程:

$$\frac{d^2 w}{dx^2} = -\frac{M}{EI_x}\sec\varphi - \frac{d}{dx}\left(\frac{N}{EA_x}\tan\varphi\right) \quad (5\text{-}34)$$

可得不考虑温度影响及收缩时,在恒载作用下的挠度理论控制方程:

$$\frac{d^2 w}{dx^2} + \frac{H_g}{EI_x} w_g \sec\varphi = -\frac{\sec\varphi}{EI_x}[M_g + H_g(y - y_0) + \overline{M}_g] - \frac{d}{dx}\left(\frac{N_g}{EA_x}\tan\varphi\right) \quad (5\text{-}35)$$

式中:$\overline{M}_g$——恒载与拱同跨简支梁上产生的弯矩;

N_g——拱轴任意点的轴向力。

外载作用控制方程:

当外载作用时,恒载挠度已经产生,这时既有外载作用,又有恒载作用,设外载作用下拱的挠度为 w,相应的轴力为 N,则主拱弯矩:

$$\begin{aligned}M &= \overline{M} + \overline{M}_g + Q_x x - H_x[y - (y_0 + w_g + w)] - H_g[y - (y_0 + w_g + \omega)] + M_g + M_x \\ &= \overline{M} + \overline{M}_g + Q_x x + H_x(y - y_0) + (H_x + H_g)w + H_g(y - y_0) + (H_x + H_g)w_g + M_g + M_x\end{aligned}$$

$$(5\text{-}36)$$

将式(5-36)代入平衡方程(5-34)中得:

$$\frac{d^2}{dx^2}(w + w_g) + \frac{\sec\varphi}{EI_x}(H_x + H_g) + \frac{H_x + H_g}{EI_x}\sec\varphi w_g = -\frac{d}{dx}\left(\frac{N + N_g}{EA_x}\tan\varphi\right) - \frac{\sec\varphi}{EI_x}[M_g + M_x + H_g(y - y_0) + H_x(y - y_0) + \overline{M}_g + \overline{M} + Q_x x] \quad (5\text{-}37)$$

将式(5-34)代入式(5-36)得:

$$\frac{d^2 w}{dx^2} + \frac{\sec\varphi}{EI_x}(H_g + H_x)w = -\frac{\sec\varphi}{EI_x}[M_x + Q_x + H_x(y - y_0) + \overline{M}] - \frac{d}{dx}\left(\frac{N}{EA_x}\tan\varphi\right) - \frac{H_x}{EI_x}\sec\varphi w_g$$

$$(5\text{-}38)$$

式中:$\overline{M}$——外载与拱同跨简支梁上产生的弯矩;

N——外载作用时拱轴中的轴向力。

(4)平铰拱理论与弹性理论分析比较

2)适用性分析

拱桥在运营过程中,随着大自然的侵蚀和使用,病害也日渐暴露明显。无(平)铰拱桥本身属于超静定结构,当桥梁下部构造产生不均匀沉降时,主拱圈将产生附加内力,严重的将导致主拱圈开裂、局部破损现象;石拱桥的拱石材料在风化、水浸蚀作用下强度下降,容易产生拱石剥蚀、主拱圈开裂病害;设计强度的偏低,使得拱桥在超重车辆的作用下产生永久性变形、拱轴线偏离设计轴线,桥梁承载力下降,无法满足现有及将来的运营要求。对于危旧石拱桥,其拱轴线的形状不仅直接影响到主拱圈的内力分布和截面应力的大小,同时与结构的耐久性(开裂影响)、经济合理性及施工安全等有密切关系。

拱桥的加固改造一般是在考虑减小主拱圈内力、增大截面或应用新材料的基础上实施的。对于主拱圈变形过大的情况,实际拱轴线与压力线的偏离较大,仅对拱圈截面进行加固补强,不能有效地改善主拱圈的受力状况。在具体的荷载调整设计中,可以采用不同重度的拱上填料,改变拱上填料厚度或者在主拱拱背上增加配重等措施,来改变实际压力线的位置。

对于大跨径石拱桥,旧危拱桥存在主拱圈开裂、拱轴线偏离设计轴线等病害,拱上结构重力在桥梁承受的荷载中占有较大比例,因而可以通过平铰拱理论调整拱上结构重力,改善原主拱圈的不良受力状态。同时,对有腹式拱上建筑的拱桥,还可充分与较为成熟的钢筋混凝土套箍加固技术相结合,较大幅度地提高原桥承载力。

对于中小跨径的石拱桥,相对而言,自身结构重力不算太大,但桥跨范围内所承受的外荷载也相对而言要小一些,通过调整结构重力来改善桥梁受力状态是可行的;特别是对于实腹式圆弧拱桥,拱上填料较厚,更有条件通过平铰拱理论调整结构重力来达到改善桥梁受力状态的目的。

因此,平铰拱理论分析调整结构重力内力改造技术无论对于大跨径石拱桥还是中小跨径石拱桥都是适用的,特别是拱上结构重力比例大、拱轴线有一定偏差或桥梁经过多年运营后压力线与拱轴线有偏离的石拱桥,本技术更为适用。

5.3.2 基于平铰拱理论分析全桥内力调整拱上结构重力

现有的拱式桥梁多采用腹拱式拱上建筑,特别是石拱桥更是采用腹拱式拱上建筑为主体。由于拱上建筑自重较大,结构重力通常占有很大的比例,加之中小跨径的石拱桥及相当数量的实腹式拱桥,拱上填料厚度大,拱上建筑的自重更大,主拱圈大部分须用于承担结构重力。如果能采取有效措施,一定程度上减轻拱上建筑自重,可以明显地改善拱圈的受力情况。特别是当桥梁承受可变作用的能力,以及桥梁基础承载力受到限制,不能满足加固拱圈和提高可变作用所增加的承压力要求时,采取减轻桥梁恒载自重的办法来提高原桥承受可变作用的能力,是一种经济有效的措施。

1) 拱上建筑形式的调整

将旧桥的拱上建筑拆除,在主拱圈上修建钢筋混凝土刚架,或桁架式等其他类型的轻型拱上建筑,可以减少主拱圈承担的结构重力,留出主拱圈承载能力的空间,从而提高原桥的承载力。

无(平)铰拱的拱上横墙尺寸一般都比较大,部分横墙也没有设置横桥向小拱,故自重较大,如果将腹拱的重力式横墙挖空,设置横桥向小拱或用钢筋混凝土立柱取代重力式横墙,则可以在一定程度上减轻拱上建筑的自重,提高原桥的承载能力。

拱圈的受力性能与拱上荷载的分布(压力线形状)及拱上建筑的联合作用有密切的联系,因而采取减轻拱上自重的措施时,必须对拱的受力状况进行详细的计算,包括改造后的运营受力状况,必要时,可以考虑拱上联合作用和施工中裸拱的受力状况,以使拱圈获得最佳的受力状况来确定减轻拱上自重的布局方案、结构形式和施工程序。必须使压力线尽量保持与原桥一致,并且要严格按照设计的施工程序进行拱上建筑的拆除和重建,以确保拱圈的安全和均衡受力。如果旧桥的裸拱受力满足不了要求,则应首先加固拱圈,然后再拆除和新建拱上建筑。

2)拱上填料的调整

很多以前修建的石拱桥通常拱上填料厚度均较大,尤其是石拱桥中的实腹式拱桥拱上填料的厚度一般都在1.0m左右,有的甚至多达几米。对于这类石拱桥,结构重力在主拱承受的全部荷载中占有很大的比例,部分桥梁甚至达到80%以上,承受活载的空间相对就比较小了。随着车辆荷载重量的增加,极易超过桥梁的承载能力范围,造成主拱圈开裂,发展成为危桥。对于这类拱桥,如果采取降低桥面高程、减薄拱上填料厚度,或者换以轻质材料等措施,相对来说就调整出了承受活载的空间,提高了原桥的承载能力。

由于拱上填料填充的方式通常是在拱圈两侧砌筑侧墙,以承受拱腹填料及车辆荷载所产生的侧压力,因此侧墙的厚度一般按构造要求确定,其顶面宽约 0.5~0.7m,向下逐渐增厚,墙脚厚度一般采用侧墙高度的 0.4 倍。特殊情况下侧墙的厚度应由计算确定。在考虑减薄拱上填料厚度或是换以轻质材料填充时,如果拱上结构重力减小的幅度不理想或不能完全满足承载力要求,则在满足承受拱腹填料及车辆荷载所产生的侧压力的前提下,可以考虑对原有侧墙进行改造或拆除重建。在减小其砌体体积的同时,填料采用轻质材料(如炉渣、石灰、黏土等混合料)换填。填充用的材料应尽量做到就地取材,透水性好,降低成本,减小对侧墙的推力等方面的要求。

3)桥面系的调整

通常腹拱式桥面系腹孔的上方全部采用护拱和填料填平后再浇筑桥面系,并有一定区域的实腹段,故结构重力很大。采用轻型桥面系取代原重型桥面系,减少或取消了填料,可以大幅度减轻结构重力,使主拱圈由原来承担永久作用的承载力部分调整出空间,用于承受可变作用,可较大程度提高原桥承受车辆荷载的能力。设计时,可以用预制的钢筋混凝土 T 梁、微弯板或空心板等轻质桥面系代替笨重的腹拱体系。

在桥面铺装层的改造中,可以将基层更换为气质材料(如碳渣等)的水稳层,必要时通过增设钢筋混凝土桥面予以增强。如果原桥栏杆为石砌栏杆等自重较大的形式,可以统一更换为轻型的预制钢筋混凝土栏杆。在部分减轻结构自重的同时,提高了原桥承载力。

5.3.3 基于平铰拱理论分析全桥内力的拱上构造改造技术

1)基于平铰拱理论分析拱上恒载调整的全桥内力

秧田沟大桥位于四川省巴中市平昌县省道 S202 线上(见 5.3.4 工程实例),以该桥为例,阐述基于拱上恒载调整的全桥内力分析。采用 SAB 分析软件进行结构计算时,用 MIDAS 有限元程序对比,对减载加固的各个施工阶段进行验算。本节选取减载加固前后和以下几个施工阶段,阐明基于拱上恒载调整的全桥内力分析过程。减载前全桥弯矩内力影响线见图5-32。

减载阶段:该阶段为病害拱桥的减载阶段,包括:桥面系(包括栏杆和桥面铺装);平昌岸靠近拱顶的第一个腹拱圈右半部分腹拱圈以上的恒载全部减掉,包括侧墙;主拱圈跨中实腹段平昌岸主拱圈以上的永久作用全部减掉,包括侧墙;主拱圈跨中实腹段巴中岸主拱圈以上的拱上填料减掉30cm;其余区段卸掉腹拱圈拱顶以上的填料,保留侧墙。

第四段套箍层加固后的减载阶段(图5-33):待第四段套箍层达到强度后,进行减载,减载部分包括:主拱圈跨中实腹段靠巴中岸永久作用全部减掉;巴中岸靠近跨中的第一个腹拱圈拱顶以上左半部分永久作用全部减掉。

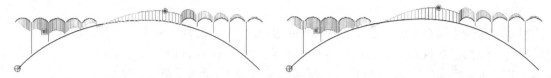

图5-32　减载前全桥弯矩内力影响线　　　　图5-33　第四段套箍层加固后减载阶段的全桥弯矩内力影响线

施工第五段套箍层(图5-34、图5-35):减载后进行第五段套箍层的加固施工,施工时一定要从上一加固层位置对称浇筑,其中拱腹混凝土采用喷射施工(图5-34)。对该阶段全桥内力影响线分析如下:

由以上各阶段的全桥弯矩内力影响线分析可看出,基于拱上恒载调整的套箍加固技术具有切实可行的理论分析基础,同时值得注意的是,在各个施工阶段中,要严格按施工程序有步骤地进行减载加固施工,以避免最不利施工阶段可能因疏忽导致事故的产生。

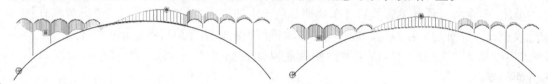

图5-34　第五段套箍阶段的全桥弯矩内力影响线　　　　图5-35　加固完成后全桥弯矩内力影响线

对于一座采用综合加固整治技术的拱桥,在基于拱上恒载调整的钢筋混凝土套箍加固施工中,通过采用合理的拱上恒载调整方式,以及各项加固技术与恒载调整方法之间的合理应用,可使桥梁的受力状态调整至最优。

2)改造设计技术

基于拱上恒载调整的拱桥加固设计,可是说是对现有拱桥加固技术的进一步发展,使得加固旧危拱桥的各种技术得以充分发挥潜力,在对原有桥梁的加固改造中,结合实际情况,应用本项技术,将大幅度提高桥梁的承载能力。

图5-36　加固完成后全桥弯矩内力影响线

基于全桥内力分析的拱上恒载调整改造技术,其应用按以下程序进行,如图5-36所示。

以秧田沟大桥为例,通过建模验算分析,有以下三种实施方案(首先进行灌浆技术处理)。

施工方案一:钢筋混凝土套箍采用连续施工的方式,不采用节段施工方式(待前一节段钢筋混凝土套箍层达到一定强度后再进行下一节段的施工),套箍层施工完毕后再进行桥面系的减载改造。

施工方案二:钢筋混凝土套箍采用节段施工的方式,钢筋混凝土套箍层施工完毕后,再进行桥面系的减载改造。其中桥面系的减载改造按常规由中间向两侧对称进行。

施工方案三:钢筋混凝土套箍采用节段施工的方式,且套箍层施工与桥面系的减载工序相结合,通过调整主拱圈的内力,以期获取桥梁在施工阶段内力最小的结果(具体方案见 5.3.4 工程实例)。

三种方案的施工阶段内力分析结果见表 5-3 ~ 表 5-5。

施工方案一主拱圈内力分析结果　　　　　　　　　表 5-3

截　面	σ_{max}(MPa)	$[\sigma]$(MPa)	结　论
拱脚	3.87	3.56	不满足
$l/4$	3.53	3.16	不满足
$3l/8$	3.65	3.34	不满足
拱顶	3.73	3.45	不满足

施工方案二主拱圈内力分析结果　　　　　　　　　表 5-4

截　面	σ_{max}(MPa)	$[\sigma]$(MPa)	结　论
拱脚	1.78	2.90	满足
$l/4$	2.53	2.90	满足
$3l/8$	3.25	3.16	不满足
拱顶	3.68	3.25	不满足

施工方案三主拱圈内力分析结果　　　　　　　　　表 5-5

截　面	σ_{max}(MPa)	$[\sigma]$(MPa)	结　论
拱脚	1.60	3.58	满足
$l/4$	1.15	3.09	满足
$3l/8$	1.43	3.82	满足
拱顶	1.47	3.98	满足

由表 5-3 ~ 表 5-5 的结果可以看出,施工方案一、施工方案二桥梁主拱圈的内力不能满足要求,施工方案三桥梁主拱圈的内力满足要求。因此施工方案三是合理施工工序。采用施工方案三进行全桥加固后,承载力验算结果见表 5-6。

加固后桥梁承载力验算结果　　　　　　　　　　　表 5-6

截　面	σ_{max}(MPa)	$[\sigma]$(MPa)	结　论
拱脚	1.55	2.92	满足
$l/4$	1.59	3.42	满足
$3l/8$	2.08	4.35	满足
拱顶	2.11	4.44	满足

由上述分析可看出,通过合理的设计施工方案,病害桥梁在加固后,全桥能满足安全运营要求。因此,同样的加固技术,如果加固方案不合理,可使桥梁在施工过程中承载力不能满足要求,甚至引发垮桥;而合理的加固方案,可使桥梁在施工过程中,内力调整到最小,加固竣工后桥梁承载力满足要求。

5.3.4　工程实例:秧田沟大桥

秧田沟大桥位于四川省巴中市平昌县省道 S202 线(广开路)上。该桥是一座悬链线空腹

图 5-37 秧田沟大桥加固前的外貌

式石拱桥,全长 100.77m,净跨径 70m,净矢高 14m,主拱圈厚度 1.4m,平昌岸有一引孔,净跨径 15m,净矢高 5m,拱圈厚度 0.7m。设计荷载等级为原汽车—20 级、挂车—100。该桥建于 1996 年。

由于施工过程中,主拱圈砂浆标号偏低且砌筑极不密实,造成拱架卸掉后主拱轴线严重变形,与设计拱轴线相比,最大变形值近 40cm。另外,由于砂浆不饱满,拱石受力不均匀,导致部分拱石存在开裂现象;由于桥面系排水不畅,造成主拱局部渗水现象。针对上述病害,如是拆除重建方案,势必中断交通,影响整个公路工程的改建速度。因此,该桥决定采用加固技术予以提高原桥承载力。图 5-37 为秧田沟大桥加固前的外貌。

1)拱上永久作用调整内容和幅度(表 5-7)

恒载调整分析比较　　　　　　表 5-7

项 目	调 整 前			调 整 后			恒载减小幅度
	材料	体积 (m^3)	重度 (kN/m^3)	材料	体积 (m^3)	重度 (kN/m^3)	
桥面铺装	水泥混凝土	480	25	基层换填为轻质碳渣水稳层	225	19	11%
				增设钢筋混凝土面层	255	25	
栏杆	石砌栏杆	26	25	轻型预制钢筋混凝土栏杆	13.5	25	48%
拱上填料	砂、砾石	230	21	换填为轻质碳渣	230	19	9%

2)拱上永久作用调整实施工序

根据该桥的病害现状,主要采用高压灌浆增强主拱圈强度、增大原主拱圈截面提高整体刚度加固整治技术。这两种技术加固工序为:高压灌浆→现浇及喷射复合主拱圈加固层,为保证施工质量,主拱圈的加固施工一定要严格按照下面的施工步骤进行施工。

(1)灌浆阶段:该阶段为在保持原桥状态不变的情况下,进行主拱圈和两桥台及引孔主拱圈的灌浆,直到达到强度进行下一步的施工。

(2)减载阶段:该阶段为秧田沟大桥的减载阶段,减载部分包括:

①桥面系(包括栏杆和桥面铺装);

②平昌岸靠近拱顶的第一个腹拱圈右半部分腹拱圈以上的永久作用全部减掉,包括侧墙;

③主拱圈跨中实腹段平昌岸主拱圈以上的恒载全部减掉,包括侧墙;

④主拱圈跨中实腹段巴中岸主拱圈以上的拱上填料减掉 30cm;

⑤其余区段卸掉腹拱圈拱顶以上的填料,保留侧墙。

(3)施工第一段套箍层:施工时一定要从两拱脚对称浇筑,第一段套箍施工 3m 时,进行混凝土养生,待达到 70% 混凝土强度以上后再后续施工。

(4)施工第二段套箍层:待第一段套箍层达到强度方可进行施工,施工时一定要从上一加固层位置对称浇筑。

(5)施工第三段套箍层:待第二段套箍层达到强度方可进行施工,施工时一定要从上一加固层位置对称浇筑。

(6)施工第四段套箍层:待第三段套箍层达到强度方可进行施工,施工时一定要从上一加固层位置对称浇筑。

(7)第四段套箍层加固后减载阶段:待第四段套箍层达到强度后,进行减载,减载部分包括:
①主拱圈跨中实腹段靠巴中岸的恒载全部减掉;
②巴中岸靠近跨中的第一个腹拱圈拱顶以上左半部分的恒载全部减掉。

(8)施工第五段套箍层:减载后进行第五段套箍层的加固施工,施工时一定要从上一加固层位置对称浇筑,其中拱腹混凝土采用喷射施工。

(9)拱上建筑及桥面系加固施工:待第五段套箍层达到强度方可进行施工。

3)恒载调整前后的桥梁拱轴线及内力变化分析比较

(1)计算模型

秧田沟大桥采用MIDAS有限元分析软件进行结构计算,主拱圈共分36个单元进行验算。计算模型如图5-38所示。

(2)拱轴线变化比较

主拱圈拱轴线变形观测测点布置示意图见图5-39。恒载调整前后主拱圈拱轴线变形分析比较见表5-8。

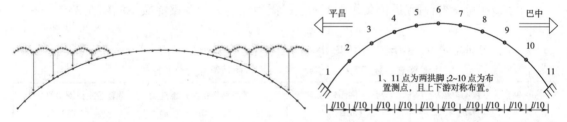

图5-38 秧田沟大桥计算模型 　　图5-39 主拱圈拱轴线变形观测测点布置示意图

恒载调整前后主拱圈拱轴线变形分析比较(单位:m) 表5-8

节点编号	调整前拱轴线坐标			调整后拱轴线坐标		
	设计坐标 y_1	实测坐标 y_2	$y_2 - y_1$	理论坐标 y_3	实测坐标 y_4	$y_4 - y_3$
1	13.936	14.000	0.064	13.936	14.000	0.064
2	7.967	7.549	-0.418	7.964	7.578	-0.386
3	3.901	3.833	-0.068	3.891	3.835	-0.056
4	1.367	1.488	0.121	1.351	1.462	0.111
5	0.339	0.629	0.290	0.321	0.6	0.279
6	0.000	0.244	0.244	-0.019	0.19	0.209
7	0.339	0.333	-0.006	0.321	0.322	0.001
8	1.367	1.204	-0.163	1.352	1.223	-0.129
9	3.901	3.518	-0.383	3.89	3.553	-0.337
10	7.967	7.566	-0.401	7.958	7.626	-0.332
11	13.936	13.957	0.021	13.936	13.957	0.021

注:坐标原点位于跨中拱顶,y 轴以向下为正。

由表5-8可看出,调整后实测拱轴线的变形虽未达到理论上的变形程度,但变形有向设计拱轴线回复的良好变形趋势,从而调整了原主拱圈受力的不利状态。

(3)恒载作用下主拱圈边缘应力比较(表5-9)

调整前后恒载作用下主拱圈边缘应力分析比较 表5-9

单元编号	调整前主拱圈边缘应力(MPa)		调整后主拱圈边缘应力(MPa)		单元编号	调整前主拱圈边缘应力(MPa)		调整后主拱圈边缘应力(MPa)	
	上边缘应力	下边缘应力	上边缘应力	下边缘应力		上边缘应力	下边缘应力	上边缘应力	下边缘应力
1	-2.64	-3.02	-1.30	-0.73	19	-0.98	-3.12	-0.63	-1.27
4	-3.91	-1.20	-1.43	-0.54	21	-2.05	-2.06	-0.92	-0.98
7	-3.25	-1.47	-1.20	-0.75	24	-2.30	-1.86	-1.02	-0.90
10	-1.61	-2.79	-0.72	-1.26	27	-2.53	-1.66	-1.04	-0.86
13	-1.02	-3.18	-0.58	-1.36	30	-2.69	-1.72	-1.15	-0.85
16	-0.27	-3.86	-0.42	-1.49	33	-3.07	-1.81	-1.10	-0.80
18	-0.45	-3.66	-0.48	-1.42	36	-2.65	-2.74	-1.08	-0.89

由表5-9可看出,调整后恒载作用下的主拱圈边缘应力较调整前减小幅度在35%~70%之间。

(4)最不利荷载组合作用下主拱圈边缘应力比较(表5-10)

调整前后最不利荷载组合作用下主拱圈边缘应力分析比较 表5-10

单元编号	调整前主拱圈边缘应力(MPa)		调整后主拱圈边缘应力(MPa)		单元编号	调整前主拱圈边缘应力(MPa)		调整后主拱圈边缘应力(MPa)	
	上边缘应力	下边缘应力	上边缘应力	下边缘应力		上边缘应力	下边缘应力	上边缘应力	下边缘应力
1	-3.62	-3.78	-1.60	-0.96	19	-1.31	-4.06	-0.75	-1.58
4	-4.38	-1.44	-1.60	-0.62	21	-2.46	-2.94	-1.08	-1.28
7	-3.82	-2.01	-1.39	-0.94	24	-2.85	-2.75	-1.23	-1.22
10	-2.13	-3.45	-0.92	-1.53	27	-3.02	-2.19	-1.24	-1.11
13	-1.59	-4.11	-0.79	-1.70	30	-3.18	-2.23	-1.34	-1.08
16	-0.70	-4.81	-0.59	-1.81	33	-3.55	-2.27	-1.24	-0.92
18	-0.80	-4.63	-0.61	-1.74	36	-3.23	-3.17	-1.29	-1.06

由表5-10可看出,调整后最不利荷载组合作用下的主拱圈边缘应力较调整前减小幅度在40%~70%之间。

由上述分析可看出,通过合理的设计施工工序,秩田沟大桥在加固后(图5-40),全桥能满足运营要求。

图 5-40 加固后的秧田沟大桥外貌

5.4 锚喷混凝土加固技术

锚喷技术就是从喷射混凝土与锚杆、钢筋网等配合使用的过程中发展起来的一种新技术。经过室内模型试验和大量的工程实践,成功地将该技术应用于拱桥上部结构——主拱圈的病害综合治理工程中。模型试验和工程实践均表明,锚喷技术对拱式桥梁上部结构病害的综合治理有着显著优越性,已经被广泛采用。

5.4.1 锚喷混凝土加固技术特点

锚喷混凝土在施工工艺、材料及工序等方面与普通现浇混凝土相比有许多独特之处,例如:不用侧面模板或只用单面模板,混凝土混合料的运输、浇灌和捣固结合为一道工序;可通过输料软管在高空、深坑或狭小的工作区间向任意方位施作薄壁的或复杂造型的结构;设备与工序简单、占地面积小、机动灵活、节省劳动力,具有广泛的适应性。用于旧桥加固补强时,还具有施工快速简便、经济可靠、不中断交通等特点。

锚喷混凝土施工时,可在混合料中加入各种外加剂和外掺料改善喷射混凝土的性能,例如:加入速凝剂,则喷射混凝土具有凝结快(2~4min 初凝,10min 以内终凝)、早期强度高(一昼夜比普通混凝土提高 2~4 倍)的特点。

喷射混凝土混合料时,高速高压喷射出的混凝土能射入宽度 2mm 以上的裂缝,并与被加固的结构紧密结合,形成整体共同工作,阻止原结构继续变形移位和开裂。

锚喷混凝土加固桥梁的实质就是增大受力断面和补强钢筋、加强结构的整体性,使其能承受更大的外荷载。其中增设的补强钢筋主要是帮助原结构承受拉应力,同时成为新增混凝土部分的骨架;喷射混凝土的作用则是将补强钢筋与原结构联结组成整体受力,并与锚杆一道在结合面上传递拉应力和剪应力,并充分发挥混凝土的抗压强度以提高复合结构的承载能力。

5.4.2 锚喷混凝土加固技术使用范围

锚喷混凝土加固技术能够有效提高或恢复桥梁的承载力,该项技术适用于石拱桥主拱圈加固,以提高强度、刚度和耐久性;对于空腹式石拱桥的腹拱圈,如果确有必要也可采用锚喷混凝土技术进行加固处理。

该技术相对于采用现浇钢筋混凝土加固桥梁,具有大量节省模板、施工速度快等优点,因此对于难以架设模板或者工期极有限的加固工程可优先考虑采用本项技术。

锚喷混凝土，因其耐久性和混凝土的密实度比现浇混凝土差，强度也不高，而且施工过程中混凝土有回弹损失，因此建议：在今后的加固工程中在有条件的区段采用现浇混凝土（如主拱圈的拱脚至四分点之间的区域，因坡度较大可利用混凝土自身重力结合必要的振捣）；在难以支架模板、现浇施工密实度难以保证的区段采用掺入一定量钢纤维的喷射混凝土，并且待喷射混凝土达到一定强度后应进行必要的表面处理。

5.4.3 锚喷混凝土加固技术设计原则

锚喷混凝土加固桥梁技术实际上仍是加大构件截面加固法，所以加固设计原则仍按加大构件截面的方法进行内力计算。其设计原则为：

（1）恒载内力（包括新喷射的混凝土）按原构件的截面模量进行计算，即新喷上的混凝土恒载仍作用于原构件上；

（2）活载内力用加大后的组合体截面模量计算内力，即新旧混凝土作为一个整体计算，对不同的混凝土强度等级和新增的补强钢筋按其弹性模量进行截面换算；

（3）仍按弹性理论进行计算，采用容许应力法验算截面强度；

（4）强度验算按照喷射截面占原截面的比率，考虑是否按组合截面进行有关验算；

（5）进行加固设计前，应查清旧桥的基本情况以及病害原因，对旧桥的已有承载能力作出评价；

（6）采用的喷射混凝土与钢筋的强度等级，不应低于原结构的强度等级。对于结合界面处两种不同强度等级的混凝土共同作用时，应以较低强度等级作为计算标准来进行换算。

锚喷混凝土加固桥梁技术设计计算方法，见5.2.3所述极限状态设计方法和容许应力设计方法。

5.4.4 锚喷混凝土加固施工技术和工艺

喷射混凝土一般有干式和湿式两种方式。其中，干式喷射混凝土在以往的旧桥加固中采用较多。但后来应用发展起来的湿式喷射混凝土，由于明显优于干式喷射混凝土，因此已成为世界各国喷射混凝土技术的发展趋向，目前我国也在推广湿喷技术。

1）干式喷射混凝土特点

（1）喷射混凝土混合料是在干燥的情况下充分拌和，然后通过送料软管靠压缩空气送到专用的喷嘴处，喷嘴内装有多孔集流腔，水在压力下通过多孔集流腔与混合料拌和。

（2）喷射混凝土的运输、加水拌和、振捣三个工艺步骤，均是利用空压机产生的压缩空气通过喷射机使混凝土以连续高速喷向受喷面，并和受喷面形成整体一次完成。

（3）由于混凝土的混合料是在干燥状态下拌和的，水则是在喷射过程中加入，所以，水灰比的掌握完全凭喷射机操作人员（称喷射手）的经验。因此，喷射手的操作技艺是干式喷射混凝土加固旧桥施工成败和效果的关键。

2）湿式喷射混凝土特点

湿式喷射混凝土的特点是，所采用的喷射机允许混合料在进入喷射机前或在喷射机中加入足够的水并拌和均匀，然后再通过送料软管输至喷嘴喷射到受喷面上。所以，混凝土的水灰比能准确控制，有利于水和水泥的水化，因而粉尘较小、回弹较少、混凝土均质性好、强度易于保证。但设备较干喷机复杂,速凝剂加入也较为困难。

3)锚喷混凝土加固技术施工工艺

(1)打毛并清洗被加固构件的表面。

(2)按设计要求在构件表面安设锚固钢筋。

(3)安设补强钢筋网。

钢筋周围应有足够的间隙,以便喷射混凝土能完全包裹钢筋。注意将钢筋网牢固地绑扎或点焊在锚固筋上,以免喷射混凝土混合料时位置产生移动。

(4)喷射混凝土。

①首先检查喷射机是否正常,同时用高压水冲洗掉打毛时剩余的碎渣,并充分湿润受喷面。

②干喷法:将水泥、砂、集料按试验配合比在干燥时充分拌和,内掺一定比例的速凝剂(一般按水泥质量的2%~5%),然后送进干喷机。

湿喷法:按试验配合比将材料加水拌和成混凝土混合料,然后送进湿喷机内。

③喷射混凝土。

喷嘴与受喷面的最佳距离一般为0.8~1.5m,距离过大将增加回弹量,并降低密实度,从而也降低了强度。喷嘴应尽量与受喷面垂直,否则会降低混凝土密实度。当对配有钢筋网的受喷面进行喷射时,喷嘴应更靠近受喷面一些,且与垂直方向稍偏离一个小角度,以便获得较好的握裹效果,同时便于排除回弹物。

喷射混凝土下垂脱落和回弹量过大,是向顶面喷射混凝土的两大问题,下垂常常是喷层过厚或过湿造成的。由于新喷上的混凝土混合料,其抗拉及黏结强度都很低,一旦喷射混凝土的自重大于其与顶部受喷面的黏结强度时,即出现下垂或脱落。因此较厚的喷射混凝土应分层喷射,前后层喷射的间隔时间应为2~4h。一次喷射厚度以喷射混凝土不滑移、不坠落为宜。既不能因喷层太厚而影响喷射混凝土的黏结力和凝聚力,又不能因喷层太薄而增加回弹。

回弹物中水泥含量很少,主要为粗集料,凝结硬化后则是一种松散、多孔隙的块体。因此,应及时予以清除,不能使之聚集在结构物内,更不能将其放入下批混合料中,否则将影响喷射混凝土的质量。

(5)表面修整。

喷射面自然整平,不论从结构强度还是耐久性方面来讲,都是可取的。然而,喷射面过于粗糙,对于要求表面光滑和外形美观的桥孔,应及时修整。一般可在喷射混凝土初凝后(喷射后15~20min)用刮刀将设计线以外多余的材料刮掉,然后再喷或抹一层砂浆或在喷射面上直接喷或抹一层砂浆。

(6)喷射混凝土的养生。

喷射混凝土终凝2h后,应及时喷水养生。养生时间应不少于7d。水泥含量高、表面粗糙的薄层喷射混凝土结构的养生,是确保其强度的形成和避免表面开裂的重要措施。

5.4.5 锚喷混凝土加固技术施工验收关键环节

1)基本要求

(1)混凝土所用的水泥、砂、石、水和外掺剂的质量和规格必须符合有关规范的要求,按规定的配合比施工。

(2)支架式必须严格按照施工技术规范的要求进行制作,必须牢固稳定。

(3)严格按照设计规定的施工顺序浇筑拱圈混凝土。

(4)拱架的卸落必须按照设计和有关规范规定的卸架顺序进行。

(5)不得出现露筋和空洞现象。

2)现浇拱圈实测项目

现浇拱圈实测项目见表5-11。

现浇拱圈实测项目　　　　　　　　表5-11

项次	检查项目		规定值或允许偏差	检查方法和频率	权值
1	混凝土强度(MPa)		在合格标准内	按《公路工程质量检验评定标准》(JTG F80/1—2004)附录D检查	3
2	轴线偏位(mm)	板拱	10	经纬仪:测量5处	1
			5		
3	内弧线偏离设计弧线(mm)	肋	±20	水准仪:检查5处	2
			±跨径/1 500		
4	断面尺寸(mm)	跨径≤30m	±5	尺量:拱脚、$L/4$、拱顶5个断面	2
			+10,-0		
5	拱宽(mm)	跨径>30m	±20	尺量:拱脚、$L/4$、拱顶5个断面	1
			±10		
6	拱肋间距(mm)	高度	5	尺量:检查5处	1

3)混凝土外观鉴定

(1)混凝土表面平整,线形圆顺,颜色一致。不符合要求时应采取措施补救。接缝平整密实,无明显错台。

(2)混凝土麻面面积不得超过该面积的0.5%。深度超过10mm的必须处理。

(3)混凝土表面不应出现非受力裂缝。裂缝宽度超过设计规定或设计未规定时超过0.15mm必须进行处理。

(4)不得出现露筋和空洞现象。

(5)拱段接头必须确保其强度和质量,并在达到设计规定的强度后,方可进行下一步施工。

4)钢筋施工外观鉴定

(1)钢筋表面无铁锈及焊渣。

(2)多层钢筋网要有足够的钢筋支撑,保证骨架的施工刚度。

5)钢筋加工及安装基本要求

钢筋、机械连接器、焊条等的品种、规格和技术性能应符合国家现行标准规定和设计规范要求。

5.5 灌浆加固技术

(压力)灌浆加固技术系指施加一定的压力,将某种浆液灌入结构或构件内部裂缝中,以达到封闭裂缝,提高主拱圈的整体性,恢复并提高结构耐久性和抗渗性能的一种修补方法。

采用灌浆加固技术修补桥梁结构上出现的各种裂缝,恢复其整体性和使用功能,已是国内外桥梁维修、加固中广泛应用的技术。应指出,对病桥或危桥等结构(或其中的构件)因承载能力不足引起的裂缝除采用灌浆加固技术处理外,尚应采取其他的加固补强措施从根本上提高或恢复桥梁的承载力,最终确保桥梁结构的安全、可靠。

5.5.1 灌浆加固技术的技术特点

采用灌浆加固技术具有以下优点:
(1)通过调整压力大小可起到灌满主拱圈块石间的空洞、空隙的作用,灌注效果有保证;
(2)施工设备简单、速度快;
(3)可以在狭窄的地方施工,施工效率高;
(4)有不同类型的灌缝注液,可根据工程的不同情况选用。

该技术也存在如下缺点:
(1)提高桥梁承载力幅度极为有限。灌浆技术起到的主要作用是封闭裂缝、增强结构或构件的整体性,起到一定的补强作用,但其提高桥梁承载力的幅度有限,需和其他技术共同作用才能起到较好的加固增强作用。
(2)对于病害严重拱轴变形大,裂缝开展严重超标的拱桥,采用压力灌浆技术加固拱桥具有局限性。
(3)压力灌浆技术尽管设备简单,但需一定的工艺和技术要求,在推广应用时需一定的专业技术人员。

5.5.2 灌浆加固技术使用范围

灌浆加固技术是一种专门针对裂缝处理的技术,它能够有效地封闭裂缝、增强结构的整体性和耐久性,与其他加固技术等结合在一起使用才能达到加固或增强桥梁、恢复或提高结构承载能力的目的。

此项技术一般用于块石砌筑砂浆不饱满、砂浆强度低、需提高整体性的主拱圈。

5.5.3 灌浆加固技术的施工工序与工艺

灌浆加固技术施工工序如下:裂缝处理→钻孔埋嘴→嵌缝止浆→压水(气)试验→配制浆液→灌浆→封口结束→检查。

1)裂缝处理

检查裂缝情况后,在裂缝两侧画线之内,用小锤、手铲、钢丝刷把构件表面整平,凿除突出部分,然后用丙酮擦洗、清除裂缝周围的油污。

2) 钻孔埋嘴

嘴子是灌浆材料的喷入口,也是裂缝的排气口。嘴子大小要适当,自重要尽可能地轻,以防因不易贴牢而坠落。嘴子布置的原则是:宽缝稀,窄缝密。断缝交错处单独设嘴。贯通缝的嘴子宜在构件的两面交错处布置。埋贴前,先把嘴子底盘用丙酮擦洗干净,然后用灰刀将环氧胶泥抹在底盘周围,骑缝埋贴到构件裂缝处。操作中,切勿堵死嘴子和裂缝灌浆的通道。

3) 嵌缝止浆

嵌缝止浆的目的是防止浆液流失,确保浆液在灌浆压力下将裂缝填充密实。如嵌缝质量不好,则灌浆压力不能升高,即使是低压,浆液也会大量外漏,以致缝内不能得到有效的灌注,影响灌浆质量。因此,当嘴子埋贴后,必须把其余裂缝全部封闭,进行嵌缝或堵漏处理。封闭密实程度是压浆补强成败的关键,必须认真对待。

封闭的办法是:对于裂缝较大的混凝土构件,可沿缝人工或用风镐凿成"V"形槽,宽度5～10cm,深3～5cm,并清除槽内松动的混凝土碎屑及粉尘,然后向槽内嵌塞水泥砂浆;对于裂缝较小的混凝土构件,可沿裂缝走向均匀刷上一层环氧浆液,宽7～8cm,然后在上面分段紧密贴上一层玻璃丝布,宽5～7cm。各个嘴子底盘周围5～10mm范围内不贴玻璃丝布,而用灰刀沿嘴子周围抹上环氧胶泥,先抹成鱼脊形状,再刷上一层环氧浆液。

4) 压水或压气试验

上述封闭工作完成后相隔一天,即可进行压水和压气试验,以便检查裂缝的封闭及嘴子的通畅情况。

5) 灌浆

经压水(气)试验检查,认为嵌缝质量良好,无渗漏现象后,即可配制浆液、准备灌浆。

往裂缝里灌注浆液,根据裂缝病态状况及施工条件的不同,可分别采用手压泵灌注或灌浆注射器灌注两种方法。当裂缝较大时可用手压泵;当裂缝细微,灌浆量不大时,可采用灌浆注射器的方法。

5.6 粘贴加固技术

5.6.1 粘贴加固技术机理

粘贴技术一般采用环氧树脂或建筑结构胶将钢板、钢筋、玻璃钢、碳纤维等抗拉强度高的材料粘贴在主拱圈表面,使之与结构物形成整体,从而达到提高主拱圈的抗弯、抗剪能力,以及减少裂缝扩展的目的。根据粘贴材料的不同,粘贴技术分为粘贴钢板技术、粘贴钢筋技术、粘贴碳纤维技术和粘贴玻璃技术。

结合石拱桥的特点,在实际加固(增强)工程中粘贴材料用得最多的是钢板。因粘贴纤维布(如碳纤维片材)技术由于石拱桥表面粗糙、打磨工作量大、工期长、成本高等原因在石拱桥加固增强工程中难以大规模投入使用。本章以粘贴钢板为主要内容对国内采用粘贴法加固石拱桥的成果进行介绍。

粘贴钢板法采用环氧系列黏结剂将钢板粘贴在石拱桥构件的受拉区或薄弱部位表面(对于受压区表面也可以粘贴钢板,但是考虑到混凝土良好的抗压性能与相对低廉的价格,对于受压区常采用现浇或喷射钢筋混凝土加固增强),使钢板与原结构物形成整体共同受力,以提高整个桥梁的刚度、强度,改善原结构的应力状态,限制裂缝的进一步发展,从而达到加固增强、提高桥梁承载能力的目的。

5.6.2 粘贴钢板加固技术的特点

粘贴钢板加固技术有如下优点:
(1)粘贴钢板所占空间小,基本不减小桥梁的净空;
(2)粘贴加固部位、范围和强度可根据设计构造需要灵活设置;
(3)施工简便,加固施工工期短;
(4)取材料方便,加固施工用料少;
(5)对桥梁正常交通不影响或影响较小。

粘贴钢板加固技术也存在如下不足之处:
(1)钢材的防腐、防锈问题较难处理,其耐久性尚待提高;
(2)施工过程中,将钢板弯制成形难度较大;
(3)由于钢板与石材的线膨胀系数、弹性模量相差太远,两者的共同协调作用、耐久性问题有待考察。

粘贴钢板加固技术的使用效果,对于小跨径、主拱圈表面较圆滑、基本情况良好的石拱桥,可起到有效的临时加固增强的效果。另一方面,粘贴钢板加固技术的耐久性,限于钢材自身的材料易锈蚀的缺点,该技术的耐久性是一个需要继续深入研究、解决的问题。另外,对于钢板的防锈,采用防锈油漆是目前广泛采用的处理办法,但其效果与有效期尚待观察。粘贴钢板加固技术的经济性,该项技术的加固费用较低。有资料表明,粘贴钢板加固石拱桥约占新建投资的15%~20%。

5.6.3 粘贴钢板加固技术的适用范围

粘贴钢板加固技术,适用于石拱桥的主拱圈、空腹式石拱桥的腹拱圈和横墙(或立柱)的承载能力恢复或提高使用荷载等级;但在采用该法处理石拱桥时,宜采取足够的措施对钢板进行必要的防锈、防腐。

由于该法施工工期较短,适合于通行大件荷载而进行临时加固增强、提高通行能力的场合。

5.6.4 粘贴钢板加固技术的加固设计技术

在对桥梁病害、缺陷及其成因进行详尽分析的基础上,根据病害所在的位置确定钢板的规格、尺寸和粘贴形式。一般将钢板粘贴在被加固构件的受力外边缘,以便充分发挥钢板的强度与作用,同时封闭粘贴部位的裂缝和缺陷,抑制裂缝的进一步扩展,从而提高结构的刚度和抗裂性。设计时,可根据需要与可能在不同的部位粘贴,有效地发挥粘贴钢构件的抗弯、抗剪和抗压能力。

(1)为提高桥梁结构的抗弯能力,一般在构件的受拉缘表面粘贴,使钢板与原结构形成整体受力,此时以钢板与基底层的局部抗剪强度控制设计。合理与安全的设计应控制在钢板发生屈服变形前,黏结处不应出现剪切破坏。

(2)加固(增强)设计时,钢板应作为石拱桥的石料砌体的断面来考虑,将钢板面积按弹性模量比换算成砌体面积。粘贴钢板加固桥梁构件的作用效应宜分别按下列两个阶段进行计算:

①第一阶段:粘贴钢板加固施工前,作用(或荷载)应考虑加固前时包括原构件自重在内的实际恒载及施工时的其他荷载;

②第二阶段:粘贴钢板加固后,作用(或荷载)应考虑包括自重在内的恒载、二期恒载作用及使用阶段的可变作用。增加的钢板仅参与使用阶段的可变作用受力计算。

(3)在构造设计时,加固用的钢板可按实际需要采用不同的形状。在石拱桥加固增强工程中,钢板功能一般为提高构件的抗弯承载能力,因此钢板尺寸应尽可能薄而宽,厚度一般为4~6mm,较薄的钢板有足够的弹性来适应构件表面的形状和变形。

(4)锚固钢板,应将钢板的两端延伸到低应力区,以减少锚固端的黏结应力集中,防止黏结部位构件出现裂缝,避免粘贴钢板被拉脱现象。

(5)为确保钢板与构件形成受力的整体,在设计时除应考虑钢板具有足够的锚固长度、黏结剂具有足够的黏结强度和耐久性外,为避免钢板在自由端脱胶拉开,端部可用夹紧螺栓固定,或设置U形箍板、水平锚固板等,并在钢板上按一定的距离用螺栓固定,确保钢板与基层之间的黏结力满足抗拉强度要求。

5.6.5 粘贴钢板加固技术的材料与构造要求

(1)加固用的黏结剂,必须是黏结强度高、耐久性好、具有一定弹性。

(2)钢板一般以A3钢或16锰钢为宜。钢板、连接螺栓及焊缝的强度设计值,应按现行国家标准《钢结构设计规范》(GB 50017—2003)规定。

(3)结合面的黏结强度,除黏结剂本身强度应确保外,主要取决于被加固构件的强度,因此粘贴钢板基层的强度不低于相当于C15混凝土的强度。

(4)为防止钢板锈蚀,延缓黏结剂的老化,钢板表面应作密封防水防腐处理。

(5)黏结钢板在加固点外的锚固长度,除满足计算值外,尚应保证一定的构造要求:对于受拉区,不得小于$200t$(t为钢板厚度),亦不得小于600mm;对于受压区,不得小于$160t$,亦不得小于480mm;同时,锚固区尚宜增设U形箍板或螺栓等附加锚固措施。

5.6.6 粘贴加固技术的加固施工工艺

1)粘贴钢板加固石拱桥技术

(1)待黏结部位的基层表面应清凿平顺、坚硬干净;

(2)钢板除锈要彻底,且表面应有一定的粗糙度;

(3)慎重选择胶粘材料,配胶要精确,施工时开始固化的胶不得再用;

(4)粘贴时注意环氧砂浆饱满,一般在石料砌体表面及钢板表面分别涂刷一层均匀的环氧砂浆薄层,合计层厚约2mm,然后加压使之密贴并使之固定(黏结剂固化前应采取措施使钢板固定并夹紧);

(5)粘贴前在基层上钻孔并安装锚固螺栓(兼作固定件和压紧件),要求埋设牢固,具有可靠的抗拔力,以保持粘贴钢板时有效地加压,同时还可帮助钢板克服剪切,有利于粘贴的耐久作用。

(6)对钢板外表面进行防锈处理和被加固部位构件的外观处理。

2)粘贴钢筋加固石拱桥技术

对于拱式桥梁,特别是双曲石拱桥,也可用粘贴钢筋技术予以加固,以提高拱桥抗弯部位的抗拉能力。

粘贴钢筋技术的加固工艺要点如下:

(1)搭设支架,在支架上设有支承梁和成型模板。

(2)对原结构被加固部位的混凝土表面进行处理,确保粘贴效果更好。待粘贴表面要清除破碎部位、凿平拉毛,使骨料露出,用钢丝刷或压缩空气把浮尘清除掉。

(3)安装锚杆和布设钢筋。钢筋布设前,应先把钢筋按被加固部位的外形整形截好,除锈后再用丙酮擦洗干净,放在模板上扎成排栅,或在桥下点焊成排栅再就位,就位前,先在钢筋排栅表面涂一层环氧树脂胶浆,然后再用锚杆固定在构件的底面上。

(4)黏结。为便于脱模,粘贴钢筋前先在模板上铺一层塑料薄膜,再将环氧树脂砂浆均匀地摊铺在模板上,厚度稍大于设计值。粘贴时,在模板与支承梁之间打入木楔,将模板顶起压在构件底面的补强钢筋上,使环氧砂浆压入钢筋的间隙,与原结构的混凝土黏为一体。

(5)待环氧砂浆固化后拆除模板,并立即对粘贴质量进行检查,若发生空洞等缺陷,应及时用环氧砂浆进行修补。

(6)对加固部位表面进行防护处理,一般先清除补强钢筋表面的锈斑和尘污,然后涂一层环氧树脂薄浆罩面,再涂两层防锈漆在上面进行保护。也可在加固部位表面喷射一层混凝土保护层,防止补强钢筋锈蚀。

5.7 体外预应力加固技术

体外预应力加固桥梁是以粗钢筋、钢绞线或高强钢丝等钢材作为施力工具,对桥梁结构施加预应力,以预加力产生的弯矩和拉力部分抵消外荷载产生的内力,从而达到改善旧桥使用性能并提高其极限承载能力的目的。从力学角度分析,预应力索与被加固结构或构件在同一截面上的变形是不协调的,这是体外索与普通预应力筋区别所在。

在石拱桥加固(增强)的实际应用中,体外预应力加固技术分为预应力筋(束)纵向张拉或横向张拉两种。对于拱脚(或拱座、桥台)存在水平位移的石拱桥,为防止位移进一步发展、提高拱的承载能力,可以在拱脚(或拱座、桥台)设置锚固点,用预应力钢筋或钢筋混凝土拉杆将两拱脚(或拱座、桥台)连接起来,通过张拉预应力构件达到加固增强的目的。对于拱上建筑或桥台的侧墙有外鼓或外倾病害的桥梁,利用横桥向安设的预应力筋并张拉筋束至一定的应力值也可以达到加固的目的。

体外预应力加固技术,具有加固、卸载和改变结构或构件内力分布三重效果,适用于中小跨径桥梁的加固(增强)整治;对于大跨径桥梁,采用该项技术加固时宜配合其他加固方法进行综合整治,以达到良好的加固效果。

5.7.1 体外预应力加固技术的特点

体外预应力加固技术具有如下优点：

（1）能够有效恢复或较大幅度地提高旧桥承载能力，加固后所能达到的荷载等级与原桥病害情况、原来的设计标准及安全储备有关；

（2）体外预应力加固技术所需设备简单，投资较少，施工工期短，经济效益明显；

（3）在加固过程中，可以实现不中断交通或影响交通很小；

（4）原桥结构损伤较小。

同时该技术也存在如下不足：

（1）对预应力筋束的防腐、防锈问题尚待解决；

（2）由于钢材的徐变、锚固构件振动等原因，预应力筋内的应力水平逐渐降低；

（3）石拱桥采用此项技术对桥下净空影响极大。

5.7.2 体外预应力加固技术的使用效果、耐久性评价及经济性分析

体外预应力加固技术的使用效果，对于病桥、危桥该法能够有效恢复其承载能力，如石拱桥基本情况良好，加固技术应用恰当后可提高原桥承载能力15%~25%。

体外预应力加固技术的耐久性，限于钢材自身易锈蚀的缺点，该技术的耐久性是一个需要继续深入研究、有待解决的问题。对于钢材的防锈，采用防锈漆是目前广泛采用的处理办法，但其效果与有效期尚待观察。另外，体外预应力加固石拱桥技术还存在技术要求高、风险大的缺点。

体外预应力加固技术的加固费用较低。有资料表明，体外预应力加固石拱桥约占新建投资的10%~20%。

5.7.3 体外预应力加固技术的适用范围

对于主拱圈纵向开裂的石拱桥，宜设置横桥向钢拉杆施加预应力加固；对主拱圈横向开裂或桥台位移、拱顶下挠的石拱桥，则可采用顺桥向设置钢筋混凝土拉杆或钢拉杆施加预应力进行加固。

由于在拱脚（或拱座、桥台）上设置预应力筋或拉杆、采取纵向张拉形式时预应力钢筋对桥下净空影响很大，因此对有通航要求的石拱桥应充分考虑这一点。

5.7.4 体外预应力技术加固施工工艺

石拱桥与梁式桥的体外预应力加固技术施工工艺相似，纵向张拉预应力筋（束）的体外预应力加固技术工艺如下。

（1）安装锚固板：锚固板可用厚钢板制成，在钢丝束的位置上钻出穿丝孔，并用环氧砂浆将锚固板固定在拱脚。

（2）安装箍圈或定位梢：U形箍圈可用HRB335级钢筋焊制，顶端设有穿预应力筋束的套环。

（3）布设钢丝束。

(4)张拉:在一端用千斤顶等设备张拉,待达到预应力值后再进行锚固并浇筑混凝土封闭。

(5)进行必要的防护处理:张拉完毕后,在钢丝束上涂防锈防腐涂料,并作其他相关处理。

5.8 石拱桥综合加固整治技术

5.8.1 石拱桥综合加固整治技术的适用范围、目的和意义

1)石拱桥综合加固整治技术的适用范围

对存在病害的桥梁进行整治时,仅采用一种措施来达到彻底根治病害的目的往往难以奏效。相应地,需根据桥梁病害的具体状况同时采用几种措施来加以实现,即综合整治。这是今后桥梁病害桥梁加固整治工程实践的必然选择和重要原则。

所谓"综合加固整治技术"就是针对桥梁的病害特征,对病害作用的部位、病害影响范围以及导致病害产生的各种可能原因均采取相应措施,综合运用多项技术进行处理。在多项技术中,通常有几种技术对整治病害起主导作用,而其余技术起辅助作用,联合使用多种技术以彻底根除病害、恢复甚至提高桥梁的承载能力和通行能力。

由于桥梁病害的特征会因各种桥梁的结构形式、施工质量以及管理养护和地基状况等的不同而呈现出千差万别的形态,在工程实践中要求对病害桥梁的综合整治必须因地、因桥而采取不同的技术方案。综合运用多项技术或工艺,这在客观上造成了桥梁病害综合整治工程琐碎、技术复杂、工作难度较大,因此工程技术人员必须首先对病害综合整治中的一些普遍性问题加以研究,以利将来指导和组织对病害桥梁的综合整治实践。

2)石拱桥综合加固整治技术的目的

桥梁结构在运营使用过程中,发生病害或损伤在所难免。由于桥梁是由多种构件按照一定原则组合而成的庞大系统,其病害产生部位、影响范围、形成机理及病害程度彼此不同,又相互作用、相互交织,十分复杂和琐碎。因此,对病害桥梁只有采取综合整治的措施,才能彻底根治病害,确保桥梁结构的安全适用和耐久。

综合整治的目的是:针对桥梁病害的具体情况,运用综合整治的思想,拟定科学合理的治理方案,消除病害带来的和可能带来的一切不利影响或破坏,以确保桥梁结构正常使用所要求的技术先进、安全可靠、耐久适用、经济合理的要求。

3)石拱桥综合加固整治技术的意义

对于病害桥梁(尤其是病害较为严重的桥梁)的处理方式通常包括废弃或拆除重建和综合整治后利用两种选择。显然,后者的经济性优于前者。

从多年的桥梁加固的工程实践来看,桥梁病害综合整治的经济效益是明显的,其费用通常仅占新建桥梁投资的5%~30%。因此桥梁病害综合治理的根本意义在于经济效益相当显著,尤其是对于我国这样一个经济水平相对较低的发展中国家更具有重要的战略意义。

此外,桥梁病害综合整治还具有工艺简单、施工快速、工期较短、影响较小等突出的优点,其社会效益也相当显著。总之,桥梁病害综合整治有着投资省、见效快的显著特点,其经济效益和社会效益也不可低估,具有重要的实践意义和推广价值。

5.8.2 石拱桥加固整治技术综合应用方法

正如前述,桥梁病害综合整治是一项十分细致而又极具灵活性的工作,它所需要考虑的因素和涉及的问题很多。从某种意义上讲,无论是综合整治方案的拟定与设计计算,还是综合整治的具体实施,其难度往往比新建桥梁大得多,具有鲜明的特点和要求。

1) 综合整治的特点

为了维持桥梁的正常运营条件,尽量保持和延长桥梁的使用寿命,对出现病害的各类桥梁进行综合整治是非常必要的。综合整治的一般特点是:

(1) 综合整治工程通常要求在不中断交通或尽量少中断交通的条件下进行施工,因此综合整治的实施方案必然具有施工工艺简便、施工速度快、工期短的特点。

(2) 综合整治工程的施工现场狭窄、拥挤,常受原有结构物的制约。

(3) 综合整治施工过程有可能对原有结构及相邻结构构件产生不利影响。

(4) 综合整治施工中常常隐含许多不安全因素。

(5) 综合整治的方案拟定及设计计算需充分考虑新、旧结构的强度、刚度与使用寿命的均衡,以及新、旧结构的共同工作,使之协调变形,具有较多的约束和限制。

(6) 综合整治是一项复杂的系统工程,在组织实施时,必须通盘考虑,综合分析,采用多种措施,充分挖掘其内部潜力。

2) 综合整治的要求

桥梁病害综合整治需要考虑的因素很多,涉及的范围也较广,这在客观上对综合整治提出了许多的要求。综合整治的具体要求主要有:

(1) 综合整治方案及实施应尽量减少对结构的损伤,并充分利用原有的结构构件,且应保证原有结构保留部分的安全性与耐久性。对于确无利用价值的构件则予以报废、拆除,其材料尽量回收。

(2) 综合整治应做到安全、可靠、耐久,满足使用要求。

(3) 综合整治应做到施工过程中应尽量不中断或少中断交通。

(4) 综合整治在实施过程中应是技术上简易可行,施工上方便,机具设备简单。

(5) 对于某些因下部结构或基础不均匀沉降等原因而导致的上部结构病害,以及其他偶然因素(如地震)所引起的结构损伤,在进行综合整治时应同时考虑采取消除,必须首先治理好下部结构病害后,方可再治理上部结构病害。

(6) 综合整治的技术方案必须进行优选,使综合整治工程具有较明显的经济效益。

(7) 综合整治必须视桥梁为一个系统,充分考虑系统本身所具有的特征,牢固树立处理系统问题应具备的基本观点。

3) 综合整治的前提

桥梁病害的综合整治并非在任何情况或在桥梁处于任何状态均可进行,在实际进行桥梁病害综合整治决策时,必须在下述前提条件下方可采取综合整治:

(1) 对引起桥梁产生病害的主要原因已研究分析透彻。

(2) 病害桥梁的变形已处于稳定状态,裂缝发展已停止。

(3) 桥梁结构自身尚存在一定的抗力,且有可利用的有利因素,以确保加固的安全、成功。

(4)尽可能用已成熟的新材料、新工艺、新技术做综合整治。

在桥梁病害综合整治中,如不具备综合整治的基本前提,就贸然采取综合整治措施最终可能会病理分析不透彻、处理时机不当或治理方法欠妥,而导致桥梁在综合整治过程中病害加重及至垮塌,造成重大的生命财产损失和社会政治影响。

5.8.3　石拱桥综合加固整治技术的设计原则及程序

桥梁病害综合整治必须进行详细的设计计算,对关键的技术措施尽量在事先就进行必要的试验,以掌握其技术要求及检验方法。因此,桥梁病害综合整治设计应遵循以下基本原则和程序。

1)综合整治的设计原则

一般进行综合整治设计应遵循以下基本原则:

(1)应按现行规范进行设计,综合整治后的桥梁在使用荷载作用下,原有结构构件及新增加或加固后的结构各部分的强度、刚度及裂缝限值等均应符合规范要求。

(2)当主要加固原桥承载能力不足的病害时,综合整治可在原有结构保持恒载应力状态下进行。此时,原有结构的全部恒载及加固施工中、加固后增加的恒载应由原构件承受,活载则由复合结构共同承受。

(3)若原有结构构件的应力(或荷载效应)已接近或超过结构承载能力,需要减少桥梁的恒载应力时,则应采取减载措施,使桥梁在卸除部分恒载的状态下进行加固。在这种情况下,新增构件(截面)除与原有构件共同承受活载外,还承受原有结构后期增加的一部分恒载。

(4)设计时应周密考虑并采取必要措施保证结合界面的强度、新旧部分的整体性与共同工作的特性。特别是新旧结构的混凝土往往由于收缩不同而导致内力重分布,从而引起混凝土结合面因较大的拉应力而开裂,影响结构的整体性。在设计、施工时更应注意尽量减小混凝土收缩的不利影响而采取相应的措施。

(5)设计时应严格贯彻"方案择优、综合整治、不断交通、修饰美化"的病害综合整治原则。

2)综合整治的设计程序

桥梁综合加固整治的设计程序是:

(1)确定综合加固的对象,明确综合整治的目的,拟定综合整治的技术标准和要求。

(2)进行原桥全面、详细的现状和病害调查与技术资料的收集。

(3)对原桥的技术状况及病害进行分析与评定,其中病害的分析与评定包括:作出病害的诊断结论;确定病害的分类情况;分析病害的形成机理;评定病害的严重程度等。

(4)综合考虑整治方案的拟定与设计。

(5)组织熟练的施工队伍实施综合整治施工,并对施工过程进行全程跟踪考察。

5.9　施工质量检验与控制技术

本章着重研究钢筋混凝土套箍封闭主拱圈、增设复合钢筋混凝土拱板(肋)加固石拱桥技术的施工质量检验与控制技术。采用钢筋混凝土或素混凝土材料进行加固整治的施工质量检验与控制技术可以归结为钢筋混凝土或素混凝土结构的施工质量检验与控制技术研究。

5.9.1 构造要求

1) 锚杆

锚杆在加固石拱桥时所起的作用主要有三个方面:

(1) 抗拔作用。锚杆把钢筋混凝土加固层与原主拱圈层联结在一起,形成共同受力、协调变形的整体,其表现方式主要为抗弯拉状态下的抗拔。

(2) 抗剪作用。加固层与原主拱圈之间的界面属一薄弱界面,通过锚杆的抗剪作用,可达到增强薄弱界面抗剪能力的目的。

(3) 临时固定钢筋网的作用。加固层在施工过程中,在现浇混凝土前,锚杆通过焊接方式固定纵横钢筋网格。

锚杆的种类有多种,如砂浆锚杆、化学黏合剂锚杆、树脂锚杆等。在此介绍在实践中应用最为广泛的砂浆锚杆。

(1) 锚杆长度

锚杆长度应根据抗拔要求验算确定。根据试验和实践结果,可参照表 5-1 执行。

(2) 锚杆直径

锚杆直径过大将对原主拱圈产生一定的应力集中破坏作用,直径过小对抗拔受力不利,实践中可参照表 5-7 执行。

(3) 砂浆强度等级

砂浆强度等级不应小于 M20。

(4) 锚杆钻孔直径

锚杆钻孔大小应适中,如过大,将对受力不利;如过小,不便施工,且砂浆黏结强度难以保证。其他砂浆锚杆设计参数见表 5-12。

砂浆锚杆设计参数 表 5-12

设 计 内 容	设计参数要求
锚杆长度	主拱圈高度的 1/9 ~ 1/5,最小不小于 9cm,最高不高于 25cm
锚杆直径	采用 HRB 335 级钢筋,$\phi 12 \sim \phi 16$
砂浆强度等级	M20 ~ M30
锚杆钻孔直径	大于所用锚杆直径 4 ~ 6mm

2) 加固层结构施工控制

(1) 尺寸

钢筋混凝土加固层的设计尺寸应按照相应技术的研究报告所述内容计算而得。一般而言,在满足强度前提下,尺寸越小越经济,且恒载负面影响效应越小,但过小的尺寸容易导致混凝土表面的龟裂,且根据国内外研究资料,为了达到主拱圈防水蚀、抗风化的要求,主拱圈厚度应有一最小尺寸要求。尺寸越大,恒载负面影响效应也越大。因此从构造、材料、使用角度,其加固层尺寸应满足表 5-2 要求。

(2) 钢筋及间距

加固层钢筋应结合整个加固层的尺寸情况,经计算分析后确定。一般而言,纵向主筋,取 $\phi 16 \sim \phi 28$,主筋间距应处于 15 ~ 25cm 之间;横向钢筋取 $\phi 14 \sim \phi 25$,钢筋间距应处于 20 ~

30cm 之间。

(3) 混凝土强度等级

加固层混凝土强度等级应按大于 C25 设计,而拱顶段混凝土强度等级应按大于 C30 设计。

(4) 不同桥型构造处理

在实腹式拱桥中,加固层将在相邻两横墙间在腹孔范围内的主拱圈作全截面封闭处理,且加固层通过纵向主筋锚固至横墙底座中,而在实腹段范围内,加固层则设计成"⊔"形(除拱背外,拱腹及两侧面三向封闭)。

对于空腹式拱桥,则沿主拱圈作钢筋混凝土加固层全截面封闭加固处理。遇到横墙时,通过纵向主筋锚固处理。

无论是空腹式拱桥还是实腹式拱桥,均在两主拱圈拱脚位置作加固层通过主筋锚入主拱座处理。

(5) 拱顶加强段加固层混凝土设计

拱顶段加固层混凝土由于施工不便,可采用以下三项措施进行处理:

① 增加现浇混凝土的和易性;

② 提高混凝土强度等级;

③ 作适当钢筋加强处理。

加强段长度应根据拱桥的弧度、施工情况确定。

5.9.2 施工控制技术

本章主要从施工工序、工艺要求、材料要求及配套施工技术等几个方面介绍石拱桥加固的施工控制技术。

1) 施工工序

加固层加固拱桥的施工工序如下:

(1) 沿桥梁主拱圈搭设轻型支架;

(2) 安设主拱圈砂浆锚杆;

(3) 主拱圈表面凿毛处理;

(4) 通过砂浆锚杆固定和布设纵横钢筋;

(5) 从两拱脚往拱顶方向浇筑混凝土加固层;

(6) 混凝土养生。

2) 工艺要求

(1) 支架

支架分为脚手架和自锚式支架两种。脚手架为常规的支架形式,通过钢管或木材组合联结,形成可满足加固层加固检查、支撑模板所需的结构。与现浇混凝土拱桥或浆砌块石拱桥脚手架相比,钢筋混凝土加固层本身自重较轻,相应其所需脚手架用材较少。自锚式支架是通过在原主拱圈上采用钢筋锚固联结加固层模板,依靠锚固力支撑现浇混凝土加固层恒重的一种支架体系,如图 5-41 所示。该自锚式支架仅需满足人工安设砂浆锚杆、钢筋网格、移动模板等功能,而无需承担加固层自重。因此,自锚式支架具有更为轻型、节约特点。

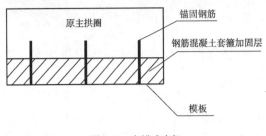

图 5-41　自锚式支架

无论是脚手架还是自锚式支架,其均需满足以下要求:

①可满足人工操作,诸如检查主拱圈、移动模板、浇筑混凝土等工作所需的载体功能;

②具有足够的承载力用以支撑钢筋混凝土加固层在施工中的重量;

③具有足够的刚度,在浇筑、振捣混凝土过程中不易发生变形。

(2)安设锚杆

①施工工序:放样并作标志→钻孔→高压水清洗孔→安设砂浆锚杆→检查密实度。

②砂浆的强度等级和稠度:砂浆应具有足够的强度等级,以满足锚固锚杆的要求。同时,其应具有合适的稠度;如砂浆太稠,则锚杆不易和原主拱圈粘贴在一起;如砂浆太稀,则锚固孔内砂浆容易溢漏,且强度等级不易达到。具体砂浆稠度可根据实际试验情况而定。

(3)主拱圈表面凿毛

主拱圈凿毛后,应达到表面粗糙,增强与现浇混凝土加固层结合的目的。

(4)布设纵向、环向钢筋

纵向、环向钢筋的布设对钢筋混凝土加固层整体刚度的发挥具有重要的影响作用,其具体工艺要求如下:

①纵向钢筋和环向钢筋交接处一律采用点焊,而其余纵向、环向钢筋交接处均需作绑扎固结处理;

②纵向钢筋在主拱圈拱座、拱上横墙位置应通过高强度等级砂浆锚入圬工砌体;

③钢筋的接长、绑扎、焊接均应满足《公路钢筋混凝土及预应力混凝土桥涵设计规范》(JTG D62—2004)要求。

(5)现浇混凝土加固层

现浇混凝土加固层是加固层加固拱桥的核心工作,为保证施工质量,有关工艺要求如下:

①混凝土浇筑顺序

加固层混凝土浇筑采用从两拱脚往拱顶方向对称施工的方式。浇筑分单元段进行,单元段长度的划分根据施工队伍材料准备情况、工期要求、外加剂掺量、脱模时间等几个方面,按实际现场试验结果科学确定。在一个单元段内,浇筑混凝土顺序为主拱圈腹面→主拱圈两侧面→拱背。采用该顺序浇筑混凝土的优点在于:

a.主拱圈两侧、拱背浇筑混凝土的恒重可由先浇筑的拱腹加固层和原主拱圈形成的复合主拱圈共同承担;

b.拱背浇筑混凝土的恒重可由先浇筑的拱腹、主拱圈两侧加固后和原主拱圈形成的复合主拱圈共同承担;

c.后续浇筑的加固单元段的恒重可由先浇筑的加固单元段与原主拱圈形成的套箍复合主拱圈共同承担。

②浇筑方法

主拱圈两侧及拱背混凝土的现浇相对较简单,在此不再赘述。在此仅介绍施工难度相对较大的拱腹混凝土浇筑方法。

拱顶区段以外的加固层浇筑方法是利用主拱圈纵向弧度,依靠现浇混凝土的自重从拱脚往拱顶方向逐段施工。而对于拱顶段的拱腹现浇层,由于纵向弧度小,则采用从两侧往中间方向浇筑的方式进行。当主拱圈宽度较宽,振捣棒不易振捣纵向中轴线段混凝土时,可采用分条幅方式进行:先浇筑中轴线位置条幅,再浇筑两侧条幅。

③外加剂的应用

a. 早强剂

由于旧桥加固工期要求短,后期施工结构需前期施工结构尽快达到强度,以便参与受力,故现浇混凝土需掺入适量的早强剂,以利于加固工程更为快速、安全、顺利地进行。

掺早强剂的技术要求见表5-13。

掺早强剂混凝土技术要求 表5-13

泌水率比(%)	凝结时间(min)		抗压强度比(%)				收缩率比(28d,%)
	初凝	终凝	1d	3d	7d	28d	
≤100	−90 ~ +90	—	≥135	≥130	≥110	≥100	≤135

注:①本表引自《混凝土外加剂》(GB 8076—2008);
②产品应说明对钢筋有无锈蚀危害;
③表中所列数据为掺外加剂混凝土与基准混凝土的差值或比值;
④凝结时间指标"−"号表示提前,"+"号表示延缓。

早强剂分为无机盐类和有机物类、复合早强剂三种。早强剂的掺量可根据现场试验情况而定。

b. 膨胀剂

混凝土在浇筑硬化过程中,由于化学减缩、冷缩和干缩等原因会引起体积收缩,其收缩值大约为自身体积的0.04% ~0.06%。这些收缩给混凝土的体积稳定性、耐久性带来很大的危害。混凝土的收缩会给混凝土造成下列危害。

第一,混凝土的开裂破坏。混凝土本身为脆性材料,其抗拉强度只有抗压强度的1/10 ~ 1/20,而且增长率与抗压强度不成正比,强度越高脆性越大。在收缩的过程中当收缩因受限制而产生的拉应力超过其本身的抗拉强度时,混凝土就会产生裂缝,影响它的力学性能、抗渗性和耐久性。

第二,混凝土抗渗性不好造成渗漏的破坏。混凝土在设计时,无论是材料和结构方面都必须对抗渗和防水加以考虑。而实际上在使用过程中仍然会发生渗漏事故。究其原因多半不是材料性能不好,而是由于混凝土收缩开裂,影响了抗渗性。

第三,混凝土开放性裂缝导致了混凝土中的钢筋锈蚀。尽管钢筋在使用前已经过了钝化及防锈处理,在混凝土的严密包裹下不会锈蚀。但如果混凝土产生了开放性裂缝而将钢筋暴露于空气中,则钢筋的锈蚀就一定会发生。

第四,混凝土的收缩会影响混凝土的体积稳定性。收缩应力破坏了混凝土微观结构,在长期受力作用下可能引起整个块体的破坏,造成坍塌事故。

因此,加固层加固拱桥施工过程中,须掺入适量的膨胀剂。膨胀剂类型也较多,有硫酸盐系膨胀剂,如 CSA 膨胀剂、U 型膨胀剂(UEA、UEA-H 等)、复合型膨胀剂-CEA、铝酸钙膨胀剂(AEA)及明矾石膨胀剂 EA-L 等,有石灰系膨胀剂,有其他类型膨胀剂,如铁粉系膨胀剂、氧化镁型膨胀剂、复合型膨胀剂等。各种膨胀剂在施工中的掺量可根据现场试验情况确定。

c. 减水剂

减水剂作用主要表现在以下几个方面:

第一,在不减少单位用水量情况下,改善新拌混凝土的和易性,提高流动度和工作度,特别是由于加固层尺寸小,钢筋较密集,混凝土流动度和工作度的增加,对保证现浇混凝土层的密实性具有积极的作用。

第二,在保证相同流动度的情况下,减少用水量,提高混凝土的强度。

第三,在保持一定强度情况下,减少单位水泥用量,节约水泥。

减水剂用量大小可根据现场试验情况确定。

5.9.3 施工质量检验技术

1)基本要求

(1)混凝土所用的水泥、砂、石、水和外掺剂的质量和规格必须符合有关规范的要求,按规定的配合比施工。

(2)支架必须严格按照施工技术规范的要求进行制作,必须牢固稳定。

(3)严格按照设计规定的施工顺序浇筑拱圈混凝土。

(4)拱架的卸落必须按照设计和有关规范规定的卸架顺序进行。

(5)不得出现露筋和空洞现象。

2)实测项目

实测项目见表 5-14。

就地浇筑拱圈实测项目　　　　　　　　　　　表 5-14

项次	检查项目		规定值或允许偏差	检查方法和频率	权值
1	混凝土强度(MPa)		在合格标准内	按《公路工程质量检验标准》(JTG F80/1—2004)附录 D 检查	3
2	轴线偏位(mm)	板拱	10	经纬仪:测量 5 处	1
		肋	5		
3	内弧线偏离设计弧线(mm)		±20	水准仪:检查 5 处	2
			± 跨径/1 500		
4	断面尺寸(mm)	跨径≤30m	±5	尺量:拱脚、l/4、拱顶 5 个断面	2
			+10,-0		
5	拱宽(mm)	跨径>30m	±20	尺量:拱脚、l/4、拱顶 5 个断面	1
			±10		
6	拱肋间距(mm)	高度	5	尺量:检查 5 处	1

3)混凝土外观鉴定

(1)混凝土表面平整,线形圆顺,颜色一致。不符合要求时应采取措施补救。接缝平整密实,无明显错台。

(2)混凝土麻面面积不得超过该面积的0.5%,深度超过10mm的必须处理。

(3)混凝土表面不应出现非受力裂缝,裂缝宽度超过设计规定或设计未规定时超过0.15mm必须进行处理。

(4)不得出现露筋和空洞现象。

(5)拱段接头必须确保其强度和质量,并在达到设计规定的强度后,方可进行下一步施工。

4)钢筋施工外观鉴定

(1)钢筋表面无铁锈及焊渣。

(2)多层钢筋网要有足够的钢筋支撑,保证骨架的施工刚度。

5)钢筋加工及安装基本要求

钢筋、机械连接器、焊条等的品种、规格和技术性能应符合国家现行标准规定和设计规范要求。

5.10 本章小结

本章研究并提出了桥梁加固设计的三个准则,恒载应力准则、组合应力准则和极限承载力准则;从机理分析、模型试验、设计理论和实施工艺等方面出发,系统地研究了钢筋混凝土套箍封闭主拱圈加固石拱桥、增设复合钢筋混凝土拱板(肋)加固石拱桥、基于平铰拱理论分析全桥内力的拱上恒载调整及改造石拱桥,以及石拱桥综合加固整治等成套技术。分析了各项技术应用于石拱桥加固的技术效果和适用范围,并就各项技术提出了详尽可行的加固施工工艺和系统的质量控制标准。在理论与试验研究的基础上将上述石拱桥加固技术成功地应用于秧田沟大桥(主跨$l=70m$)、沙担沟(主跨$l=80m$)、金山桥(主跨$l=30m$)等近百座石拱桥加固改造,有效地验证了这些技术的可行性。

本章参考文献

[1] 刘思孟.钢筋混凝土套箍封闭主拱圈加固拱桥技术研究[D].重庆:重庆交通大学,2004.

[2] 刘思孟,周建庭,等.肋板式变截面套箍加固拱桥力学计算模式研究[G]//第六届全国交通运输领域青年学术会议论文集.2005.

[3] 蔡松柏,沈蒲生,胡柏学,邓继华.基于场一致性的2D四边形单元的共旋坐标法[J].工程力学,2009(12).

[4] 胡柏学,邓继华,谢海秋,李跃军.双非线性四边形平面应力单元分析石拱桥的极限承载力[J].湖南科技大学学报:自然科学版,2007(3).

[5] 周建庭,等.钢筋混凝土套箍封闭主拱圈加固拱桥成套技术研究报告[R].2002.

[6] 蒙云.桥梁加固与改造[M].重庆:重庆大学出版社,1989.

[7] 交通部科技情报研究所,等.旧桥检验与加固[J].中南公路工程,1986(10).

[8] 王有志.桥梁的可靠性评估与加固[M].北京:中国水利水电出版社,2002.

[9] 赵彤,谢剑.碳纤维布补强加固混凝土结构新技术[M].天津:天津大学出版社,2001.

[10] 范锡盛,等.建筑物改造和维修加固新技术[M].北京:中国建材工业出版社,1999.

[11] 顾安邦.桥梁工程(下册)[M].北京:人民交通出版社,2000.

[12] 范立础.桥梁工程(上册)[M].北京:人民交通出版社,1996.

[13] 谌润水,等.公路桥梁荷载试验[M].北京:人民交通出版社,2003.

[14] 刘来君,等.桥梁加固设计与施工技术[M].北京:人民交通出版社,2003.

[15] 刘真岩,周建斌.旧桥维修加固施工方法与实例[M].北京:人民交通出版社,2005.

[16] 候发亮,等.粘钢加固技术在提高既有桥梁承载力上的应用[J].桥梁建设,2000(4):18.

[17] 熊洪滨,等.拱桥加固与改造综述[J].江西交通.2001(6):38.

[18] 郝行舟,等.拱托法对旧拱桥加固、加宽、提高荷载等级应用.河南交通科技,2000,20(1):12.

[19] 胡小兰,黄瑞兰.实腹式圆弧石拱桥的维修加固[J].广东公路交通,2001(4).

[20] 崔圣爱,等.粘贴钢板法在老石拱桥加固中的应用[J].重庆交通学院学报,2004(12).

[21] 周建庭.石拱桥施工中出现的病害分析与加固处理研究[J].重庆交通学院学报,2000(9).

[22] 刘玉擎,陈艾荣.石拱桥的有限弹簧法分析及其安全性评价[J].土木工程学报,2003,36(8).

[23] 罗松南,等.石拱桥拱脚开裂过程中的内力分析[J].湖南大学学报,2003,30(4).

[24] 孙文智,傅疆梅.石拱桥的一种简易加固方法[J].公路交通技术,2003(4).

[25] 高荣雄.石拱桥的改造治理[J].华东公路,2003(3).

[26] 陈发.桥梁养护与加固[J].中南公路工程,2000,25(4).

[27] 林恒.广福大桥石拱桥的修复[J].广东公路交通,2000(增刊):205.

[28] 姚继涛,等.建筑物可靠性鉴定和加固——基本原理和方法[M].北京:科学出版社,2003.

[29] 罗英,等.中国石拱桥研究[M].北京:人民交通出版社,1993.

第6章 石拱桥加固改造效果评价指标

从力学角度而言,桥梁结构的安全性包含三个方面——强度、刚度及稳定性。从桥梁的使用和后期维护角度而言,桥梁结构的耐久性日益引起工程界的广泛关注。对常规的旧危桥,稳定性已退居次要地位,因此本章集中探讨加固增强的强度评价与刚度评价指标,主要包括:

(1)石拱桥加固的强度评价指标定义、意义和作用及其在加固增强中的应用,强度指标分别从容许应力法和极限状态法两方面给予论证;

(2)石拱桥加固的刚度评价指标定义、意义和作用及其在加固增强中的应用。

6.1 强度评价指标

6.1.1 加固增强结构的二次受力特性

加固结构属于二次受力结构。加固前原结构已有荷载作用(第一次受力),内部存在一定的应力和形变;而加固一般是在未卸载或未完全卸载的条件下进行,新加的加固(增强)部分(以下简称加固层)在自身强度上来之后,才开始参与承担后来的新增荷载如活载,因此,加固层的应力和应变均滞后于原结构。在极限状态下,原结构应力早于加固层达到材料的极限强度,也更快地破坏。

由于加固增强结构的二次受力特性,原结构在加固前应力水平很高、变形很大的情况下,很有可能在加固施工完成后所有荷载作用下加固层应力和应变始终处于一个较低的水平,材料强度不能充分发挥。如加固层自重较大,消耗了桥梁原本已剩不多的承载潜力,则加固后的原结构可能处于一种比加固前更不利的状态,从而威胁加固后桥梁使用的安全。因此在设计过程中,加固层材料选择、尺寸拟定等基本问题都需有一个指标体系作为决策的参照和衡量标准,以使桥梁加固增强符合技术先进、安全可靠、耐久适用、经济合理的设计原则。

6.1.2 加固后桥梁承载能力计算方法

目前,对于加固后桥梁结构承载能力的计算方法取用问题,工程界尚未达成一致。结构设计理论发展至今已经历了若干个阶段,形成并提出了多种设计、计算方法,主要有以力学为基础的容许应力法和以概率理论为基础的极限状态设计方法。伴随着设计理论和方法的发展,我国的桥梁设计规范也一直在逐步发展和完善之中,从以容许应力法为准的《公路桥涵设计规范(试行)》(1975年版),至采用极限状态设计的《公路钢筋混凝土及预应力混凝土桥涵设计规范》(JTJ 023—85),到今天的以概论理论为基础的《公路钢筋混凝土及预应力混凝土桥涵设计规范》(JTG D62—2004)。

容许应力法是以弹性理论为基础,考虑结构具有一定的安全储备和富余量而提出来的一套包含一定经验性的定值设计方法。容许应力法与后来发展起来的极限状态法相比,具有清晰、明确的物理和力学模型,能够充分反映因结构施工或受力体系的不断变化而产生的应力分布的改变。通过逐步的应力叠加过程,得到结构上任一点的应力值及其方向。但是,该设计方法所采用的容许应力值是用材料的刚度除以一个指定的安全系数而得的数据,即一个经验和人为确定的数值,没有牢固的理论支撑和基础。材料容许应力的取值,不能将不同施工人员、不同施工技术等方面的差异反映出来,显得过于"一刀切";安全系数的引入虽被赋予结构安全储备的意义,但实际运用中却又难以达到这一目的。

极限状态法是一种以概率理论为基础的结构设计方法,它将材料性能和参数、结构构件的受力模式等因素运用数理统计方法进行处理,使得它们与实际状态下各种构件状况的随机差异相对应,采用这种方法设计而得到的结构具有较高的保证率。极限状态法的优点:它考虑了材料特性、施工质量等的随机性,对结构的计算图式进行了一定的简化;设计的结构具有较高安全性,同时又较经济,在安全和经济之间找到了较好的平衡;极限状态设计法弥补了容许应力法的不足。该法的缺点:对诸如加固构件等存在应力(应变)分布逐步叠加、截面特性逐渐变化的结构,不能计算结构二次受力条件下的承载力。

当前,加固结构承载力计算有的采用容许应力法,有的则采用极限状态法,针对加固结构构件,这两种方法各有优缺点。容许应力法考虑了施工过程、二次受力特性,不足在于安全系数、材料容许应力限值等不科学、基础不牢固。极限状态法计算过程简单,设计的构件既安全又经济,考虑了结构、材料和人的随机性影响,不足在于未能考虑加固后结构的二次受力特性。

基于上述理论和方法各有优缺点的现实,现在加固构件的计算方法研究的重点和趋势是:研究将容许应力法和极限状态法融合在一起,既考虑二次受力特性又计入材料等随机性因素的新理论、新方法。

6.1.3 论述前提

本文在遵循以下两个前提的基础上展开论述:

(1)桥梁是可加固的(或可增强的)。此项前提一方面是指加固前结构在自重作用下最大应力小于材料强度极限值;另一方面加固后的结构在加固(增强)设计荷载(组合)作用下各截面上应力均不超过极限值,即不会出现结构通过各种方法和技术加固增强后达不到设计荷载使用要求的后果。从极限状态设计理论角度而言,此项前提要求结构加固前和加固后的极限承载能力与正常使用极限状态的各项性能指标均达到要求。

(2)原桥与加固部分的界面有足够大的抗剪强度,两者在设计荷载作用及各种状态下均能有效地共同工作。加固(增强)结构属于二次组合结构,新旧两种材料能否共同工作的关键是结合面剪力能否有效传递,会不会发生界面剪切破坏。为了确保复合结构共同工作,设计时需要对结构的结合面(界面)进行抗剪验算,施工工艺上采取适当的措施保证新旧部分协调变形、共同承担后期荷载。

此外,论述中应力指标要求构件各阶段均遵循平截面假定,处于弹性变形状态。以下论述中如未做特别声明均假设加固层为一次性施工完成。假设加固层材料强度大于原结构材料。

6.1.4 强度评价指标

对加固后桥梁的强度,以下四个指标对评价加固的效果有重要意义:承载力提高率 α_L、恒载应力变化率 α_D、荷载置换率 α_T、加固层利用率 α_M。

1) 承载力提高率 α_L

桥梁加固的目的在于使达不到设计荷载或使用荷载要求的结构经整治处理后具有预期的承载能力,因此加固前、后的承载力变化必须纳入到加固后的效果评价中。承载力提高率 α_L 定义为:

$$\alpha_L = (R_2 - R_0)/R_0 = R_2/R_0 - 1 \tag{6-1}$$

式中:α_L——桥梁加固前后的承载力提高率;

R_0——加固前结构的承载力代表值,例如主拱圈跨中截面的抗力;

R_2——加固后与 R_0 对应的结构承载力代表值。

α_L 是从"宏观"上分析而得的一个反映加固前、后结构承载力变化的参数,从理论上而言其取值范围为:$-1 \leqslant \alpha_L$。但是,若仅从承载力提高这个角度而言,一个成功的加固工程应该满足:$0 \leqslant \alpha_L$,即加固后构件的承载能力宜有所增加。当 $-1 \leqslant \alpha_L < 0$ 时,则说明加固后结构的承载能力较加固前不但没有提高反而降低。这种结果的出现,可能有以下多方面的原因:

(1) 加固层尺寸过大、重量较重,对原结构剩余承载力"侵蚀"较大;

(2) 加固层材料选择不当,使得其参与分担的活载"份额"不高;

(3) 由以上两方面共同作用,也会引起 $\alpha_L < 0$。

对于不同的加固目标和要求,如桥梁加固整治要提高荷载等级则应有 $1 < \alpha_L$,而且 α_L 越大则增强效果越显著;如仅要求恢复结构的原有承载力水平,则 $\alpha_L = 0$ 也是一个可以接受的结果。

加固后结构承载力 R_2 中有一部分须用于承担恒载(原结构恒载与加固层恒载),因此承担活载的"有效"承载力的提高幅度是一个更加深刻地反映桥梁承载力本质的评判依据。

结构的"有效"承载力可以认为是从结构总的承载力中将用于承担恒载所消耗的承载力剔除,从而得到了用于承载汽车、行人和温度等荷载的承载力——剩余承载力(此"剩余"是相对承载完恒载后的余量)。剩余承载力是桥梁最具有价值的承载力的组成部分。因此,从剩余承载力角度可以将承载力提高率 α'_L 定义为:

$$\alpha'_L = (\Delta R_2 - \Delta R_0)/\Delta R_0 = \Delta R_2/\Delta R_0 - 1 \tag{6-2}$$

式中:α'_L——桥梁加固前后的承载力提高率;

ΔR_0——加固前结构的活荷载承载力代表值;

ΔR_2——加固后与 ΔR_0 对应的结构承载力代表值。

从 α'_L 上反映的是桥梁结构荷载等级实实在在的变化。对恢复承载能力的桥梁,加固的目标是 $\alpha'_L \geqslant 0$;对于提高荷载等级的桥梁应有 $\alpha'_L > 0$,且 α'_L 越大则荷载等级提高幅度越大;$\alpha'_L < 0$ 则意味着加固后的桥梁荷载等级低于加固之前,应重新选择加固材料、尺寸或采取必要的减载措施。

比较 α'_L 和 α_L,α_L 强调承载力的总和,其中包含了加固层恒载和施工过程中的恒载变化对结构的影响;α'_L 则专注于活载的承载能力部分,直接指向桥梁结构的承载能力核心。

2)恒载应力变化率 α_D

由上述分析可知,加固增强过程中恒载会发生变化,这种变化引起应力的增减完全作用于原结构之上。如果加固后整个结构即复合结构的恒载减轻了,在其他各项要求均满足的前提下,加固后不但减轻了原结构恒载,而且复合结构具有更高的承载潜力、新加部分材料强度能发挥得更充分。相反,如果加固层自重量过大,则加固可能招致"画虎不成反类犬"的后果。因此,加固前后原结构上的恒载应力变化应引起工程人员的高度关注。

因此引入恒载应力变化率 α_D,并将其定义为:

$$\alpha_D = \sigma_{D1}/\sigma_{D0} \tag{6-3}$$

式中:α_D——桥梁加固前后的恒载应力变化率;

σ_{D0}——加固前在恒载作用下原结构控制截面上的最大应力;

σ_{D1}——加固后在原结构同一截面对应位置恒载的应力增量。

图 6-1、图 6-2 反映了加固施工中原结构恒载应力变化的两种可能。施工过程经历了减载和加载,图中上部的恒载应力增加了,而下部的总恒载应力水平降低,这带来两方面的影响。首先加固后恒载应力增加意味着原结构用于承担活载的空间:$[\sigma_c] - \sigma_{D2}$ 和 $[\sigma_T] - \sigma_{D2}$ 被压缩,而图中下部情况相反;其次因加固层在承担荷载的过程中必须与原结构保持变形协调,而加固层和原结构结合界面上承担后期荷载的应变最大不超过:

$$\text{Min}\left\{\frac{[\sigma_c] - \sigma_{D2}}{E}, \frac{[\sigma_T] - \sigma_{D2}}{E}\right\}$$

式中:E——原结构的材料弹性模量。

恒载应力减小与增加相比较,加固层高强度发挥的空间相差极大,加固效果将发生质的转变。恒载应力变化率 α_D 在分析加载和减载的效应、加固层尺寸拟定与加载程序设计方面将起到重要作用。

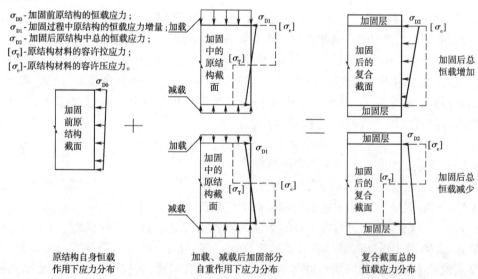

图 6-1 加固过程中恒载应力变化图

α_D 在设计、施工中的作用和意义在于:

(1)α_D 反映了加固过程中恒载的变化,因此加固设计时一方面应尽可能采用减载措施,另一方面拟定的加固层的尺寸、采用的材料重度等都不宜太大,以免增加过多的恒载应力,从而压缩了"有效荷载"——活载等的增长空间;

(2) α_D 一定程度上揭示了桥梁已加固部分对其他部分的影响。如上部结构加固过程中增加一定的恒载则基础是否需要处理,从 α_D 可以间接作出判断。

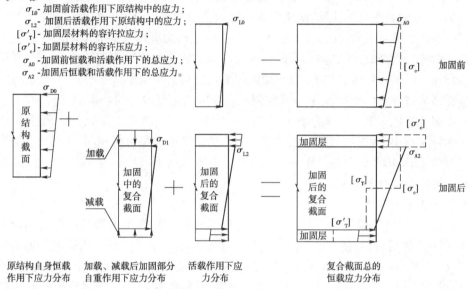

图 6-2 加固前后恒载与活载作用下的应力分布图

根据加固整治的目标不同, α_D 的合理取值范围有一定的差异。对于恢复结构承载力的桥梁, $\alpha_D \geqslant 0$,即加固后桥梁恒载应力增大是可以接受的。在这种情况下加固层虽然使原结构的负担增加,但加固层能够很好地分配较大"份额"的活载,这样相对于加固前桥梁在加固整治后的承载能力有所提高,达到恢复承载力的目的。因此,对于 $\alpha_D \geqslant 1$ 条件下的加固层尺寸限制可以适当放宽,但材料的强度、弹性模量等性能却有较高要求。当然 α_D 也不能太大否则仅加固层就已经"吃掉"较多的承载力,则桥梁总的承载力很难恢复或达到预期水平。

对于增强承载力的桥梁, α_D 宜满足: $\alpha_D \geqslant 1$。这样一方面原结构有部分原来用以承担恒载的承载力可以转而用于承载汽车、人群等有效荷载;另一方面这样也可以极大拓展加固层参与分配活载的空间,提高了加固层的材料利用率 α_M。$\alpha_D < 1$ 要求加固层的尺寸不宜过大、加固施工中尽量多地采取减载措施。在达到其他各项要求的前提下,满足 $\alpha_D < 1$ 的增强承载能力的加固设计是较出色的方案。

另外,对于增强承载力的桥梁如出现 $\alpha_D \geqslant 1$ 也是允许的,但这类状况下结构的承载能力提高幅度受到明显的限制。

3) 荷载置换率 α_T

二次受力特性决定了加固层只能参与桥梁上活载和后期恒载的作用。一般情况下,原结构为这种分担活载等付出的代价是施工过程中增加了加固层恒载,而这部分重量全部由原结构承担。对原结构,这种以增加恒载应力为代价而换取活载应力的减少是否"划算"、是否会在所有荷载作用下产生一个总的"减负"效应,可用荷载置换率 α_T 反映。

荷载置换率 α_T 定义为加固过程中在加固层恒载作用下（不含减载与加载措施的作用）原结构截面边缘增加的恒载应力与加固前后活载作用下应力减少之比，即：

$$\alpha_T = \Delta\sigma_L / \sigma_{DS} \qquad (6\text{-}4)$$

式中：α_T——桥梁加固前后的荷载置换率；

σ_{DS}——加固层恒载作用下原结构控制截面上产生的应力；

$\Delta\sigma_L$——活载作用下，原结构相应截面加固后较加固前应力的减小。

α_T 的合理取值应 $1 \leqslant \alpha_T$。$1 > \alpha_T$ 则表明对原结构增设加固层而增加的恒载应力比加固层分担活载等后期荷载的效应要大，即加固对原结构而言是不"划算"的。$1 < \alpha_T$ 则说明加固层虽然增加了原结构的恒载应力，但与加固层分担的活载等后期荷载的应力相比要小。当然，对于有提高荷载等级的桥梁，$1 > \alpha_T$ 且控制一定范围内也是值得的。

在多个加固方案从力学角度对比时，α_T 能较全面反映各方案在加固效率和效果上的差异。需特别指出，考虑到加固过程中多个方案的减载措施很可能相同，为突出各方案中的加固层部分的比较，因此，式(6-1)中 σ_{DS} 为加固层恒载作用下产生的应力可计入加固施工过程中引起恒载应力变化的效应。

4）加固层利用率 α_M

加固设计中，加固层通常采用强度、刚度较高的材料，但是由于二次受力结构本身固有的应力（应变）滞后特性，使得加固层中的应力水平低于原结构。在界面强度足够的条件下结构破坏从原结构开始，因此加固层材料高强度利用的效率——加固层利用率 α_M，能够较客观地反映加固方案在材料选择上的优劣。定义加固层利用率 α_M 为：加固后控制截面加固层的最大荷载效应与其承载能力之比：

$$\alpha_M = \overline{R_m} / [R_m] \qquad (6\text{-}5)$$

式中：α_M——加固层利用率；

$\overline{R_m}$——控制截面加固层的荷载效应最大值，对于钢筋本项为钢筋应力与面积之积；

$[R_m]$——加固层最大承载能力，对于钢筋本项为其强度与面积乘积。

6.1.5　强度评价指标之间的关系

桥梁加固的强度评价指标承载力提高率 α_L（或 α'_L）、恒载应力变化率 α_D、荷载置换率 α_T、加固层利用率 α_M 是从不同的角度评价加固整治对于桥梁强度的影响。α_L（或 α'_L）是从桥梁承载力这个全局的高度来评估加固的效果；α_D 和 α_T 都是从原结构出发，讨论加固施工对结构的影响；α_M 则是从加固层的角度来研究加固层材料强度和截面的使用效果。

上述四项评价指标，互相之间既有区别又有密切的联系。

6.1.6　强度评价指标的取值随跨径的变化

针对同一方法和相同的加固要求条件，不同跨径的桥梁其加固设计所采用的尺寸、材料都不尽相同。因此，各种常见跨径的石拱桥上述强度评价指标随跨径变化规律、特定的跨径的桥梁最优参数设计在设计等工作中具有十分重要的作用。

四个强度指标评价采用同一方案处理的桥梁时，α_L（或 α'_L）、α_M 和 α_T 与施工过程相对而言关联性稍低，而 α_D 不但与施工过程密切相关且施工中采用的辅助减载措施对其影响也很

第6章 石拱桥加固改造效果评价指标

大。以下对 α_L(或 α'_L)、α_M 和 α_T 三个指标与跨径的关系,通过分析四川省交通厅公路规划勘察设计院于1981年12月编著的《公路工程设计图——石拱桥上部构造》标准图中净跨分别为40m、50m、60m、70m 和80m 的等截面悬链线空腹式石拱桥用钢筋混凝土套箍封闭主拱圈加固技术在不同加固层厚度下的强度指标随跨径的变化加以研究。

1)承载力提高率 α_L 与跨径的关系曲线

图6-3 为净跨 $L_0 = 40$m、拱轴系数 $m = 2.814$、拱圈厚度 $D = 100$cm、净矢跨比为1/5 的石拱桥加固厚度与复合主拱圈拱顶截面承载力提高率 α_L 关系曲线图。为使数据无量纲化、便于比较分析,图中加固层厚度坐标取为加固层实际厚度与主拱圈厚度之比。

(1)承载能力提高率 α_L 并不随着加固层的增加而增加,相反当加固层较小时承载能力提高很明显;但当加固层增厚后承载能力提高率 α_L 急剧下降。这是由于加固层自身的恒载完全由原主拱圈承担,加固层越厚重量越大,原主拱圈有限的承载能力很快被耗尽而加固层强大的承载潜力并不能发挥出来。

(2)承载能力提高率 α_L 的最大值出现在加固层厚度为 $0.1D \sim 0.2D$ 之间,即约为 0.125m。

上述第一条共性在 50m、60m、70m 和 80m 的等截面悬链线空腹式石拱桥的承载能力提高率 α_L 也出现;净跨 $50 \sim 80$m 之间石拱桥的承载能力提高率 α_L 的最大值均出现在加固层实际厚度与主拱圈厚度之比较低时。

纵观净跨径分别为 40m、50m、60m、70m 和 80m 的等截面悬链线空腹式石拱桥用钢筋混凝土套箍封闭主拱圈加固技术在不同加固层厚度下的强度指标随跨径的变化曲线如图6-3 ~ 图6-7 所示,总结出如下规律:

(1)承载力提高率 α_L 的最大值均出现在加固厚度较小时,且厚度较大时 α_L 反而随之大大降低;

(2)随跨径的增大,上述曲线的下降段不但降低、速度越来越快,而且越来越呈直线形态。

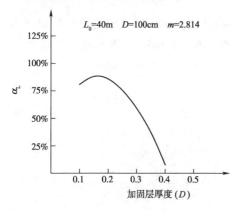

图6-3 加固层厚度与 α_L 关系($L_0 = 40$m)

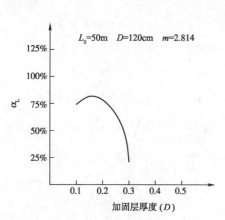

图6-4 加固层厚度与 α_L 关系($L_0 = 50$m)

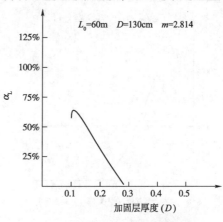

图6-5 加固层厚度与 α_L 关系($L_0 = 60$m)

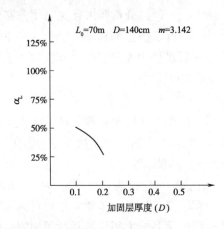

图 6-6　加固层厚度与 α_L 关系（$L_0=70m$）　　　图 6-7　加固层厚度与 α_L 关系（$L_0=80m$）

2）荷载置换率 α_L 与跨径的关系曲线

对于 40m、50m、60m、70m 和 80m 的等截面悬链线空腹式石拱桥用钢筋混凝土套箍封闭主拱圈加固技术在不同加固层厚度下的荷载置换率 α_T，从图 6-8 ~ 图 6-12 分析得出以下规律：

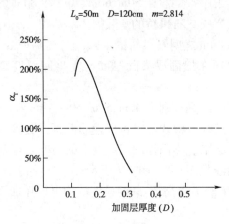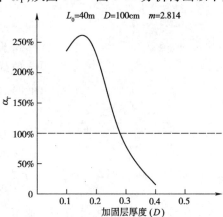

图 6-8　加固层厚度与 α_T 关系（$L_0=40m$）　　　图 6-9　加固层厚度与 α_T 关系（$L_0=50m$）

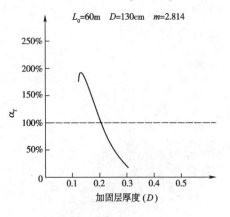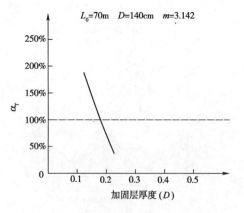

图 6-10　加固层厚度与 α_T 关系（$L_0=60m$）　　　图 6-11　加固层厚度与 α_T 关系（$L_0=70m$）

第6章 石拱桥加固改造效果评价指标

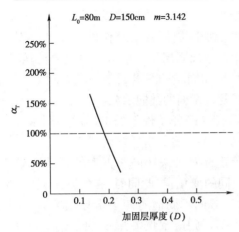

图6-12 加固层厚度与 α_T 关系(L_0=80m)

(1)对于中小跨径石拱桥,加固层的荷载置换率 α_T 均呈先扬后抑势。这是由于作用于原主拱圈加固层恒载增加,其恒载内力与加固层分担后期活载之间有一个平衡点;在此平衡点前 α_T 呈上升趋势,即对主拱圈而言,加固层增加的恒载内力速率小于其增加的抗力速率,因此加固层分担后期活载能力逐步增加;过此点后 α_T 呈下降趋势,即对主拱圈而言,加固层增加的恒载内力速率大于其增加的抗力速率,因此加固层分担后期活载能力逐步减小。对于大跨径桥梁,曲线图分析也表明平衡点也在加固层尺寸不大的情况下出现。

(2)各种跨径条件下,当荷载置换率 $\alpha_T > 100\%$ 时,意味着以增加主拱圈恒载内力为"代价"来换取加固层分担活载是很划算的;当 $\alpha_T < 100\%$ 时,意味着以增加主拱圈恒载内力为"代价"要大于加固层分担活载的"收益"。

3)加固层利用率 α_M 与跨径的关系曲线

对于40m、50m、60m、70m和80m的等截面悬链线空腹式石拱桥用钢筋混凝土套箍封闭主拱圈加固技术在不同加固层厚度下的加固层利用率 α_M,从图6-13~图6-17分析得出以下规律:

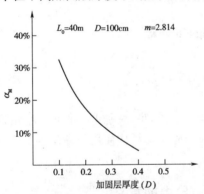

图6-13 加固层厚度与 α_M 关系(L_0=40m)

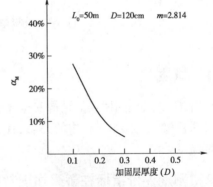

图6-14 加固层厚度与 α_M 关系(L_0=50m)

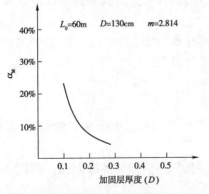

图6-15 加固层厚度与 α_M 关系(L_0=60m)

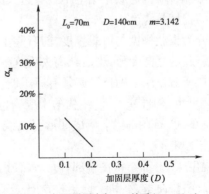

图6-16 加固层厚度与 α_M 关系(L_0=70m)

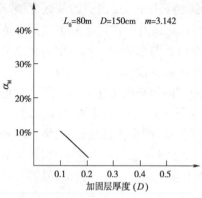

图 6-17　加固层厚度与 α_M 关系（$L_0=80\mathrm{m}$）

（1）在各种跨径下，加固层的加固层利用率 α_M 均呈下降趋势。这是由于加固层恒载全部作用于原主拱圈，因此对于原主拱圈无论加固层尺寸多么小总是要消耗一部分承载力。而对于加固层的承载，只在原主拱圈剩余承载力条件下形成复合截面的共同承载。

（2）总体而言，各种跨径条件下的加固层利用率 α_M 均不高，这与加固层材料自身的重度密切相关。

四个强度评价指标对于采用同一方案处理的桥梁，在不同截面呈现不同的变化；与此同时，在实际工程中根据位置的内力、病害等的不同应对四个指标作区分。例如若截面的承载力不足则应重点关注 α_L（或 α'_L），对其他指标作为调控目的以使 α_L（或 α'_L）最大；若截面的承载能力不控制，则可着重注意 α_M 和 α_T，以使加固层的材料、尺寸选择更加经济、合理。

6.1.7　截面强度评价指标的应用

桥梁加固的强度评价指标，可运用于加固方案比较阶段的技术评估、加固设计阶段的尺寸拟定、材料选择和施工中加固载程序的确定等一系列问题。

6.2　刚度评价指标

6.2.1　概述

与新建桥梁一样，加固桥梁的结构安全性包含三个方面——强度、刚度及稳定性；随着工程技术人员对桥梁长期使用过程中的性能、后期养护成本和结构使用寿命的逐渐重视，耐久性越来越受到高度关注。

6.2.2　刚度评价指标在桥梁加固效果评价中的意义

为了保证桥梁在荷载作用下不致有过大的变形，设计时要对其竖向刚度加以验算。衡量竖向刚度的指标是挠度。

挠度分为恒载挠度与活载挠度，前者是由结构自重和承载的恒载所引起的竖向变形；后者是由活载引起的竖向变形，当活载离去后这种变形就消失。

桥梁在荷载作用下的挠度必须有所限制，因为：

（1）挠度大，构件变形大，结构的次应力也大；

（2）挠度大，易在桥梁上形成凹形竖曲线，尤其在多孔拱桥上形成波浪起伏，高速行车会引起颠簸和冲击；

（3）挠度大，上部结构在端部转角大，使跨间邻接处的桥面突然隆起，易受行车的冲击，破坏伸缩缝及两桥面系，不利于行车和养护。

对于旧桥从存在状态分类，挠度又可分为永久变形挠度和弹性挠度。旧桥的永久变形是桥梁由于恒载作用、结构缺陷或病害致使结构发生的不可恢复的变形,属于结构病态的外部反映;弹性变形是由于荷载作用于结构上,使桥梁发生的变形,当荷载卸除后该变形即消失,属于结构对荷载的正常响应。

与刚度和承载力相比,挠度具有直观的外在表现形式,可以用工程中常见的仪器如水准仪等进行准确测量。从工程实际情况看,挠度指标更容易掌握和操作,因此挠度评价指标在桥梁加固中具有重要意义。

目前,加固工程设计、施工等诸环节中,对于结构的刚度和承载力较为重视,但是对加固前后和加固施工过程中结构的刚度——挠度的重要性普遍认识不足。

加固结构属于二次受力结构。加固前原结构已有荷载作用(第一次受力),结构必然发生挠曲变形;而加固一般是在未卸载或未完全卸载的条件下进行,新加的加固(增强)部分(以下简称加固层)在自身刚度上来之后,才开始参与组合结构协调变形、受力。因此,加固桥梁的变形也存在逐步叠加、加固层的挠曲变形滞后于原结构的特点。

对于部分病害较重的旧桥、危桥,由于病害、缺陷和荷载的共同作用,桥梁的线形与理想状态相比有很大的偏离,已处于不安全状态;加固施工过程必然存在恒载的增加与减少、施工的扰动和影响,因此在设计过程中,加固层材料选择、尺寸拟定等基本问题都需有一个指标体系作为决策的参照和衡量标准,以使桥梁加固增强符合技术先进、安全可靠、耐久适用、经济合理的设计原则。

6.2.3 刚度评价指标

对于加固增强后桥梁的刚度,以下三个指标对评价加固的效果有重要意义:总挠度变化率 β_L(或 β'_L)、恒载挠度变化率 β_D、挠度置换率 β_T。

1)总挠度变化率 β_L

桥梁加固增强必然要求结构的刚度有所改善,因此,加固前、后的总挠度变化必须纳入到加固后的效果评价中。总挠度变化率 β_L 定义为:

$$\beta_L = (\delta_2 - \delta_0)/\delta_0 = \delta_2/\delta_0 - 1 \tag{6-6}$$

式中:β_L——桥梁加固前后的总挠度变化率;

δ_0——加固前结构在全部荷载(含恒载和活载)作用下挠度值;

δ_2——加固后与 R_0 对应的结构承载力代表值的挠度值。

β_L 是从"宏观"上分析而得的一个反映加固前、后结构刚度变化的参数,若仅从刚度提高这个角度而言,一个优秀的加固工程应该满足:$0 < \alpha_L$,即加固后构件的刚度宜有所增加、在全部荷载作用正反挠度宜有所减小。

加固后结构挠度 δ_2 中有一部分由恒载(原结构恒载与加固层恒载)引起,因此,承担活载的"有效"挠度的变化幅度是一个更深刻反映桥梁刚度本质的评判依据。

结构的"有效"挠度可以认为是从结构总的挠度中将由恒载所产生的挠度剔除,从而得到了由于承担汽车、行人和温度等荷载引起的结构变形——剩余挠度(此"剩余"是相对由恒载引起挠度的余量)。剩余挠度是桥梁最具有价值的挠度的组成部分。因此,从剩余挠度角度可以将总挠度变化率 β'_L 定义为:

$$\beta'_L = (\Delta\delta_2 - \Delta\delta_0)/\Delta\delta_0 = \Delta\delta_2/\Delta\delta_0 - 1 \tag{6-7}$$

式中：β'_L——桥梁加固前后的总挠度变化率；

$\Delta\delta_0$——加固前结构的活荷载产生的挠度值；

$\Delta\delta_2$——加固后与 $\Delta\delta_0$ 对应的结构挠度值。

β'_L 反映的是桥梁结构荷载等级实实在在的变化。对恢复承载能力的桥梁，加固的目标是：$\beta'_L \leq 0$；对于提高荷载等级的桥梁通常会出现：$\beta'_L > 0$，如果采取措施效果较好也有可能满足：$\beta'_L \leq 0$。不论对于恢复承载力的桥梁还是提高荷载等级的桥梁，$\beta'_L > 0$ 都是可以接受的，但是 β'_L 太大则对加固层的结构性能不利。

比较 β_L 和 β'_L，β_L 强调桥梁结构的总体刚度和所有荷载产生的挠度，其中包含了加固层恒载和施工过程中的恒载变化对结构的影响；β'_L 则专注于活载的承载能力部分，直接指向桥梁结构刚度的核心。

2）恒载挠度变化率 β_D

由于结构的二次受力特性，加固增强过程中恒载会发生变化，这种变化产生挠度的增减完全由原结构承担。如果加固后整个结构即复合结构的恒载减轻了，在其他各项要求均满足的前提下，加固后不但原结构恒载负担减轻了，而且复合结构线形能够得到改善，从而使桥梁的内力分布、行车性能和外观都发生有利的良性改变。相反，如果加固层重量过大或加载位置不当，则加固可能招致"画虎不成反类犬"的后果。因此加固前后原结构上恒载产生的挠度应引起工程人员的高度关注。

因此引入恒载挠度变化率 β_D，并将其定义为：

$$\beta_D = \delta_{D1}/\delta_{D0} \tag{6-8}$$

式中：β_D——桥梁加固前后的恒载挠度变化率；

δ_{D0}——加固前在恒载作用下原结构控制截面上的挠度；

δ_{D1}——加固过程中在原结构相同截面对应位置挠度的改变增量。

β_D 在设计、施工中的作用和意义在于：它反映了加固过程中恒载的变化，因此加固设计时一方面应尽可能采用减载措施，另一方面拟定的加固层的尺寸、采用的材料重度等都不宜太大，以免增加过多的恒载挠度，从而导致桥梁线形更加偏离原设计状态。

根据加固整治的目标不同，β_D 的合理取值范围有一定的差异。对于恢复结构承载力的桥梁，$\beta_D \geq 0$ 即加固后桥梁恒载引起的挠度增大是可以接受的。在这种情况下加固层虽然使原结构的负担增加，但加固层能够很好地分配较大"份额"的活载，这样相对于加固前桥梁在加固整治后的整体刚度有所提高，达到恢复桥梁使用性能的目的。因此，对于 $\beta_D \geq 0$ 条件下的加固层尺寸限制可以适当放宽，但材料的刚度、弹性模量等性能却有较高要求。当然 β_D 也不能太大，否则仅加固层就已经产生较大的挠度力，则桥梁总的挠度很可能达不到规范要求。

对于增强承载力的桥梁，β_D 宜满足：$\beta_D \leq 1$。这样一方面原结构有部分原来由恒载产生的挠度可以转而用于承载汽车、人群等有效荷载，另一方面这样也可以极大拓展加固层参与分配活载的空间，提高加固层的材料利用率 α_M。$\beta_D < 1$ 要求加固层的尺寸不宜过大、加固施工中尽量多地采取减载措施。在达到其他各项要求的前提下，满足 $\beta_D < 1$ 的增强承载能力的加固设计是较出色的方案。

另外，对于增强承载力的桥梁如出现 $\beta_D \geq 1$ 也是允许的，但这类状况下结构的线形改善受到明显的限制。

3)挠度置换率 β_T

二次受力特性决定了加固层刚度只能在桥梁上活载和后期恒载的作用下才有效。一般情况下,原结构为这种分担活载等付出的代价是施工过程中增加了加固层恒载,而这部分重量全部由原结构承担。对原结构,这种以增加恒载挠度为代价而换取活载挠度的减少是否合算、是否会在所有荷载作用下产生一个总的"减负"效应,可用挠度置换率 β_T 反映。

挠度置换率 β_T 定义为加固过程中在加固层恒载作用下(不含减载与加载措施的作用)结构增加的恒载挠度与加固前后活载作用下挠度减少之比,即:

$$\beta_T = (\Delta\delta_L)/\delta_{DS} \tag{6-9}$$

式中:β_T——桥梁加固前后的荷载置换率;

δ_{DS}——加固层恒载作用下原结构控制截面产生的挠度;

$\Delta\delta_L$——活载作用下,原结构相应位置加固后较加固前挠度变化量。

β_T 的合理取值应 $1 \leq \alpha_T$。$\beta_T < 1$,则表明对原结构增设加固层而增加的挠度比加固层对结构整体刚度的增强效应要大,即加固对原结构而言是不合算的。$\alpha_T > 1$,则说明加固层的存在虽然增加了原结构的恒载挠度但与加固后全部荷载作用下的挠度减小相比要小。当然,对于有提高荷载等级的桥梁,$\beta_T < 1$ 且控制一定范围内也是值得的。

对多个加固方案从力学角度对比时,β_T 能较全面反映各方案在加固效率和效果上的差异。需特别指出,考虑到加固过程中多个方案的减载措施很可能相同,为突出各方案中加固层部分的比较,因此,式(6-9)中 δ_{DS} 为加固层恒载作用下产生的应力可计入加固施工过程中减载措施引起的挠度变化的效应。

对于加固增强后桥梁的刚度,以下三个指标对评价加固的效果有重要意义:总挠度变化率、恒载挠度变化率、置换率。

6.2.4 刚度评价指标之间的关系

桥梁加固的刚度评价指标总挠度变化率 $1 > \beta_L$(或 β'_L)、恒载挠度变化率 β_D、挠度置换率 β_T 是从不同的角度评价加固整治对于桥梁的刚度的影响。β_L(或 β'_L)是从桥梁整体刚度这个全局的高度来评估加固的效果;β_D 是从原结构出发,讨论加固施工对结构的影响;β_T 则是从加固层的角度来研究加固层材料的刚度和截面的使用效果。

上述三项评价指标,互相之间既有区别又有密切的联系。

6.2.5 全桥不同截面刚度评价指标的取值变化

三个刚度评价对于采用同一方案处理的桥梁,在不同截面呈现不同的变化;与此同时,在实际工程中根据位置的内力、病害等的不同应对三个指标作区分。

6.2.6 截面刚度评价指标的应用

桥梁加固的刚度评价指标,可运用于加固方案比较阶段的技术评估、加固设计阶段的尺寸拟定和材料选择和施工中加固载程序的确定等一系列问题。

6.3 本章小结

(1)本章讨论了选择承载力提高率 α_L、恒载应力变化率 α_D、荷载置换率 α_T、加固层利用率 α_M 等四个指标构成桥梁强度评价指标体系,总结了该体系各项指标对桥梁结构强度的表征特点,分析了上述强度评价指标随被加固桥梁跨径改变而产生变化的规律,提出了针对不同加固目标而对强度评价指标体系进行调整的原则和思路。

(2)讨论了选择总挠度变化率 β_L(或 β'_L)、恒载挠度变化率 β_D、挠度置换率 β_T 等三个刚度评价指标构成桥梁刚度评价指标体系,总结了该体系各项指标对桥梁结构刚度的表征特点,分析了各项指标之间的联系,提出在实际工程中根据位置的内力、病害等的不同应对三个指标作区分。

本章参考文献

[1] 武同乐,等.公路旧桥加固效果综合评价方法[J].交通运输工程学报,2005,5(1):28-32.
[2] 蒙云.桥梁加固与改造[M].重庆:重庆大学出版社,1989.
[3] 罗英,等.中国石拱桥研究[M].北京:人民交通出版社,1993.
[4] 王有志.桥梁的可靠性评估与加固[M].北京:中国水利水电出版社,2002.
[5] 罗松南,等.石拱桥拱脚开裂过程中的内力分析[J].湖南大学学报,2003,30(4).

第7章 石拱桥加固维修决策

7.1 石拱桥加固的经济性分析

7.1.1 石拱桥加固的意义

石拱桥加固对现有道路网节点的技术改造,提高道路运输的经济效果,节约寿命周期投资等都是非常有效的。因此不能把石拱桥加固仅仅看作是一项被迫的临时措施,而应把它看作是提高现有石拱桥技术水平的重要的和经常性的手段。

从加固改造的效益角度看,影响石拱桥加固的主要因素有三个方面:

(1)加固后石拱桥能否适应交通需求,结构性能能否达到预期?如果石拱桥远远不能适应交通需求,则该石拱桥不宜进行加固。

(2)石拱桥结构变动是否非常重大,如果石拱桥结构变动重大,以致得不偿失,则不宜进行加固或重新选择加固技术方案。

(3)石拱桥自身技术状况如何,如果石拱桥病害已经很严重,安全性与结构稳定性不能保证,则加固石拱桥从技术上讲,常常是非常困难的,所需费用也较高,故不宜进行加固。

7.1.2 石拱桥病变及加固的必要性

石拱桥在使用过程中,由于物理作用(如车辆荷载作用、人群荷载作用、船舶撞击、雨水冲刷、地震等)、化学作用(如大气及酸雨产生的腐蚀、氧化)等的影响,会出现继续使用该石拱桥将不能维持良好的性能和取得预期效果,或者安全性差,根本不能再使用,或者虽然能使用,但经济上已经不合理的情况,这个过程中石拱桥逐渐发生的耗损或损坏称为石拱桥的病变。

随着石拱桥使用时间增长,石拱桥有形病变和无形衰变加剧,结构可靠性下降,石拱桥病变增多,车辆运输效率差,影响行车安全,车辆运行速度降低,造成排气污染和噪声污染。由于养护费用增加,使经营费用增加。石拱桥病变补偿的方法是养护、维修、加固或重建。

通过对石拱桥寿命的研究,要求用技术上先进、经济上合理的石拱桥加固或改造方案。本章应用技术经济学的基本原理和基本方法,研究石拱桥的病变、加固与重建,确定石拱桥的最佳加固期以及维修与重建的经济界限的理论、方法。

使石拱桥减少病变,及时对石拱桥的病变采取必要的加固措施,使石拱桥的性能不断提高,以维持其良好的性能,可以带来良好的经济与社会效益。因此,加强对石拱桥病变及加固措施的有关研究具有重要意义。

1)石拱桥病变的分类及度量

石拱桥病变分为有形病变和无形病变两大类。

(1) 石拱桥的有形病变

石拱桥在使用过程中所发生的实体病变称为有形病变,亦称物质病变。有形病变按其成因不同分为:第Ⅰ种有形病变和第Ⅱ种有形病变。

第Ⅰ种有形病变与石拱桥的使用时间和材料的强度有关,是由于在各种力的作用下,石拱桥在使用过程中结构部位发生摩擦、震动和弹性疲劳等现象,致使石拱桥的实体发生病变。通常表现为:原始尺寸的改变,甚至形状的改变,如松动、裂缝、倾斜、拱轴线变形、墩台基础沉降等有形病变。

第Ⅱ种有形病变与石拱桥的建成时间及维护状况有关。石拱桥建成后,由于自然力的作用使石拱桥石料风化、剥落,或者由于管理不善和缺乏必要的维护而丧失强度和工作能力,产生的物质病变属于第Ⅱ种有形病变,如基础冲刷、砌体灰缝脱落、支座脱落等。

当石拱桥的有形病变达到一定程度时,就会使结构的使用性能下降,车辆运行费用增加。有形病变达到比较严重的程度时,石拱桥就不能继续正常工作,行人和行车有不安全感,甚至会发生事故,提前失去工作能力或者需要支付很大的费用进行维修,造成经济上的损失。因此,有形病变的技术后果是石拱桥使用价值的降低或者部分丧失直至完全丧失,经济后果是石拱桥原始价值的部分降低甚至完全贬值。

(2) 石拱桥有形病变规律

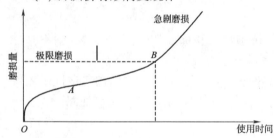

图 7-1 石拱桥病变的发展阶段

石拱桥病变规律,是指石拱桥从投入使用以后,石拱桥病变量随时间变化的关系。这里的病变是指有形病变的使用损耗,如图 7-1 所示为石拱桥病变的发展阶段。

① 初期病变阶段(曲线 OA 段)

这个阶段由于桥梁结构内部存在一定的微观缺陷或初始损伤,在活载作用下内力重新分配,桥梁试运行阶段磨合开始后病变快,故曲线趋势较陡。当结构受力稳定后病变逐渐降低,达到一定程度后(A 点)也趋向稳定。

② 正常工作病变阶段(曲线 AB 段)

这个阶段因结构在恒载和活载作用下,结构构件结合良好、协调变形且能共同参与承载,荷载分布按照结构自身规律进行,各构件都处于稳定工作状态,病变比较小且比较慢,在较长时间内处于稳定的均匀病变状态,此阶段的曲线变化平缓。

③ 急剧病变阶段(曲线 B 点以后)

病变达到 B 点时,因结构长期病变并累积,结构出现了疲劳,甚至产生了病害,结构或某些构件偏离正常工作状态,病变即行加剧形成恶性病变。因此到达 B 点时的病变称为极限病变,超过这极限是不经济的,而且会引起石拱桥事故性的损坏。应该在急剧病变开始或之前就采取加固措施。

(3) 石拱桥有形病变的度量

① 石拱桥有形病变的价值度量

设 R 为原样修复全部病变部位所需的费用,则可以认为该石拱桥现在的有形病变价值为 R,若以 W_P 表示有形病变的价值,则:

$$W_P = R \tag{7-1}$$

②石拱桥有形病变的程度度量

借用经济指标采用以下方法对石拱桥的有形病变程度进行度量,根据部位的病变程度 α_i,计算石拱桥病变的程度。

$$\alpha_P = \sum_{i=1}^{n} \alpha_i k_i / \sum_{i=1}^{n} k_i \text{ 或 } \alpha_P = T_U / T_S \tag{7-2}$$

式中: α_P——石拱桥的有形病变程度指标;

　　　k_i——i 结构部位价值;

　　　T_U——桥梁已经使用的年限;

　　　T_S——桥梁有形病变规定的服务年限。

(4) 石拱桥的无形病变

①石拱桥无形病变及成因

无形病变亦称经济病变,是由于技术进步引起石拱桥的贬值,因施工技术发展及交通量不断增加,原石拱桥不能满足交通量增加和荷载等级提高的要求,使原石拱桥在技术上处于落后或不适应,这种为无形病变。它不是由于在生产过程中的使用或自然力的作用造成的,所以它不表现为石拱桥实体的变化,而表现为石拱桥原始价值的贬值。无形病变按其成因的不同也可分为第Ⅰ种无形病变和第Ⅱ种无形病变。

第Ⅰ种无形病变是由于拱桥制造工艺不断改进,劳动生产率不断提高,成本不断降低,修建同一石拱桥所需的社会必要劳动减少了一定数量,因而石拱桥的价值降低,这样就使原来石拱桥价值相应贬值。这种无形病变后果虽然使现有石拱桥部分贬值,但是石拱桥本身技术特性和功能不受影响,石拱桥的使用价值并未降低,因此不会影响现有石拱桥的使用。但是由于技术进步对施工生产部门的影响往往大于养护部门,使石拱桥本身价值降低的速度比其养护费用降低的速度更快,从而有可能造成在尚未达到耐用年限之前,石拱桥多年的维修养护费接近石拱桥本身的再生产价值。

②石拱桥无形病变的度量

石拱桥无形病变的度量可用下式表示:

无形病变的价值度量　　　$W_L = K_0 - K_L$ 　　　(7-3)

无形病变的程度度量　　　$\alpha_L = (K_0 - K_L)/K_0$ 　　　(7-4)

式中: K_0——石拱桥的原始价值;

　　　K_L——同一石拱桥的再生产价值。

2) 石拱桥的综合病变及度量

石拱桥的综合病变是指石拱桥在使用期内同时存在有形病变和无形病变。有形病变不可避免,具体石拱桥在不同条件下表现的有形病变程度不一样,同时由于施工技术进步是连续无间断的,无法确定技术进步的起点和终点。因此,技术进步引起的石拱桥病变在任何情况下对任何石拱桥都存在,只是不同石拱桥的技术发展不平衡表现出的无形病变的程度不同而已,因此对于任何特定的石拱桥,两种病变必然同时发生。

(1) 石拱桥综合病变的价值度量

石拱桥的综合病变包括有形病变和无形病变,前面已经介绍了两种病变价值度量公式,因此石拱桥综合病变的价值度量公式可表示为：
$$W = W_P + W_L \tag{7-5}$$
式中符号意义同前。

(2) 石拱桥综合病变程度的度量

用石拱桥有形病变程度与无形病变程度综合度量。根据前面的分析，α_P 表示石拱桥有形病变程度，α_L 表示石拱桥无形病变程度，则有：$1 - \alpha_P$ 表示石拱桥只有有形病变后的剩余程度；$1 - \alpha_L$ 表示石拱桥只有无形病变后的剩余程度。由于有形病变和无形病变同时发生，又相互独立，因此，石拱桥综合病变程度为：
$$\alpha_L = 1 - (1 - \alpha_P)(1 - \alpha_L) \tag{7-6}$$

3) 石拱桥病变的补偿

由于石拱桥有形病变和无形病变的存在，对石拱桥使用价值产生不同程度的影响，为维持石拱桥正常工作需要的特性和功能，须对已病变石拱桥进行及时、合理补偿。

根据石拱桥病变程度、类型的不同，相应地就有维修、加固及技术改造和重建等几种技术补偿方式，其目的在于减轻石拱桥的物质与技术劣化，保障石拱桥良好技术状态，防止石拱桥安全故障等所造成的损失。

(1) 石拱桥保养与维修

石拱桥是由不同材质的众多构件组成，它们在石拱桥运行的过程中承担的功能不同，工作条件不同，受病变的程度也不同。有的部位已经病变严重必须替换或修复；而有的部位则病变较小，仍然可以继续使用。为了消除石拱桥这些经常性的有形病变，考虑石拱桥各部分病变不均匀性，保证石拱桥在其寿命期内维持必要的使用性能，通常需要对石拱桥进行维修。按石拱桥维修的经济内容可以把石拱桥维修工作分为日常维护、小修、中修和大修等。

日常维护是指与拆除和更换石拱桥中被病变的结构部位无关的一些维修内容，诸如裂缝封闭、支座保养、泄水管疏通、各部位定期检查等；小修是对公路桥涵及其附属构造物进行预防性保养和修补其轻微损坏部分，使其保持完好状态的工程项目；中修是对公路桥涵及其附属构造物一般性病变或局部损坏进行定期的修理加固，以恢复原状况的工程项目；大修是对桥涵及其附属构造物的较大损坏进行周期性的综合修理，以全面恢复到原设计标准的技术状况，或在原技术等级范围内进行局部改善和个别增建，以逐步提高其通行能力的工程项目。

(2) 加固改造

石拱桥加固改造是在石拱桥原有实物形态上的一种局部更新，它通过对石拱桥病害进行整治、构造进行加固，即将已经损坏的部位全面消除缺陷，恢复或提高石拱桥的使用功能。通过改进旧石拱桥的结构来提高现有石拱桥的技术水平和运行效率。由于这种方法是在旧石拱桥的基础上进行，所需要的费用显然少于新建石拱桥，这对于我国建设资金不足的西部地区来说是一条改变技术落后状况的重要途径。

7.1.3 石拱桥加固的经济性分析

石拱桥加固是维修与重建以外的另一种石拱桥综合病变的补偿方式。石拱桥加固有两种形式：一种是用相同结构和效能的构件去替换有形病变严重、不能继续使用或继续使用不经济的构件，主要解决石拱桥的损坏问题；另一种是用技术更先进、效率更高、原料消耗更少的新材料来加固增强拱桥,这种加固不仅能解决石拱桥的损坏问题,还能解决石拱桥技术状态落后的问题。

石拱桥的加固,应本着"技术先进、安全可靠、适用耐久、经济合理"原则。因此石拱桥加固决不能轻率从事,应根据情况具体来区别和对待,尤其在做加固决策时要确定一个石拱桥的最优加固期限,应以技术经济分析作为依据。从理论上讲,石拱桥合理的加固时间应等于其经济寿命,也就是说,石拱桥到了经济寿命就应进行加固。但是应该指出的是我们研究石拱桥的经济寿命时,只是从石拱桥的年平均费用入手,忽略了技术进步和资金等因素对石拱桥加固的影响和制约。所以,在研究石拱桥经济寿命的基础上进一步研究石拱桥加固时机问题是很有必要的。

1) 石拱桥寿命的概念

石拱桥的寿命在不同的情况下有不同的含义:

石拱桥物理寿命又称自然寿命,指石拱桥从投入使用起,在正常使用、维修保养条件下,经过病变直到技术性能和指标达不到使用要求、不能按原有用途继续使用的全部时间。它是由石拱桥的有形病变决定的。

石拱桥的经济寿命是从经济角度看石拱桥最合理的使用期限,它是由有形病变和无形病变共同决定的。石拱桥的经济寿命可通过计算石拱桥的年平均费用来确定。研究石拱桥的经济寿命是为确定石拱桥的加固时间,为石拱桥加固决策提供科学依据。

石拱桥的技术寿命是从技术角度看石拱桥最合理的使用期限,它是由无形病变决定。具体来说是指从石拱桥开始使用到该石拱桥因技术性能(如桥面宽度等)达不到使用要求而被淘汰所延续的时间,它与技术进步速度有关。

石拱桥的折旧寿命是根据有关规定,按石拱桥耐用年数每年进行折旧直到使石拱桥净值为零的全过程。

石拱桥加固的时机,一般取决于石拱桥的技术寿命和经济寿命。

2) 石拱桥全寿命周期费用分析方法

通过对石拱桥全寿命周期的研究,要求采用技术上先进、经济上合理的石拱桥加固或改造方案。首先,从全寿命周期成本角度对石拱桥进行定性与定量的经济性研究。在旧桥的改造建设中,桥梁寿命期成本不能只考虑建设期的直接成本,而是应该综合考虑围绕该桥的大量间接成本,主要包括社会影响成本、远期综合成本、潜在成本和诱增成本等。石拱桥全寿命周期成本费用有:设计费、初建费、经常养护费用、改建费用、运营费用、延误费用、行程时间费用、交通事故费用、改(重)建中交通中断社会损失费用、环境影响及拱桥报废残值等。比较石拱桥的继续使用、桥梁加固、桥梁重建的经济性,从经济指标上量化评估,从而可以确定是否需要进行加固或新建石拱桥。

(1) 石拱桥的经济寿命分析

石拱桥的经济寿命是从经济角度分析石拱桥使用的最合理期限。因此计算石拱桥的经济寿命可从石拱桥运行过程发生的费用入手,分析其变化规律。石拱桥的年平均使用成本是由两部分组成的:一部分是石拱桥建安投资的年分摊额,随着使用年限的延长,石拱桥的年分摊额会逐渐减少;另一部分是石拱桥的年运行费用,它包括了石拱桥的养护、维修费用等,随着石拱桥使用年限的延长,这部分的费用会逐渐增加。如,对于某一石拱桥,随着使用年限延长,每年投资分摊额会减少，但相应的石拱桥维修费、养护费都会倍加，因此投资分摊额的减少被年运行费用的增加所抵消。以上的分析表明石拱桥的年平均使用成本是随着石拱桥使用时间而变化的，在最适当的使用年限会出现年平均使用成本的最低值，这个能使平均使用成本达到的最低年数就是石拱桥的经济寿命。

设石拱桥的原值为 K_0，第一年运行费用为 C_1，随着使用年限的延长，年运行费用会逐渐增加，这种运行成本每年递增的现象称为设备的劣化；假设每年运行成本的劣化增量 λ 是相等的即匀速劣化，此时石拱桥的运行成本呈线性增长，即 $C_n = C_1 + (n-1)\lambda$，第 n 年的残值为 L_n。随着使用时间 n 的延长，年分摊建设费减少，而年养护费、运营费、行程时间逐年增加，拱桥安全性降低使交通事故费增加。年总费用为：

$$AC_n = (K_0 - L_n)/n + C_1 + \frac{\lambda}{2}n$$

可以求出 $\min(AC_n)$ 所对应的寿命为石拱桥的经济寿命。从经济角度分析，在石拱桥达到经济寿命后必须考虑加固或重建。

有些石拱桥在使用时并不过时，也就是说在石拱桥达到经济寿命年限前技术上仍然先进，不存在技术上提前报废的问题。但当该石拱桥到达经济寿命年限时，再继续使用经济上已经不合算，于是也可在原型石拱桥进行加固。这类原型石拱桥加固的时机应以其经济寿命年限为佳。石拱桥经济寿命年限的计算原理、方法和实际运用后面作介绍。

（2）石拱桥加固的经济原理

当石拱桥的病害已经严重威胁到该桥安全，必须立即进行加固改造处理。根据旧有桥梁改造的原则，采用适当的加固技术和拓宽措施，对恢复和提高旧桥的承载能力及通行能力，延长桥梁的使用寿命，以满足现代交通运输的需要是可行的。这样能节约大量投资，收到良好的社会经济效益。因此本着能加固的桥梁尽量采用加固方案，能部分利用的石拱桥梁结构应尽量利用的指导思想进行直接经济投入分析。

与加固前比较，石拱桥加固后年运行费用减少、车辆行程时间减少、交通事故减少。加固年总费用中初始运行费 C_2 < 加固前初始运行费 C_1，因为加固费用不高，而使用寿命延长，石拱桥加固年总费用比继续使用年总费用低，因此从经济性角度而言是可行的。

（3）寿命周期内石拱桥加固与石拱桥的重建对比

石拱桥重建方案单从直接经济投入分析看，修建新桥的投入比加固方案的投资要大，采用加固方案能节约大量的投资，重建可使拱桥使用寿命长，运行与养护费用低，运行的安全性高，但主要受重建需要大量投资额的限制，在西部经济不发达地区的区县公路桥中因为建设资金紧张，重建难以实施。

同时拆除旧桥梁要发生一定的费用，在拆除旧桥时存在安全措施的可靠性和费用问题，拆除及重建中会中断交通，带来一定的社会损失。拆除重建社会影响较大，桥梁常作为标志性建筑，如其突然改变将引起人们较多的猜测，会造成不必要的社会影响，给交通主管部门造成较大的压力。

但是，对旧桥改造的另一目的是消除交通安全隐患，在桥梁加固与重建比较时必须综合考虑其间接的或隐藏的成本，即桥梁寿命期成本。当加固不能保证结构安全或不能满足日益增长的交通流量要求，或者由于病害加剧加固的直接建安费将增加时，采用加固方案风险增大。

建新桥方案,虽然资金投入比加固方案的经费略多,同时存在一定的社会影响,但是从其他几方面看有利于桥梁安全与社会发展。重建方案是在拱桥属于危桥时,即使加固也无法恢复其基本功能,或加固根本无法满足使用需要时可以采用的必要选择。

3) 效益费用分析

(1) 石拱桥加固的效益费用指标

① 经济效益指标

对于道路运输来说,公路桥梁使用者的经济效益是他们选择运输路线方式首先要考虑的因素。此处石拱桥使用者的经济效益是指直接给石拱桥使用者带来的经济上的得失,从经济性和高速性来衡量。经济性就是指石拱桥使用者为实现位移所支付的费用,由于不同运输路线所支付的费用不同,所以指标上采用单位距离旅行费用(票价/道路使用者运距)来衡量,以反映在实现同样运输距离的情况下不同运输方式的运价水平。除运价之外,给道路使用者带来最直接经济利益的就是旅行的速度。道路使用者在选择运输方式时在很大程度上要考虑时间上的损失,即考虑运输路线、运输方式的快捷性。为消除运输距离的影响,高速性指标采用单位距离时间价值来计算客运过程中由于时间流逝所带来的经济损失。

② 社会效益指标

此处的社会效益是指给石拱桥使用者带来的间接得失,主要从便利性、舒适性、安全性三方面来考虑。旅行的便利程度会给石拱桥使用者带来间接的得失。便利性主要考虑除在车时间外,其他因素所导致的时间占用。乘坐运输路线的舒适程度是反映运输质量的一个重要指标,各种运输路线由于运行速度及所用车辆设备不同,舒适程度有较大的区别。对于舒适性主要是从拥挤角度来考虑,对车辆超员产生的不舒适感进行评价。安全性也是影响道路使用者选择运输方式的一个重要因素,可以采用单位周转量道路交通事故损失额来衡量。

③ 环境效益指标

道路运输除了会给石拱桥使用者带来一定的成本,还会有一定的环境成本,这是影响社会长远利益的因素。对各种运输条件技术经济特性的评定必然要从可持续发展的角度来审视,所以不仅要注意直接的经济损失,而且还要注意影响可持续发展的外部成本。环境效益从污染和噪声两个方面来考虑。污染主要是指其运输过程中对空气质量造成的影响及对大气造成的污染,包括单位周转量氮氧排放量和单位周转量二氧化碳的排放影响;噪声则采用单位周转量噪声水平来衡量。

④ 消耗(费用)指标

从能源消耗和提供者的运营成本两个方面来考查,能耗采用单位周转量能耗来衡量,运营成本采用单位周转量运营成本来衡量。

(2) 效益费用分析

根据效益费用原理,石拱桥加固产出效益是指石拱桥加固后,改善了路段交通状况,降低了运输成本,促进了运输业的发展,刺激了区域或地区间客货运量的增加,对各个相关部门净产值的增长所做出的贡献效益。在这里效益主要表现为社会运行成本的节约与社会损失的减少,费用表现为基建投资或维修加固、重建费用。

① 从使用功能评分看,石拱桥使用较长时间后,继续使用功能评分低、社会效益低,而每年的年总成本费用高,效益费用比 B/C 较低。

②而加固石拱桥适当增加约为桥梁新建费用的 1/4～1/3,功能得以较大提高,社会效益高,效益费用比 B/C 较高,增量效益费用比 $\Delta B/\Delta C>1$。

③重建虽然能大大提高安全性和使用性能,功能评分高,社会效益高,但地方公路交通流量不大,社会效益增加不多,重建会环境影响。而全寿命寿命周期成本包括重建费用、维修费用、运行年费用之和增加很多,有 $\Delta B/\Delta C<1$,根据增量效益费用比原理,不选择重建而是选择加固方案。或当 $\min(AC_{新})>\min(AC_{继续})>\min(AC_{加固})$ 时,不选择重建而是选择加固。

④在大多数情况下,维修费用 K_r < 加固费用 K_m < 重建费用 K_n;单位货运成本费用 $C_r>C_m>C_n$;通行能力 $q_r<q_m<q_n$,在考虑加固与重建时可根据下列准则决策:

a. 当 $K_r/q_r>K_m/q_m$,而且 $C_r>C_m$,安全性符合要求,应该选择加固。因为加固有较好的经济效益,不但节约运行成本,而且基建投资少。

b. 当 $K_r/q_r<K_m/q_m$,但 $C_r>C_m$ 时,即加固有较好的经济效益,但单位运输能力基建投资多。此时考虑投资回收期 T:当 $T=[K_m/q_m-K_r/q_r]/(C_r-C_m)$ < 标准投资回收期 T_b 时,安全性符合要求,应该选择加固选择,否则选择维修或重建。

c. $K_m/q_m>K_n/q_n$,而且 $C_m>C_n$ 时,选择重建方案。

d. $K_m/q_m<K_n/q_n$,而且 $C_m>C_n$ 时,考虑投资回收期 T:

当 $T=[K_n/q_n-K_m/q_m]/(C_m-C_n)$ < 标准投资回收期 T_b 时,选择重建方案,否则选择加固方案。

7.1.4 石拱桥加固公益性效益

以前以项目财务评价指标为基础识别石拱桥加固与改造项目公益性的原则,认为项目财务内部收益率 $FIRR$ 不小于行业基准收益率的项目可视为公益性项目,收益率越低,表明公益性越强。该结论在石拱桥加固项目均具有较好的国民经济效益的前提下是正确的,但其回避了项目公益性的本质。之后,针对石拱桥公益性的识别问题,大部分学者和专家对石拱桥项目的公益性是认同的,但却很难找到一个有说服力识别公益性的指标。该问题的最新研究进展是黄民提出的公益性指数。

石拱桥加固项目公益性大小可通过项目对国民经济的影响来度量。此外,还可从社会层面上来分析,如满足人们对交通的基本需求、保持社会稳定、促进不同地区间的平衡发展和公平分配等。后者属于石拱桥加固项目的社会评价范畴,许多指标难以量化,目前通常采用定性分析的方法。

石拱桥加固项目所创造的国民经济效益由三部分组成:第一部分为使用者效益,也就是消费者剩余。交通基础设施影响可达性概念与万有引力模型有很强的可比性:石拱桥加固在空间相互作用形成受力矩阵,彼此受到引力的作用。运输模型的可替代模型就是线性规划模型,这样线性规划模型就可以描述空间矩阵的相互受力,并允许包含许多为零的情形。在总供给和总需求一定的情况下,可以利用此模型求这些区域运输总成本的最小值,每个区域总供给和总需求作为对偶变量代表接收投入物和运出产出物的边际成本。Harris 开发了一个产业布局模型,模型中基础设施投资使运输成本发生改变。第二部分为供给者效益。第三部分为环境安全改善效益。很显然,供给者效益是石拱桥投资者可通过市场获得的投资回报,而使用者效益和环境改善效益则是石拱桥加固投资者不能通过市场取得的价值创造,也就是项目公益性的体现。为便于分析及识别石拱桥加固项目的公益性,引入了石拱桥加固项目公益指数的概念。加固项目产生利用者效益和环境改善安全效益占国民经济效益的比例就称为项目的公益指数,并认为该指数就是衡量项目公益性的定量指标。用下式表示:

$$公益指数 = \frac{利用者效益 + 改善环境安全效益}{利用者效益 + 改善环境安全效益 + 供给者效益}$$

当公益指数小于或等于 0 时,表示项目不但无公益性,且存在负的外在性。通常表示项目产生的消费者剩余不能补偿环境安全负效益,如水土流失、粉尘、噪声、人员伤亡等。当公益指数大于 0 时,表示项目存在正的外在性,存在公益性。公益指数值越大,则表示公益性越强。当公益指数大于或等于 1 时,表示项目为纯公益性项目。项目的消费者剩余和改善环境效益较高,而供给者效益为 0 或负值,如政府进行项目投资并给造成损失的相关单位给予补偿。

7.2 石拱桥使用性能综合评价方法与加固最佳时机的确定

建立石拱桥安全状态指数 PSI 评价模型、使用性能综合评价和使用性能的模糊评价将桥梁技术与安全状态分五种状态:良好、较好、较差、差、危险状态。结合石拱桥使用有关历史资料建立使用寿命模型、残存曲线模型,分析不同养护或加固水平对石拱桥使用性能变化的影响。利用行驶质量指数标准并从经济角度确定在五种安全状态下拱桥加固的最佳时机。

7.2.1 石拱桥安全状态指数评价模型

石拱桥安全状态指数:

$$PSI = 100 - \sum_{i=1}^{n} \sum_{j=1}^{m} DP_{ijk} \cdot W_{ij}$$

式中:i——拱桥的损坏类型,如拱侧开裂、拱石风化、侧墙外鼓、剥落、结构永久变形等 n 种;

j——损坏的严重程度等级,共 m 级(例如特优、优、良、中、差、很差六个等级);

DP_{ijk}——i 种损坏 j 级程度和 k 范围扣分值;

W_{ij}——各种损坏类型和严重程度的权函数。

各种损坏类型和严重程度对拱桥的完好程度及其安全状态的恶化速率有不同程度的影响,对拱桥使用要求满足程度有不同影响。而安全状态对其扣分值使用要求和加固措施的影响,只能采用主客观相结合的方法确定。

(1)主观评分。安全及损坏状况评价可采用 100 分制,把损坏状况划分优、良、中、差、很差五个等级,每个等级规定相应的分数级差范围 90~100 分为优,80~89 分为较好,60~79 分为中,50~59 分为差,30~50 分为很差。

由于评分没有明确的定量指标,评分结果容易变得分散,评分前应交流对评分等级内容的看法或选择一座拱桥试评,分析评分结果的合理性和变异性。

(2)评分结果的整理。总评分数在一定范围内最终评定该拱桥的损坏状况和安全状况等级特优、优、良、中、差、危险。

7.2.2 石拱桥使用性能综合评价方法

设石拱桥服务能力指数 SI,石拱桥损坏状况指数 DI、结构能力指数 STI,由经验公式石拱桥使用性能综合评价指标 $FI = F_1(SI)^\alpha + F_2(DI)^B + F_3(STI)^r$，$F_1$、$F_2$、$F_3$ 为相应指标的权重，它们是公路技术等级和交通量的函数。该模型将石拱桥实际运行服务能力指数 SI 及影响服务能力的结构能力指数 STI 和石拱桥损坏状况指数 DI 进行综合，它们有一定的相关关系，但不能相互替代，一般而言结构能力强、损坏程度小的服务能力强，但不是严格的比例关系。公路技术等级越高，交通流量越大，服务能力（行驶质量）的重要性越大，其权数 F_1 的比重越高。

7.2.3 石拱桥使用性能的模糊评价

石拱桥技术状况的评价，带有主观成分。而各项使用性能参数的评价标准也带有主观性，损坏状况的优或差，行驶质量的可接受或不可接受，结构承载力的足够或不足等，都不是很清晰明确的概念或定义，也没有很严格的分界线。同样，依据养护人员经验制定的养护和改建对策选择标准，都是一些含混或模糊的约定，并不存在"非此即彼"的固定的对应关系。

美国 L. A. Zadeh 于 1965 年提出的模糊集合理论，为处理这一类没有明确定义或隶属标准的问题提供了方法。用该方法进行使用性能评价和对策选择，可以通过建立隶属函数更确切地反映养护专家们的意见和经验，并为决策者的对策选择提供较多的考虑方案。

石拱桥技术状况各项使用性能的评价指标分别划分为不同的等级。每一项使用性能的评级组成一个模糊评价集，各项技术使用性能的模糊评价集组成石拱桥使用性能模糊评价矩阵。组成模糊评价集的基础是建立隶属函数。对于某一评价等级的隶属可以通过整理专家组的主观评分结果（见前面结果）得到。如评分小组的总人数为 n，对某拱桥某项技术性能的评价为 i 级的人数为 n_i，则该拱桥该项技术性能对 i 级的隶属度为：$u'_i = n_i/n$。

由各个拱桥的评分结果，可分别整理出该项使用性能对不同评价等级的隶属度。以该使用性能的评价指标值为横坐标，以隶属度为纵坐标，可点绘出各个拱桥相应的指标值和隶属度点子，组成隶属度变化曲线。图 7-2 为依据某地石拱桥损坏状况评分结果整理出的拱桥损坏状况指数 PCI 对不同评级的隶属度变化曲线。其中，损坏状况分为特优、优、良、中、差、很差六个等级。

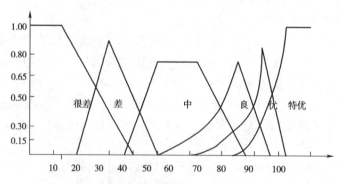

图 7-2 石拱桥损坏状况指数 PCI 对不同评级的隶属关系

采用回归分析方法，可将图示关系写成函数形式，如表 7-1 中所列，即为拱桥损坏状况指数 PCI 对不同评级的隶属函数。

由于回归误差，可能会使 $\sum_i u_i(PCI) \neq 1$。此时，需对各个 $u_i(PCI)$ 进行修正[除以 $\sum_i u_i(PCI)$]。

石拱桥损坏状况指数 PCI 对不同评级的隶属函数 $u_i(PCI)$ 表 7-1

评级 i	隶属函数 $u_i(PCI)$	损坏状况指数 PCI
特优（A⁺）	0	$PCI \leqslant 75$
	$e^{0.172PCI-16.65}$	$75 < PCI \leqslant 95$
	1	$PCI > 95$
优（A）	$e^{0.172PCI-16.65}$	$60 < PCI \leqslant 85$
	$7.5 - 0.08PCI$	$85 < PCI \leqslant 92$
	0	其他
良好	$e^{0.092PCI-7.25}$	$50 < PCI \leqslant 78$
	$4.68 - 0.055PCI$	$78 < PCI \leqslant 87$
	0	其他
中	$0.038PCI - 1.36$	$36 < PCI \leqslant 50$
	0.75	$50 < PCI \leqslant 63$
	$4.08 - 0.05PCI$	$63 < PCI \leqslant 78$
	0	其他
差	$0.037PCI - 0.71$	$20 < PCI \leqslant 32$
	$2.62 - 0.042PCI$	$32 < PCI \leqslant 50$
	0	其他
很差	1	$PCI \leqslant 15$
	$1.8 - 0.044PCI$	$15 < PCI \leqslant 40$
	0	$PCI > 40$

对于某桥的损坏状况，得到 PCI 值后，可利用表中的隶属函数求得各 $u_i(PCI)$ 值，组成模糊评价集，记作如下形式：

$$\underset{\sim}{A} = (u_E, u_G, u_F, u_M, u_P, u_{VP})$$

例如：某石拱桥的 $PCI = 62$，则由表 7-1 中各评级的隶属函数得到：$u_i(62) = (0\ \ 0\ \ 0.21\ \ 0.75\ \ 0\ \ 0)$，归一化处理得 $u_i(62) = (0\ \ 0\ \ 0.22\ \ 0.78\ \ 0\ \ 0)$。

按照同样方法，可以求得各项使用性能指标对相应评价等级的隶属函数：

$$u_{vi}(v) = f(v)$$

式中：v——使用性能指标。

拱桥使用性能的综合评价如采用状态向量的形式表达，可以直接将各使用性能的模糊评价集组合成模糊评价矩阵。矩阵中的每个元素表示相应的隶属度，其形式可表示为：

$$(u_{vi}\ \ u_{vj}\ \ \cdots\ \ u_{vk}\ \ u_{vl})_{n \times m}$$

式中：$i、j、k、l$——各使用性能指标 v 的相应评级数，$n = i \times j \times \cdots \times k \times l$；

m——状态向量维数。

这是一个 $n \times m$ 的综合评价矩阵。矩阵中的每一行表示每种桥梁使用状况：其各项使用性能指标对所含各评价等级的隶属度。

7.2.4 石拱桥使用寿命模型，石拱桥残存曲线模型

石拱桥使用若干年如果没有改建，其残存比例随时间变化的曲线，根据公路部门保存的有

关拱桥修建、养护和改建活动的历史记录，确立改建后每年需要养护的拱桥比例后得到，$P(t)$ 为残存率随着使用时间或荷载作用次数而成指数变化。可以建立模型并进行回归分析。

设石拱桥使用状况指数或残存率模型 $PSI = 100e^{-at^b}$，例如某类石拱桥残存率模型的回归系数 $a = 1/2\ 500$，$b = 2.3$，使用时间 $t = 20$ 年，则 $PSI = 67\%$。

拱桥综合使用性能 $R = 100 - ky^\beta$，其中 y 为石拱桥已经使用年限。

7.2.5　基于行驶质量指数标准的石拱桥加固时机选择

1）评价模型建立

对桥梁行驶质量状况进行调查，整理得到各试验石拱桥梁的评分结果后，即可同各路段石拱桥相应的平整度的测定结果一起，通过回归分析建立行驶质量评价模型：

评价模型可以为线性的，见式(7-7)，也可为非线性的，见式(7-8)。

某沥青桥面：
$$RQI = 6.757 - 0.46IRI \tag{7-7}$$

某砂石桥面：
$$RQI = 5.0\exp(-0.0573IRI) \tag{7-8}$$

式中：RQI——行驶质量指数，5 分制；

　　　IRI——国际平整度指数(m/km)。

2）行驶质量标准

建立评价模型后，即可依据桥面的平整度对其行驶质量作出评价。然而，对于该行驶质量是否满足使用性能的最低要求，还需进一步研究。

行驶质量标准的制定，一方面要依据乘客对桥面使用要求的综合反映，另一方面在很大程度上受经济因素的制约。标准制定得过高，会使路网内许多石拱桥需要采取改建措施，从而提高所需的投资额。

乘客对桥面使用要求的意见，可从评分表中所包含的信息得到。表中列出不可接受、可接受和难以确定三种意见供评分者选择。汇总评分者的表格，可以分别按三种意见整理出不同行驶质量评分值的分布比例，如图 7-3 所示。由分布比例为 50% 的水平线同可接受和不可接受两条分布曲线的交点，可以确定行驶质量的上、下限标准：完全可以接受的最低标准和完全不可接受的最高标准，而其间则为可容许进行调整的过渡段。图中所示的例子为：行驶质量指数 RQI 在 2.4 以下时，桥梁的行驶质量为不可接受；行驶质量指数在 3.2 以上时，行驶质量完全可以接受。

依据上述方法得到的使用性能标准，虽然也不同程度上反映了乘客对行驶质量标准的经济方面的考虑，仍需按当地的经济条件分析这一标准的可接受程度，而后再作出加固抉择。

在行驶质量的评分过程中，也可同时对评分者进行有关养护和改建对策选择的意见调查。养护和改建对策通常可划分为日常养护、小修、中修和大修四级。有养护经验的评分者可以按其经验对不同行驶质量的桥梁选择宜采用的养护、加固等对策。评分结果可以整理出如图7-4 所示的分布曲线。其中，一条为不需要大修对策的分布曲线，同 50% 分布比例对应的行驶质量指数 $RQI = 2.4$ 左右；另一条为不需大中修对策的分布曲线，同 50% 分布比例相对应的 $RQI = 3.2$。这正好与图 7-4 的结果相匹配。

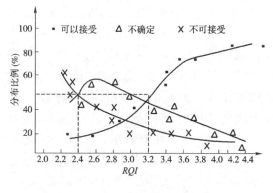

图 7-3 行驶质量标准的确定

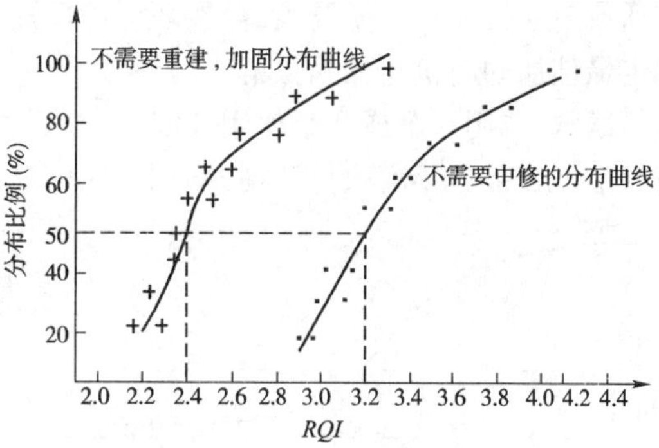

图 7-4 行驶质量指数与石拱桥改建对策的选择

7.2.6 基于经济性和使用性能预估的石拱桥加固的最佳时机

1）最小年费用法

无论拱桥处于何种安全状态，从图 7-5 可以看出随着使用寿命的延长，养护费增加，运行费增加，最佳加固时机应为年总费用 $AC_n = (K_0 - L_n)/n + C_1 + \dfrac{\lambda}{2}n$ 最低值所对应的年限，如图 7-5 所示。从经济角度分析，对安全或使用性能为优、较好的状态应为达到经济寿命时加固，对安全或使用性能为中、较差的应考虑立即加固，对危险状态则应考虑拆除，因为此状态加固不可行，费用高，也难实现安全目标。

2）基于使用性能预估法的加固时机选择

拱桥使用状况指数或残存率模型 $P(t) = 100\mathrm{e}^{-at^b}$，如图 7-6 随着使用时间的增加，桥梁残存率逐渐减少，达到一定时间使用性能急剧下降，在使用性能急剧下降的前一段时间为最佳加固时机，因为此时发生较小的加固费用，能使拱桥的使用性能与安全性能提高。

$P'(t) = -abt^{b-1}\mathrm{e}^{-at^b}$，$P''(t) = -abt^{b-2}\mathrm{e}^{-at^b}[(b-1) - abt^b]$，令 $P''(t) = 0$，得曲线的反拐点 $t = \sqrt[b]{\dfrac{b-1}{ab}}$，该时间为最佳加固时机。如 $a = 1/2\,500, b = 2.3$，则最佳加固时机为 $t = 38$ 年，a、b 的大小与石拱桥所在地区自然气候条件、石料类型与强度、交通轻重等级有关，建设用石料强度高、交通负荷较低、养护及时的石拱桥 t 可达 50 年以上。

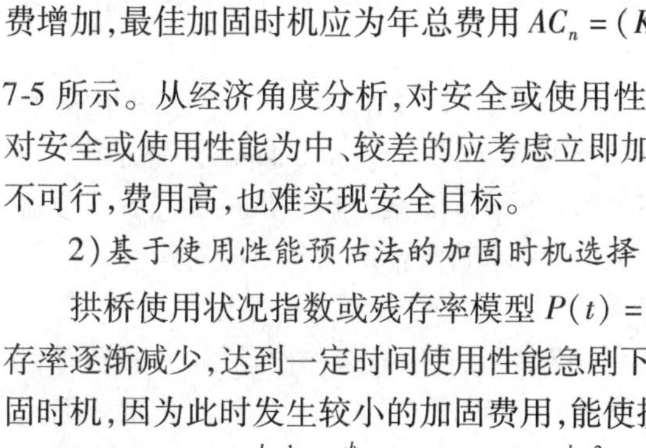

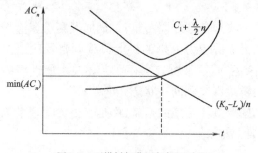

图 7-5 石拱桥年费用与加固时机
注：n 为使用年限。

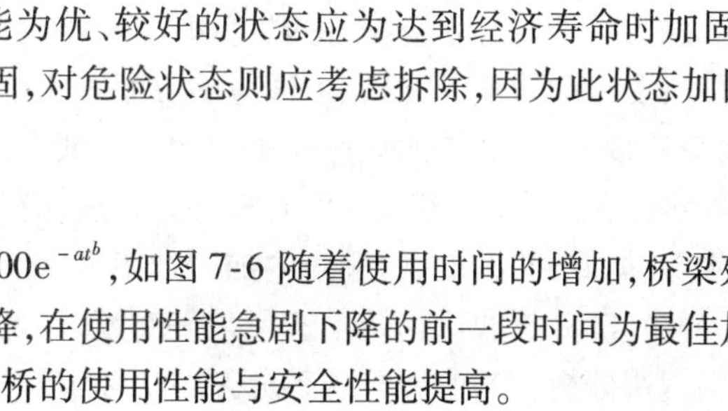

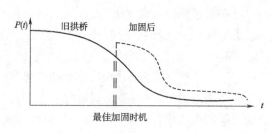

图 7-6 石拱桥残存率曲线与加固时机

另一方面，通过计算石拱桥的残存率可以判别其是在寿命的年轻、中年或老年时期。因为交通流量往往比预计得要大,自然环境比预计得要复杂要差,故还应根据现场调查的实际数据确定最佳加固时机与加固方案。

通常,选用一个或几个使用性能参数(石拱桥使用状况指数 PCI、行驶质量指数 RQI 等)作为标准。如果是年度项目计划,则利用此标准筛选出路网内下年度需采取改建措施的路段,余下的即是需在以后采取改建措施的路段。如果是多年规划,则除了鉴别标准外还需要石拱桥使用性能预估模型。利用此模型,可以预估各路段石拱桥的使用性能。根据达到需采取改建措施的标准,确定各石拱桥的加固时间(图 7-7),进而确定路网内石拱桥的改建加固年份。

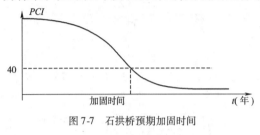

图 7-7　石拱桥预期加固时间

7.3　石拱桥加固方案的技术经济比选与加固排序及优化

对于需采取加固措施的石拱桥,要进一步为之选择合适的加固方案,以便估算所需费用,进而依据效益和投资可能性筛选项目和编制计划,即对石拱桥加固方案进行技术经济比选并编制加固计划。

加固措施的合理选择,主要考虑三个方面:第一方面是石拱桥的现状,即各项使用性能满足使用要求的程度,要依据不适应的方面和程度选择相应的对策。第二方面是今后使用的需要,交通量大、发展快的显然要采取提高承载力的措施。第三方面是分析石拱桥加固方案效益或经济性,不能仅仅考虑一项对策,而应比较分析再投入使用其服役期内各可能对策方案的经济效益,据此选择石拱桥最佳的加固方案。

按经济分析和比较结果选择最佳对策,需要对各项对策的使用效果作出预估,并进行寿命周期费用分析。这两部分内容分别在 7.2 节和 7.1 节作了阐述。因而,本节着重介绍依据经验选择对策的方法。

7.3.1　石拱桥加固方案备选对策

各地区路桥养护部门在长期的桥梁养护工作过程中积累了大量的经验,都有一套适应当地条件的桥梁养护和加固措施。因而,在此基础上,通过归类、舍弃和增添等分析,制订出一套更为简明而合理的典型备选对策,供系统分析和抉择。

在已有文献研究基础之上,可归纳出石拱桥 5 种典型备选加固对策:①钢筋混凝土套箍封闭主拱圈加固;②增设钢筋混凝土拱板加固;③基于全桥应力分析的拱上恒载调整及改造技术;④旋喷注浆方法;⑤综合加固整治技术。以下论述,假定某桥分别存在上述技术所针对的病害而且采用上述技术分别加固,加固的目标是使桥梁恢复到同一状态。

这里要指出的是,这些备选对策并不是在计划中要具体实施的措施,而是在桥梁管理系统中分配资源和选择项目时进行分析用的可考虑的典型对策。

7.3.2　石拱桥加固方案选择

加固方案的选择可依据经验选择恰当的对策,即首先在分析影响对策选择的诸因素的基础上,选择几项主要影响因素,并安排好选择时考虑加固方案的先后顺序,由此组成若干种对策;而后组织有经验的养护工程师、设计人员,请他们对上述各种对策汇总,便可整理出针对不同状况的养护和改建对策方案。它可以用列表的形式或树状图的形式表述。

图7-8所示为石拱桥养护、改建对策选择的树状图示例。其中,依次考虑结构承载能力(分为足够、临界和不足3级)、石拱桥使用状况指数PCI(分为特优、优、良、中、差和很差6级)、交通等级(分为特重、重、中和轻4级)、行驶安全质量指数RQI(分为不可接受、尚容许和可接受3级)、主要损坏类型等5方面影响因素,组合成多种状况,分别按专家调查的结果提出相应对策选择意见。

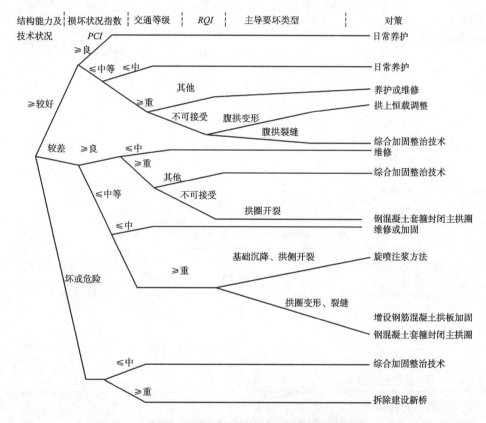

图7-8 石拱桥养护维修和加固对策选择树状图

在石拱桥所有加固方案:如钢筋混凝土套箍封闭主拱圈加固、增设钢筋混凝土拱板加固、基于全桥内力分析的拱上恒载调整及改造技术、旋喷注浆方法、综合加固整治技术等中,根据加固方案各自的技术适应性、经济性评价选择石拱桥在不同技术条件与自然环境条件下综合系数最大的加固方法,或全寿命周期内价值系数大的加固方案。建立有关评价因素集和层次结构图,进行层次分析。同时建立不同技术条件与自然环境条件下石拱桥加固方案的工期、经济指标。

7.3.3 不同加固方案技术经济综合系数分析法

设理想方案的某使用功能得分 $P_{j\max}$,拟定加固方案某项功能得分为 P_j,则方案Ⅰ的技

性系数 $X_i = \sum P_j / \sum P_{j\max}$。原方案的成本为 C_0,某方案成本为 C_i,经济性系数 $Y_i = (C_0 - C_i)/C_0$,方案 i 的技术经济综合评价系数为 $K_i = \sqrt{X_i \cdot Y_i}$。一般使用功能好的,技术性系数大,经济系数 Y_i 小,选择 K_i 最大的为最佳加固方案。

针对石拱桥以下加固方案:钢筋混凝土套箍封闭主拱圈加固、增设钢筋混凝土拱板加固、基于全桥应力分析的拱上恒载调整及改造技术、旋喷注浆方法和综合加固整治技术分别进行技术性能评价、方案的经济评价及技术经济综合评价系数 K 计算,分析过程见表 7-2 ~ 表 7-4。

加固方案的技术性能评价表　　　　　　　　　　表 7-2

序号	技术性能评价指标项目	评分					技术方案指标最高分
		钢筋混凝土套箍加固方案	增设拱板(肋)加固方案	拱上恒载调整及改造技术	旋喷注浆加固方法(桥基)	综合加固整治技术	
1	提高承载力	9	8.5	8	8	8.5	10
2	耐久性	9.5	9	8	8	9	10
3	抗风化、耐水蚀	9.8	9	7.5	8	9	10
4	施工难易	9	9	8	8	8.5	10
5	美观性	9.5	9	8	8.5	8.5	10
	分数之和 P	46.8	44.5	39.5	40.5	43.5	50
	X_i	0.93	0.89	0.79	0.81	0.87	1.0

加固方案的经济评价系数 Y_i 计算表　　　　　　　表 7-3

方案号	方案名称	方案成本 C_i（万元/延米）	原方案成本 C_0（万元/延米）	经济评价系数 Y_i
1	钢筋混凝土套箍加固方案	0.6	3	0.80
2	增设拱板(肋)加固方案	0.55	3	0.82
3	拱上恒载调整及改造技术	0.7	3	0.77
4	旋喷注浆加固方法(桥基)	0.08	3	0.97
5	综合加固整治技术	0.8	3	0.73

注:以双车道二级公路拱桥主拱圈宽 8.5m 考虑。

加固方案的技术经济综合评价系数 K 计算表　　　　表 7-4

方案号	方案名称	技术性系数 X_i	经济评价系数 Y_i	技术经济综合评价系数 K_i
1	钢筋混凝土套箍加固方案	0.93	0.80	0.863
2	增设拱板(肋)加固方案	0.89	0.82	0.854
3	拱上恒载调整及改造技术	0.79	0.77	0.780
4	旋喷注浆加固方法(桥基)	0.81	0.97	0.886
5	综合加固整治技术	0.87	0.73	0.797

选择 K_i 最大的为最佳加固方案,即当增设钢筋混凝土拱板加固方案与钢筋混凝土套箍加固方案均能满足行使与安全要求的条件下,选择增设钢筋混凝土拱板加固技术。

当然首先要确定加固重点部位。依据主拱圈、拱上建筑、桥梁基础、墩台、桥面系的功能系数和重要性不同,损坏情况不同,加固或修复的成本费用不同,分析各构件重要性系数和各种加固措施的实际成本。根据价值工程原理,价值 $V=\dfrac{功能\ F}{成本\ C}$,若功能重要而成本花费较少,则应适当提高成本,即对 $V>1$ 的可以作为重点加固对象,而对功能不重要而成本花费较多的则应适当降低成本,作为次要部位暂时不加固。

7.3.4 不同加固方案的技术适应性、经济指标与综合评价

考虑不同跨径、不同石料、不同自然地质条件、不同使用与安全状况下最适合的加固方案,即不同加固方案有其技术适应性。同时不同加固方案在经济指标上有差异,包括每延米工程造价、工期等。

对同一座桥在相同外部条件和不同病害情况下,分别采用钢筋混凝土套箍封闭主拱圈加固、增设钢筋混凝土拱板加固、基于全桥内力分析的拱上恒载调整及改造技术、旋喷注浆方法、综合加固整治技术整治,各自的社会劳动消耗指标 $C_{R耗}$(总造价、钢材、木材、水泥、劳动量、工期)计算见表 7-5、表 7-6,加固方案技术经济效果计算见表 7-7。

加固方案主要社会劳动消耗指标(每延米)　　　　　　　　　　　　表 7-5

指标	钢筋混凝土套箍加固方案	增设拱板(肋)加固方案	拱上恒载调整及改造技术	旋喷注浆加固方法	综合加固整治技术
总造价(万元)	0.60	0.55	0.7	0.08	0.80
钢材(t)	0.45	0.35	0.1	0	0.3
木材(m³)	0.7	0.65	0.2	0.1	0.5
水泥(t)	4.5	4.0	6.0	2.5	5.0
劳动量(工日)	100	120	150	80	130
工期(d)	0.8	0.85	0.9	0.2	1

加固方案社会劳动消耗指标加权指数计算表　　　　　　　　　　　表 7-6

指标	方案 权重	混凝土套箍封闭主拱圈加固方案 分析指数	加权指数	钢筋混凝土拱板加固方案 分析指数	加权指数	拱上恒载调整及改造技术 分析指数	加权指数	旋喷注浆加固方法 分析指数	加权指数	综合加固整治技术 分析指数	加权指数
总造价	0.70	0.750	0.525	0.688	0.482	0.875	0.613	0.100	0.07	1.000	0.700
钢材	0.05	1.000	0.05	0.778	0.039	0.222	0.011	0.000	0.000	0.667	0.033
木材	0.05	1.000	0.05	0.929	0.046	0.286	0.014	0.143	0.007	0.714	0.036
水泥	0.05	0.75	0.038	0.667	0.033	1.000	0.05	0.417	0.021	0.833	0.042
劳动量	0.05	0.667	0.033	0.800	0.04	1.000	0.05	0.533	0.027	0.867	0.043
工期	0.10	0.800	0.08	0.850	0.085	0.900	0.090	0.200	0.020	1.000	0.10
$C_{R耗}=\sum C_j W_j$		0.697		0.725		0.828		0.208		0.954	

加固方案技术经济效果计算表　　　　　　表7-7

方案	混凝土套箍封闭主拱圈加固方案	钢筋混凝土拱板加固方案	拱上恒载调整及改造技术	旋喷注浆加固方法	综合加固整治技术
$C_{R功}$	0.93	0.89	0.79	0.81	0.87
$C_{R耗}$	0.697	0.725	0.828	0.208	0.954
$E = C_{R功}/C_{R耗}$	1.334	1.228	0.954	3.894	0.912

综合分析计算结果看出,旋喷注浆加固方案的 E 值最大,因此在一定技术环境条件下,宜推荐采用旋喷注浆加固方案,在拱圈病害严重情况下选择混凝土套箍封闭主拱圈加固方案。

7.3.5 模糊层次分析法分析拱桥加固方案决策模型

旧拱桥的加固是在原桥的基础上进行,根据桥梁的现状,几乎每座桥梁都可以找到几个备选加固方案,而加固方案的合理与否直接关系到旧桥的使用功能、安全运营、经济效益及社会效益。通常旧桥加固方案决策是以工程造价与技术可靠性为优化准则作出的,而影响旧桥加固方案取舍的因素很多,在取舍的过程中要对各方案进行比较判断,而在进行判断和选择的过程中不自觉地使用了模糊判断,因此在这里用模糊层次分析法构造石拱桥加固方案决策模型。

1）建立石拱桥加固方案指标评价体系

根据对加固方案的影响程度选择影响较大的因素,可以从以下几个指标进行综合评价:
① u_1 =加固后承载力提高程度;② u_2 =加固费用;③ u_3 =交通影响程度;④ u_4 =施工难度;⑤ u_5 =养护费用。

则因素集为 $U = \{u_1, u_2, u_3, u_4, u_5\}$,设评价集为 $Y = \{1, 2, \cdots, 5\}$,即有 5 个方案可供选择,层次结构如图 7-9 所示。

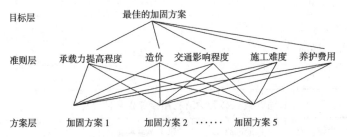

图7-9　石拱桥加固方案层次结构图

2）构造区间数表达的比较判断矩阵

(1) 建立模糊判断矩阵

首先组织专家及有关人员对因素集 $U = \{u_1, u_2, u_3, u_4, u_5\}$ 进行两两比较判断,按照 1~9 标度以区间数 $a_{ij} = [a_{ij}^-, a_{ij}^+]$ 进行相对重要程度赋值,分别构造准则层各个准则对目标的比较判断矩阵,以及各个方案分别针对各个准则的比较判断矩阵:

$$A = (a_{ij})_{m \times n} = [A^-, A^+] \tag{7-9}$$

式中,$a_{ij} = [a_{ij}^-, a_{ij}^+]$ 表示某层中第 i 个元素与第 j 个元素相对与上一层次中某元素的重要性比较的 1~9 标度量化区间数值;$A^- = (a_{ij}^-)_{m \times n}$,$A^+ = (a_{ij}^+)_{m \times n}$。

其中 a_{ij} 的判断准则见表 7-8。

判断准则 表 7-8

标 度 值	含 义
1	表示两个元素相比,具有同等重要性
3	表示两个元素相比,一个元素比另一个元素稍重要
5	表示两个元素相比,一个元素比另一个元素明显重要
7	表示两个元素相比,一个元素比另一个元素强烈重要
9	表示两个元素相比,一个元素比另一个元素极端重要
2,4,6,8	如成对事物的差别介于两者中间,可取上述线性插值

(2) 求解区间数权向量

A^-、A^+ 都是清晰判断矩阵,采用特征向量法分别求出 A^-、A^+ 的权重向量,记为 x^-、x^+。然后,由下式得出 A 的区间数权重向量:

$$\omega = [\alpha x^-, \beta x^+]$$

式中,$\alpha = \left[\sum_{j=1}^{n} \frac{1}{\sum_{i=1}^{n} a_{ij}^+}\right]^{\frac{1}{2}}$, $\beta = \left[\sum_{j=1}^{n} \frac{1}{\sum_{i=1}^{n} a_{ij}^-}\right]^{\frac{1}{2}}$。

(3) 各层元素对总目标的合成权重

要对各个备选方案进行优选排序,必须计算出它们对于目标 C 的合成权重。记指标层各元素 $f_1, f_2, \cdots, f_m$ 针对于目标层 C 的权重分别为 $\omega_i^1 (i=1,2,\cdots,m)$;各备选方案针对指标层各元素的权重记为 $\omega_{ij}^2 (i=1,2,\cdots,m, j=1,2,\cdots,n)$,则备选方案对于目标 C 的合成权重 $\omega_j (j=1,2,\cdots,n)$ 由下式算出:

$$\omega_j = \sum_{i=1}^{m} \omega_i^1 \omega_{ij}^2$$

(4) 备选方案排序

得出的各备选方案相对于 C 的合成权重是一组区间数 $\omega_j = [\omega_j^-, \omega_j^+]$。它们是一种特殊的梯形模糊数。因此可采用 Yager 方法中的指标 $F_1(\tilde{N})$ 对它们进行排序。

在 Yager 方法中,排序指标 $F_1(\tilde{N})$ 表示模糊集 $\tilde{N}$ 的几何中心。对于区间数 $\omega_j = [\omega_j^-, \omega_j^+]$,它的几何中心如图 7-10 所示。

$F_1(\omega_j)$ 即是 $\omega_j = [\omega_j^-, \omega_j^+]$ 的几何中心。所以区间数 $\omega_j = [\omega_j^-, \omega_j^+]$ 的排序指数为:$F_1 = (\omega_j^- + \omega_j^+)/2, j=1,2,\cdots,n$。

按上式求出各备选方案的排序指标后,就可以根据它们的大小排出优劣次序,找到最优方案。

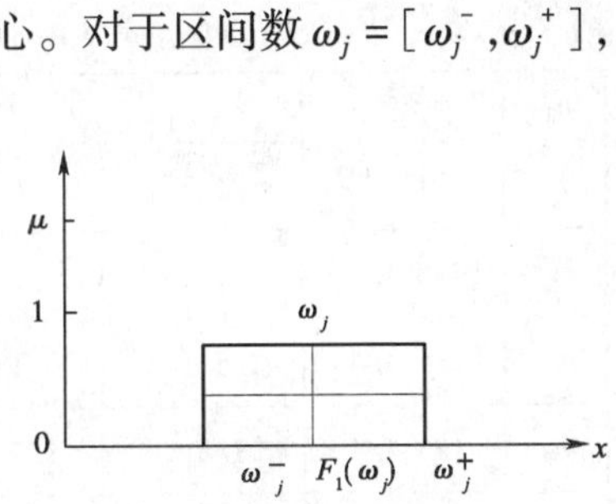

图 7-10 Yager 方法中的指标 $F_1(N)$

3) 实例分析

石拱桥加固方案的影响程度选择影响较大的因素,可以从以下几个指标进行综合评价:u_1 = 加固后承载力提高程度;u_2 = 加固费用;u_3 = 交通影响程度;u_4 = 施工难度;u_5 = 养护费用。

专家对所有因素进行两两比较判断,得到判断矩阵 $U = (u_{ij})_{5 \times 5}$。根据区间数判断矩阵,分别用特征向量法求出 A^-、A^+ 的特征向量 x^-、x^+,其中 x^-、x^+ 为:

$$x^- = (0.399\ 2, 0.266\ 1, 0.103\ 3, 0.046\ 6, 0.184\ 7)$$
$$x^+ = (0.390\ 1, 0.269\ 3, 0.120\ 7, 0.048\ 0, 0.171\ 8)$$

$$U_{ij} = \begin{bmatrix} [1,1] & [2,3] & [4,5] & [6,7] & [4,5] \\ [\frac{1}{3},\frac{1}{2}] & [1,1] & [4,5] & [4,5] & [2,3] \\ [\frac{1}{5},\frac{1}{4}] & [\frac{1}{5},\frac{1}{4}] & [1,1] & [1,2] & [2,3] \\ [\frac{1}{7},\frac{1}{6}] & [\frac{1}{5},\frac{1}{4}] & [\frac{1}{2},1] & [1,1] & [\frac{1}{7},\frac{1}{6}] \\ [\frac{1}{5},\frac{1}{4}] & [\frac{1}{3},\frac{1}{2}] & [\frac{1}{3},\frac{1}{2}] & [6,7] & [1,1] \end{bmatrix}$$

再求出 $\alpha = 0.932\ 3, \beta = 1.033\ 2$。

得到 $\omega^1 = [0.372\ 2, 0.403\ 0]$,$\omega^2 = [0.248\ 1, 0.278\ 3]$,$\omega^3 = [0.096\ 3, 0.124\ 8]$,$\omega^4 = [0.043\ 5, 0.049\ 6]$,$\omega^5 = [0.172\ 2, 0.177\ 5]$,为指标层各元素 f_1、f_2、f_3、f_4、f_5 对于目标层 C 的权重。

用同样的方法计算五种方案分别对于指标层中任何一个 f_i 的权重 $\omega^2_{ij} (i = 1, 2, \cdots, 5; j = 1, 2, \cdots, 5)$。

C	u_1	u_2	u_3	u_4	u_5	x^-	x^+	α, β
u_1	[1,1]	[2,3]	[4,5]	[6,7]	[4,5]	0.399 2	0.390 1	
u_2	[1/3,1/2]	[1,1]	[4,5]	[4,5]	[2,3]	0.266 1	0.269 3	$\alpha = 0.932\ 3$
u_3	[1/5,1/4]	[1/5,1/4]	[1,1]	[1,2]	[2,3]	0.103 3	0.120 7	$\beta = 1.033\ 2$
u_4	[1/7,1/6]	[1/5,1/4]	[1/2,1]	[1,1]	[1/7,1/6]	0.046 6	0.048 0	
u_5	[1/5,1/4]	[1/3,1/2]	[1/3,1/2]	[6,7]	[1,1]	0.184 7	0.171 8	

方案:钢筋混凝土套箍封闭主拱圈加固、钢筋混凝土拱板加固、基于全桥应力分析的拱上恒载调整及改造技术、旋喷注浆方法、综合加固整治技术。相对于准则五个因素 U 的判断矩阵 $R_{U1}, R_{U2}, R_{U3}, R_{U4}, R_{U5}$。

u_1	m_1	m_2	m_3	m_4	m_5	x^-	x^+	α, β
m_1	[1,1]	[2,3]	[4,5]	[4,5]	[3,4]	0.497 9	0.408 3	
m_2	[1/3,1/2]	[1,1]	[2,3]	[3,5]	[1,2]	0.260 8	0.238 2	
m_3	[1/5,1/4]	[1/5,1/4]	[1,1]	[2,3]	[1/2,1]	0.017 8	0.124 8	$\alpha = 0.932\ 3$
m_4	[1/5,1/4]	[1/2,1]	[1/3,1/2]	[1,1]	[1/2,1]	0.090 1	0.085 1	$\beta = 1.033\ 2$
m_5	[1/4,1/3]	[1/3,1]	[1,2]	[1,2]	[1,1]	0.133 4	0.143 667 297	

求得 $\omega^2_{11} = [0.460\ 0, 0.432\ 1]$,$\omega^2_{12} = [0.240\ 9, 0.252\ 1]$,$\omega^2_{13} = [0.016\ 4, 0.132\ 0]$,$\omega^2_{14} = [0.083\ 2, 0.090\ 0]$,$\omega^2_{15} = [0.123\ 2, 0.152\ 0]$。

u_2	m_1	m_2	m_3	m_4	m_5	x^-	x^+	α,β
m_1	[1,1]	[1/2,3]	[2,3]	[1/8,1/7]	[3,4]	0.133 6	0.142 8	
m_2	[1,2]	[1,1]	[2,3]	[1/7,1/6]	[1/8,1/7]	0.086 1	0.098 5	$\alpha=0.9323$
m_3	[1/3,1/2]	[1/3,1/2]	[1,1]	[1/8.5,1/7.5]	[2,3]	0.010 1	0.080 2	$\beta=1.0332$
m_4	[7,8]	[6,7]	[7.5,8.5]	[1,1]	[8,9]	0.594 9	0.523 1	
m_5	[1/4,1/3]	[7,8]	[1/3,1/2]	[1/9,1/8]	[1,1]	0.175 3	0.155 5	

求得 $\omega_{21}^2=[0.1268,0.1419]$，$\omega_{22}^2=[0.0817,0.0980]$，$\omega_{23}^2=[0.0096,0.0797]$，$\omega_{24}^2=[0.5645,0.5201]$，$\omega_{25}^2=[0.1664,0.1546]$。

u_3	m_1	m_2	m_3	m_4	m_5	x^-	x^+	α,β
m_1	[1,1]	[1,2]	[5,6]	[1,2]	[2,3]	0.323 5	0.313 8	
m_2	[1/2,1]	[1,1]	[4,5]	[1,2]	[2,3]	0.274 9	0.269 0	$\alpha=0.9323$
m_3	[1/6,1/5]	[1/5,1/4]	[1,1]	[1/4,1/3]	[1/3,1/2]	0.016 2	0.051 2	$\beta=1.0332$
m_4	[1/2,1]	[1/2,1]	[3,4]	[1,1]	[3,4]	0.258 8	0.246 5	
m_5	[1/3,1/2]	[1/3,1/2]	[2,3]	[1/4,1/3]	[1,1]	0.126 7	0.119 5	

求得 $\omega_{31}^2=[0.2887,0.3440]$，$\omega_{32}^2=[0.2454,0.2949]$，$\omega_{33}^2=[0.0144,0.0561]$，$\omega_{34}^2=[0.2310,0.2703]$，$\omega_{35}^2=[0.1131,0.1311]$。

u_4	m_1	m_2	m_3	m_4	m_5	x^-	x^+	α,β
m_1	[1,1]	[2,3]	[7,8]	[1/5,1/4]	[2,3]	0.269 2	0.264 6	
m_2	[1/3,1/2]	[1,1]	[5,6]	[1/4,1/3]	[1,2]	0.167 3	0.170 6	$\alpha=0.9323$
m_3	[1/8,1/7]	[1/6,1/5]	[1,1]	[1/9,1/8]	[1/4,1/3]	0.011 0	0.031 3	$\beta=1.0332$
m_4	[5,4]	[3,4]	[8,9]	[1,1]	[4,5]	0.441 3	0.416 4	
m_5	[1/3,1/2]	[1/2,1]	[3,4]	[1/5,1/4]	[1,1]	0.111 1	0.117 1	

求得 $\omega_{41}^2=[0.2530,0.2716]$，$\omega_{42}^2=[0.1494,0.1871]$，$\omega_{43}^2=[0.0098,0.0343]$，$\omega_{44}^2=[0.3940,0.4566]$，$\omega_{45}^2=[0.0991,0.1284]$。

u_5	m_1	m_2	m_3	m_4	m_5	x^-	x^+	α,β
m_1	[1,1]	[1/2,1]	[1/4,1/3]	[2,3]	[1/3,1/2]	0.130 3	0.134 5	
m_2	[1,2]	[1,1]	[1/3,1/2]	[2,3]	[1/2,1]	0.154 3	0.172 9	$\alpha=0.9323$
m_3	[3,4]	[2,3]	[1,1]	[5,6]	[2,3]	0.414 9	0.392 0	$\beta=1.0332$
m_4	[1/3,1/2]	[1/3,1/2]	[1/6,1/5]	[1,1]	[1/4,1/3]	0.066 5	0.058 4	
m_5	[2,3]	[1,2]	[1/3,1/2]	[3,4]	[1,1]	0.234 0	0.242 1	

求得 $\omega_{51}^2=[0.1204,0.1439]$，$\omega_{52}^2=[0.1425,0.1851]$，$\omega_{53}^2=[0.3883,0.4195]$，$\omega_{54}^2=[0.0614,0.0625]$，$\omega_{55}^2=[0.2162,0.2591]$。

根据计算式求出五个方案关于目标层 C 的合成权重分别为：

$\omega_1=[0.22620,0.2956]$，$\omega_2=[0.1646,0.2070]$，$\omega_3=[0.0772,0.1575]$，$\omega_4=[0.2170,0.24582]$，$\omega_5=[0.1396,0.1730]$。

最后根据计算式求得五个方案的排序指数为：

R_1：方案一（钢筋混凝土套箍封闭主拱圈加固），$F(\omega_1)=0.2538$。

R_2：方案二（增设钢筋混凝土拱板加固），$F(\omega_2)=0.1862$。

R_3：方案三（基于全桥应力分析的拱上恒载调整及改造技术），$F(\omega_3)=0.1174$。

R_4：方案四（旋喷注浆方法），$F(\omega_4)=0.2328$。

R_5：方案五（综合加固整治技术），$F(\omega_5)=0.1563$。

计算结果可以得出：$R_1>R_4>R_2>R_5>R_3$，所以方案一（钢筋混凝土套箍封闭主拱圈加固）最好。其次为旋喷注浆方法和增设钢筋混凝土拱板加固方法，与表 7-3 技术经济综合评价结果基本一致。

7.3.6 石拱桥加固标准与加固水平的经济分析

合理的加固与维修水平，不仅可以延长石拱桥的使用寿命，而且可以较低维修或加固费用，获得较高的国民经济效益。

按照设计要求完成的石拱桥施工项目，其质量水平 Q_S 是考虑寿命期费用较低作为确定原则。在石拱桥运营期内，实际的质量水平是要降低的。石拱桥运行中质量水平降低的原因主要是由于道路交通量的增长和汽车轴重的增加、自然环境因素的作用、桥梁结构在荷载重复作用下承载能力下降。当质量水平下降至特定值时，如不及时维修或加固，按病变规律该质量水平会急剧下降，石拱桥的缺陷会急剧恶化。各地区、各投资者根据路网状况，建立公路桥梁管理系统，结合资金条件与运营前景确定合理加固维护维修时机和加固维修标准。

在对交通量进行长期预测的基础上，根据公路工程技术标准、石拱桥使用现状，确定使用功能指标，同时结合运营需求，确定加固方式与水平。运营阶段石拱桥加固方式与水平的确定，应坚持如下原则：

（1）较高的运输效率和较低的运输成本。从线形、桥面结构、构造物结构等方面保证人—车—路—环境系统有较佳功能，即汽车能以最大安全速度运行，使驾驶员能保持良好精神状态的道路条件。故加固方式与水平应是关于汽车运行效率 E、运行成本 C 和交通安全 S 的函数，即 $Q_0=F(C、E、S)$。

（2）运营中桥梁缺陷最少。经竣工验收符合质量标准的桥梁，即使是优良工程，在运营阶段总会发生缺陷，从而降低指标 $E、S$，增大成本 C。故在确立最佳加固方式与水平时，应分析缺陷产生的原因 R_i，并给予适当限制，即 $Q_0=G(R_1,R_2,R_3,\cdots,R_N)$，其中的线形、视距等在桥梁运营中不会产生大的衰变，但桥面结构设计与材料、桥跨结构设计与用料不当，其缺陷会在运营中明显表现出来，且其性能逐渐衰变，加固时应严格限制缺陷的发展。

（3）保证社会总费用最小。为保证运营阶段桥梁质量而发生的费用，包括桥梁本身的加固与养护费用，还包括汽车与驾驶及乘客的费用，如燃料、维修、折旧、驾驶员与乘客的时间价值或工资等，故 $Q_0=K(C)$，其中 $C=$ 改善桥梁缺陷的成本 $C_{\mathrm{I}}+$ 汽车运输成本 C_{II}。

石拱桥加固水平与费用、效益的关系及最佳加固方式和水平 Q_{OPT} 的确定如图 7-11 所示，图中横坐标为加固水平用评分等级或缺陷综合指数权重表示，纵坐标为费用或效益。

曲线 1 表示用于通过加固改善石拱桥缺陷的加固费用 C_{I} 与加固水平的关系。当桥梁及附属设施有较多缺陷时，为维持较高的运行质量水平，消除质量缺陷，需要巨额资金对桥梁加固和养护。

曲线2表示桥梁缺陷造成的运输损失和用于检查的费用$C_Ⅱ$,它包含车速的降低带来运输时间延长和汽车自身的轮耗、油耗、交通事故等费用的增加,该费用随桥梁缺陷系数增长而增大,它们之间的关系与桥梁长度、旅客单位时间价值、事故率及事故平均损失费等有关。

增加延误与降低车速损失:
$$C_D = 365 \times q \times [(C_2 - C_1) \times L + (t_{2D} - t_{1D}) \times R]$$

增加交通事故损失费:
$$C_A = 365 \times q \times L \times a[A_{1B} - A_{1A}] \times 10^4$$

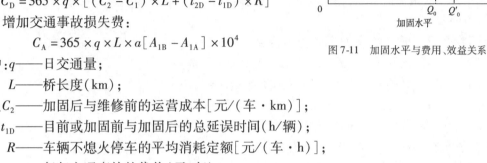

图7-11 加固水平与费用、效益关系

式中:q——日交通量;

L——桥长度(km);

C_1、C_2——加固后与维修前的运营成本[元/(车·km)];

$t_{2D} - t_{1D}$——目前或加固前与加固后的总延误时间(h/辆);

R——车辆不熄火停车的平均消耗定额[元/(车·h)];

a——每起交通事故的代价(元/起);

A_{1B}、A_{1A}——维修前与加固后的相对交通事故数[起/(100万车·km)]。

曲线3为预防桥梁缺陷的成本和桥梁缺陷造成损失之和$C_Ⅲ$,即$C_Ⅲ$ = 改善桥梁缺陷的成本$C_Ⅰ$ + 汽车运输成本$C_Ⅱ$。与$C_Ⅲ$的最小值相对应的加固质量水平为最佳加固质量水平Q_0。当然最佳质量水平Q_0的桥梁仍有一定缺陷。从图7-11可看出当桥梁缺陷百分比较高时,一般的加固不能使其质量水平有明显提高,追加的费用收效甚微。此时,可比较旧桥梁残余经济寿命、年使用维修费$AW_{旧}$与新建桥梁年费用$AW_{新}$,作出维修或重建决策。实际工作中,可根据不同新的桥梁结构做定量分析,结合桥梁管理系统及历史数据来作维修决策。

曲线4表示汽车运输所得的国民经济利润P与加固水平Q之间的关系。当加固水平较低时,运输时间长、油耗多、事故多、污染大,汽车运输可能亏本。当加固质量水平提高时开始盈利,同时总费用C下降,使利润上升,如P_1点后。但当进一步提高质量水平时,如提高乘车舒适性、加强交通监控与安全设施建设等,预防缺陷的费用增加较多,利润开始下降,如P_2点。因而,根据国民经济中最好地利用汽车运输的条件,可把质量水平从Q_0提高到与最大利润P_{max}对应的Q_0'水平,即最佳质量水平Q_{OPT}介于Q_0与Q_0'之间,可获得较高国民经济效益而费用又较低。找出质量水平与节约时间及产生效益的关系,以确定石拱桥加固的最佳质量水平。

这里分析了石拱桥加固水平与运行费用和国民经济效益之间的关系,为石拱桥加固提供分析方法,对建立石拱桥梁管理系统的维修决策模型也有一定实际意义,可结合具体的石拱桥维修项目而采用。石拱桥加固目的是提高石拱桥运营质量,使石拱桥全年能在一定车速条件下连续、安全、经济地进行。

7.3.7 基于经济性的石拱桥加固排序和优化方法

建立石拱桥梁管理系统的一个主要目的,是提供有关最佳养护、加固对策和最佳资金分配方案的分析,以使决策者选择最经济合理的方案,合理地分配和使用有限的资金。因此,进行项目排序和方案优化是石拱桥梁管理系统的核心组成部分。

石拱桥管理系统包括项目级和网级两个层次。对于项目级来说,要作出的决策是该石拱桥应在何时进行加固和应采用什么加固对策。通常,按石拱桥使用性能下降到某一预定的最低可接受水平时,确定桥梁需进行改建的时间;而采取的改建对策,则按经验或者在经济分析的基础上选择。排序和优化方法在这里起的作用不大。然而,如果要把加固同养护结合起来,考虑不同养护水平和加固对策的相互影响,选择在分析期内最经济有效的养护和加固对策,则需要采用优化技术。鉴于其序列性质,动态规划是较合适的方法。

网级管理决策要区分项目规划和财政规划两种情况。对于项目规划来说,其决策应包括下述三方面:

(1)在今后若干年(规划期)内,路网内哪些石拱桥(或项目)要采取加固措施。

(2)这些加固任务应安排在什么时候进行(时序安排)。

(3)对这些需加固的石拱桥,宜采取什么对策。

财政规划关心的是石拱桥加固政策和资金分配的优化,其决策包括下述内容:

(1)为保持路网内石拱桥的使用性能在某一要求的水平上所需的投资水平。

(2)资金在各行政区域和各类对策(重建、加固和养护)之间的最佳分配。

(3)由于公路部门资金短缺,道路使用者承担的费用将增长到什么程度。

网级系统考虑许多项目,作出涉及众多项目的决策。因而,不同于项目级决策,它在分析中要着重考虑项目间的平衡和预算限制问题。为此,需应用排序和优化方法以帮助作出管理决策。排序和优化方法可以划分为以下几种类型:

(1)根据石拱桥使用性能进行排序,例如现时安全能力指数(PSI)、石拱桥损坏状况指数(PCI)等。这类方法以客观情况进行分等,使用迅速简便,但所得结果可能远非最优。

(2)根据经济分析如净现值、效益—费用比、内部回收率等进行排序。这类方法比较简便,分析结果较接近于最优。

(3)根据线性规划或整数规划模型,按总费用最小或效益最大进行优化。这类方法较复杂,可以得到最优的结果。

(4)利用动态决策模型,按总费用最小进行优化。这类方法主要适用于财政规划。

以下将介绍上述排序和优化模型的结构和建模方法。

排序模型通常是先初步安排,然后考虑预算的约束和优先次序的要求;决策一年或多年的项目规划。加固时间的安排,可以遵循某一事先设定的标准进行。例如,采用某一使用性能标准(损坏状况指数 $PCI=40$),当路段石拱桥的 PCI 低于此标准时,该路段即需采取加固改建措施。这时,改建时间和改建对策是分开考虑的,通常采用使用性能参数进行各项目的排序。也可事先不设定安排改建时间的标准。例如,采用经济分析参数进行排序时,改建时间和改建对策的确定是同时进行的。下面,分别介绍这两种排序模型。

1)按使用性能参数排序

这种排序模型的第一阶段是鉴别路网内需采取加固改建措施的石拱桥。为此,需要设定一个鉴别标准。通常,选用一个或几个使用性能参数(石拱桥状况指数 PCI、行驶质量指数 RQI 等)作为标准。如果是年度项目计划,则利用此标准筛选出路网内下年度需采取改建措施的路段,余下的即是需在以后采取改建措施的路段。如果是多年规划,则除了鉴别标准外还需要石拱桥使用性能预估模型。利用此模型,可以预估各路段石拱桥的使用性能。$PCI \leqslant 40$ 时达到需采取改建措施的标准,由此确定各石拱桥的加固时间,如图 7-12 所示,并进而把路网内的石拱桥按改建加固年份划分为相应的类组。

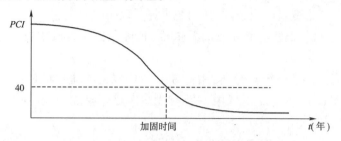

图 7-12　路网内各路段石拱桥的预期加固时间

确定哪些石拱桥需要加固后,下一阶段便是为各改建路段选择相应的加固改建对策。对策选择可以依据经验,也可以在寿命周期费用分析的基础上进行。确定了需加固项目和改建加固对策,就可编制初步的年度计划或多年规划。但这时可能遇到三种情况:加固改建所需的资金同预算额相匹配,或者低于预算额,或者超出预算额。通常发生第三种情况。这时,需将这些石拱桥加固项目按预先设定的优序原则进行排序,确定因预算额不敷而转入下一年度加固石拱桥的项目。

可以按照决策者的工程经验判断来确定各项目的优先顺序。这种方法虽然很简便,但是经验因人、因时、因地而异,随意较大。如果对这些经验判断进行分析研究,提出影响经验判断的主要因素,使之定量化,在这基础上制定出优序的规则,那么,利用这些规则进行项目排序,就可以得到比较稳定的结果,并且还可以通过实施效果的反馈而不断改善排序规则。影响排序的主要因素,首先是石拱桥的使用性能。损坏状况越严重或结构强度越显不足的石拱桥,其加固的迫切性就越大,因为通过路况改善而可得到的收益越大。其次,道路等级和交通量大小也有重大影响。同等使用性能水平的石拱桥,道路等级高和交通量大的石拱桥应予优先考虑,因为用户因石拱桥加固使用性能改善而得到的收益要比其他石拱桥的大。此外,还可考虑其他因素,如环境、政治等。

依据当地桥梁养护加固工程经验,分析各主要影响因素,选择其中最主要的几项,并分别赋予优先考虑的序列,从而制订出加固项目的优先排序原则和排序表。例如,采用的加固项目优先排序表,以选用病变或损坏程度、行使质量与安全、昼夜交通流量等因素作为影响排序的主要因素。根据当地工作的经验,对这几项因素提出了定量分等的界线(结构性损坏分为差、中、好三等;日交通量分为重、中、轻三等)。而后,按行使质量与安全、日交通量和结构性损坏的优先序列以及按各因素的分等序列,排列组合成表中所示的优先序列。得出该地区石拱桥加固项目优先排序表。

另一种使各主要因素对排序的影响定量化的方法,采用由有经验人员进行评分的办法,通过统计分析建立优先排序同各影响因素间的回归方程。这种方法其步骤可简述如下:

（1）选择认为对排序有重要影响的变量,如石拱桥损坏状况 PCI、行驶质量指数 RQI、日平均交通量、气候条件等。

（2）确定这些变量的分等数和等级划分的标准。如果没有发现有非线性影响关系,一般仅需划分为高低两级。

（3）为评分者准备一份详细的评分须知，对各变量的分级标准作明确的描述。

（4）列出这些影响变量的全因子表。在全因子表中适当地选择一部分因子（如表中打"×"的），以减少所考虑变量的组合数，从而减少评分表格的数量。

（5）设计评分表格。把所需要评分的石拱桥（也即条件符合表中打"×"的石拱桥）分为几组。

（6）汇总评分资料，进行统计分析，由此建立可用以进行排序的回归方程。其一般形式为：$S = b_0 + b_1 x_1 + b_2 x_2 + \cdots + b_n x_n$。式中，$S$ 为优先次序评分数，b_0、b_1，……，b_n 为回归常数；x_1、x_2、……、x_n 为各影响变量。

上述回归公式，就可以为路网内的各个石拱桥，按其影响变量的具体情况确定相应的优先次序评分数。按评分数由小到大排列，可得到路网内需加固项目的排序。这种方法的优点是它综合了许多有经验人员的经验和意见，并使各变量对排序的影响程度（权数）定量化，从而减少了凭主观经验决断的随意性。

2）按经济分析参数排序

按石拱桥使用性能变量和交通量排序，虽然能反映出各项目需采取加固措施的迫切程度，但并不能保证得到优化的结果，因为对这种排序的经济效益并没有进行具体的定量分析。对需要进行加固的项目，进行寿命周期费用分析，按各项目的初期费用、净现值或效益—费用比等经济指标的大小排序，可以比较明显地对比出各项目和方案在经济上的效益。

这里介绍方法的目标是在改建资金受限制的条件下使效益最大。具体步骤简述如下：

（1）对于每一个石拱桥加固项目和项目内的加固方案，分别计算其初期修建费、分析期内的等额年费用和年效益。例如，一个包含 m 个项目的规划，其计算结果列于表，作为计算效益—费用增量的输入数据。

（2）对于每一个项目，各方案按年费用大小，由小到大依次排列，分别计算其费用增量 ΔC、效益增量 ΔB 和增量效益费用比 $\Delta B/\Delta C$。

$\Delta B/\Delta C$ 计算时，如果出现负值，表明费用增加效益反而下降，因而可将此方案剔除，不需要作进一步分析。然后，联系上下方案，计算新的 ΔB、ΔC 和 $\Delta B/\Delta C$。

（3）按效益—费用增量比 $\Delta B/\Delta C$ 由大到小次序重新排列各方案，排列时不按项目分列。计算包括每项目最佳方案在内的累计初期修建费。从上到下累计时，遇到同一项目的其他方案时，只有在第二个方案的效益较高时，才以它取代前一方案。

如方案 K 的效益最高。如果预算限额为 100 万元以内，则仅有方案 K 中选，其余项目留待下年度进行改建。

（4）对于不同的预算水平，石拱桥加固项目的排序方案，可汇总于表。随着总预算（累计加固修建费）的增加，加固项目累计年效益也增加，但效益—费用比下降。如果将累计初期修建费和效益—费用比点绘成曲线，可发现当预算额大于一定值时，效益—费用比急剧下降，此时排在后面的石拱桥加固项目效益低，在预算额限制下不考虑加固。

采用经济分析方法选择项目和方案，可以得到比较接近于优化的结果，而计算工作量不太大。

7.4 石拱桥加固的经济评价

石拱桥加固经济评价主要有两个目的：一是评价加固项目在经济上是否可接受（是否有效益），二是在投资有约束时按效益高低对加固项目进行优先排序。本节先对石拱桥加固项目识别其国民经济效益费用、安全的经济效益和外部效益，主要从国民经济角度应用"有无比较法"（对比加固与不加固）对已经确定的或准备实施石拱桥加固方案进行经济性评价，以判断项目实施后是否符合社会经济性的要求以及是否满足经济评价指标的可行标准。

7.4.1 石拱桥加固经济评价的基本参数

1）关于基准折现率和社会折现率

在评价中选择的折现率比较低时，对基于不同计算期的项目净现值的影响是比较大的。1992年欧洲运输部长会议关于运输基础设施投资评价的结论是：因为长期效果预测的不确定性，很难评价运输项目的长期效果。

如果交通量和其他预测会因为较大的不确定性而受到很大影响，可以将计算期缩短或者提高折现率（或者可以考虑那些对将来不确定性不太敏感的政策解决方案，如选择灵活的而不是死板的、固定的管理措施）。为了使评价保持一致性，一个国家内技术上相似的项目应尽可能选取相同的计算期，除非有确切的信息表明一些特定区域必须选择不同的数据。同样，一个国家的折现率最好也是一致的。

国家统一制定的通用参数有影子汇率和社会折现率两种。我国最新版本的影子价格与参数颁布于2006年。由于颁布滞后，使得实际评价工作中必须把当前的财务价格折算到数年以前，按颁布时的价格套算影子价格，方可进行国民经济评价工作。影子价格本应反映当前甚至未来项目运营期投入品及产出品的余缺态势，然而却变成了历史不变价格，这不但大大增加了评价的工作量，而且也降低了评估的准确性和可靠性。

我国颁布的国民经济评价方法仍可适应对当前项目的评价工作，但是在具体参数的制定上，特别是在由谁制定上，仍可采取更灵活的方法。鉴于国内价格与国际价格比价关系不断改善的实际情况，尽可能减少国家统一颁布的参数，选取更简便适宜的测算方法，由项目评价机构自行测算，可以大大改善影子价格的时效。其中，影子汇率和社会折现率两大通用参数，建议采用以下更简便的测算方法。

影子汇率按市场美元对人民币汇率乘以影子汇率系数的方法确定。项目评价采用的市场汇率，可根据近3年汇率逐季或逐月变动情况进行预测。影子汇率系数由国家制定，反映影子汇率与市场汇率的比值。鉴于我国已经实现本币与外币在经常项目下的自由兑换，市场汇率已经基本能够真实地反映价值，影子汇率系数可近似为1。影子汇率由绝对比价改为市场汇率乘以系数，更符合我国当前的金融环境和发展态势，也更便于项目评价工作。

2）交通量预测

预测交通量往往是争论提高石拱桥运输能力必要性的焦点，同时，交通量预计的增长率也会影响项目净现值，如果同时再使用了较低的折现率，这种影响肯定会更大。

开发交通量预测模型所花费的资金数本身就有一个成本效率问题，必须要考虑这些额外开发的价值是否超过其开发成本。比较粗劣的需求预测必然会削弱石拱桥加固项目经济评估的力度。

石拱桥加固效益评估中,存在两种观点:一种认为,交通量增长是由收入、人口等外部原因变化的结果;另一种观点认为,交通量增长是受成本、速度和运输政策等内在原因影响的。必须处理好这两者之间的平衡,否则效益的计算乃至交通量增长的计算都将出现偏差。

3) 运输收入的影子价格

公路运输属于非外贸品,是国家的重要通用基础性服务,而且依然属于政府指导性定价,受政策干预较大,其影子价格目前由国家项目评估主管机构确定。

对公路投资项目,影子运价的准确性在项目国民经济评价中往往是最关键的。鉴于国家统一的运输影子价格颁布滞后对公路投资项目评估影响较大,而且很难针对不同条件下的不同公路项目,可以按照影子价格测算的一般原理,寻求简便的辅助测算办法,用于对运输收入影子价格的确定。实际国民经济分析中,也可作为一种辅助分析手段。推荐的方法有国际比较法和市场竞价法。

(1) 国际比较法。根据国际上公路运输收入与运营成本的一般比例关系,参照国内公路的影子运营成本,确定运输收入的影子价格;或者根据国际上常规的铁路、公路、航空运输比价关系,确定我国公路运输的影子价格。这种定价法多少参照了国际市场价格,理论上是成立的、合理的。

(2) 市场竞价法。目前交通运输市场中,公路、铁路、航空竞争已经形成。公路与铁路和航空比,铁路在时间优势运距上应保持价格竞争优势,以避免客源的流失。根据铁路和航空价格,并结合时间优势运距和国内公路客货运输平均运距,确定理论上的竞争价格。目前公路客货运输价格已基本放开,这就为市场竞价法确定影子价格提供了前提。此种影子价格符合支付意愿理论,基本形成充分竞争的运输局面,市场价格将与竞价原理确定的影子价格接近。

7.4.2 石拱桥加固项目国民经济效益费用识别

由国家发展和改革委员会和原建设部发布的《建设项目经济评价方法与参数》(第三版)中,在描述包括石拱桥加固在内的交通运输项目的经济评价特点时说,项目的净效益主要表现为所涉及的运输系统在客货运输中发生的各种运输费用的节约、运输时间的节约、拥挤程度的缓解、运输质量的提高、包装费用的节约、设施设备维修养护费用的减少等效益。

石拱桥加固的费用主要表现为线路、枢纽、运输工具及相关配套设施的固定资产投资、流动资金和运营及维护费用。根据国家发展和改革委员会和原建设部发布的《建设项目经济评价方法与参数》(第三版)的内容及所附案例进行整理,石拱桥加固可能产生的国民经济费用可以有以下几项:①石拱桥加固与不加固相比较增加的土建工程费;②石拱桥加固与不加固相比较增加的车辆购置费;③石拱桥加固与不加固相比较增加的运营及维护费用;④石拱桥加固与不加固相比较增加的流动资金。

石拱桥加固基本思想是考虑资金的时间价值,计算事故费用、运输成本,以及分析加固前后石拱桥的运行能力,不同的投资、不同寿命的方案的比较和选择。分析难点:对拱桥今后运营期中的交通量、社会效益、费用的预测。加固后可能产生的国民经济效益有以下几项:①按照正常运输量计算的运输费用的节约;②按照现有公路转移运量计算的运输费用节约;③按照既有公路分流运量计算的运输费用节约;④按照诱发运量计算的运输费用的节约,其中不加固情况下诱发运量的运营费用可以按可能发生的单位运费最小的运输方式计算;⑤按照正常客运量计算的旅客旅行时间节约带来的效益;⑥按照现有公路转移客运量计算的旅客旅行时间节约的效益;⑦按照既有公路分流的客运量计算的旅客旅行时间节约的效益;⑧按照正常运输量计算的货物在途时间节约效益;⑨按照现有公路转移运量计算的货物在途时间节约的效益;⑩按照既有公路分流运量计算的货物在途时间节约的效益;⑪相关线路和设施拥挤程度减少而产生的效益;⑫交通安全提高、交通事故减少产生的效益;⑬基础设施改善、运输质量提高而使货损减少产生的效益;⑭由于运输条件改善而使包装费用减少产生的效益。

7.4.3 石拱桥加固安全的经济效益

石拱桥加固安全的经济效益是指由于石拱桥加固而使事故减少、安全性提高的效益。石拱桥加固的安全效果主要是由于运输基础设施的加固使得运输条件改善而带来的效益。石拱桥加固和周围地区经济条件的改善,会极大地提高地区交通运输条件,减少事故的发生,也能使伤员得到及时救治。所以安全效果是非常显著的。

1) 石拱桥加固安全效益的特点

(1) 间接性。安全效益的间接性表现在安全不是直接的物质生产活动。安全的经济效益是通过减少事故造成的人员伤亡和财产损失来体现其价值的。这一方面使社会、企业和个人的浪费得以减轻,实现了间接增值的作用;另一方面,由于保护了劳动者和生产技术及工具,间接地促进了生产的增值。

(2) 滞后性。石拱桥加固安全的减损作用不是在安全措施运行之时就能体现出来,而是在交通事故发生之时才能体现出其价值和作用。但是安全投入活动不能等到事故发生时才做,而是要超前预防、防患于未然,因而必须要承认安全效益的滞后性,按其滞后规律考虑问题和解决问题。

(3) 长效性。石拱桥加固安全的作用和效果往往是长效的,不仅仅在措施的功能寿命期内有效,就是在措施失去"功能"之后其效果还会持续或间接发挥作用。其作用不仅仅是措施本身当时所产生的效能,而是具有长久效益。

(4) 多效性。安全性提高保障了石拱桥技术功能的正常发挥;安全保护了生产者身心健康;安全措施使人员伤亡和财产损失得以避免或减少,直接起到经济增值作用;安全使人的心理及生理需要获得满足,使道路使用者和乘客产生安定、幸福乃至舒适感。

(5) 潜在性。石拱桥加固安全性提高所直接体现的意义并不是经济上的。进一步深入、具体地分析和考查,就会发现两点:一是安全的实现需要经济的支持,安全实质上是人类经济发展的产物,经济发展水平决定了安全水平;二是安全是以保护人为目的的,发展经济是为了发展人类的宗旨,两者目标是一致的,在保护人的安全的同时,保护了人类的经济条件和资源。因此,石拱桥加固安全的经济效益潜在于安全的过程和目的之中。

(6) 复杂性。石拱桥加固的安全效益具有多样性和复杂性,既有直接效益,又有间接效益;既有经济效益,又有非经济效益;既有能用价值直接测量的内容,又有不能直接用货币来衡量的方面。因而,安全效益是类型多样、成分复杂的研究对象。

2) 石拱桥加固的安全成本与安全效益

在石拱桥加固影响评价中,安全效果的评价应该占据一个重要的地位,然而安全效果的评价是国际上公认的难以处理的问题。国内研究中,交通基础设施对安全的影响一般都不予考虑或仅仅做了定性的描述。石拱桥加固所产生的安全效果的突出表现就是交通事故数量和损失的减少,因此评价改善石拱桥运行安全的经济效果必须从交通事故入手。

交通事故的成本由三方面构成:资源消耗量、生产力损失及人力价值损失。资源消耗成本包括管理成本、医疗成本及恢复成本等较容易用货币量化的指标。生产力损失是指因事故伤亡而减少的事故受害者对 GDP 的总贡献额或生产可能性,为了在运用此方法时无需考虑经济中的就业情况,可以考虑综合就业率等宏观经济指标。人力价值表示社会愿花费一定数额货币来降低死亡事故的意愿,可由调查或关于交通公共安全措施的显示偏好分析得出。

交通事故的资源消耗成本可以通过统计的方法进行量化,即单位交通事故量给医院、政府部门等相关机构带来的管理成本和医疗成本(救治费用);通过交通部门可以了解单位交通事故的恢复成本等,这些都是在安全效果中较易货币化的部分。评价的难点在于对生产力损失和人力价值的估计上:在交通事故中一个人的死亡和受伤会给社会带来多大的损失、一个人的价值是多少等一直是评价人员所苦恼的问题。所以可以说,在整个安全效果评价之中要解决的最大问题就是死亡价值的量化。

石拱桥加固安全性改善的价值主要取决于在职人员生命价值的统计数字。例如,法国人的生命价值为 57 万欧元,而英国则为 100 万欧元。这一结果导致了两国项目评价的巨大差异:在英国,能够显著提高安全性能的新建项目或改扩建可以优先发展;而在法国,可以节省地区间旅行时间的公路投资是优先发展的项目。在"以人为本"的今天,我们考虑石拱桥加固项目中,能提高安全性能的方案可以优先考虑。

影响人力价值的因素还包括以下几种。

(1)各地区人均收入、经济发展的差异,这影响到个人为安全支付的能力或意愿。如美国一个人伤亡的价值为 300 万~500 万美元。

(2)对冒险和丧失生命的态度不同,这影响到个人对事故减少措施和政府的看法。但总体而言,随着经济发展,政府越来越重视人及其价值。

(3)涵盖内容的差异,特别是从与伤亡有关的费用中加上或减去合理成本,到其他交通工具的延误,警察、火灾和安全服务及其他公共部门的费用。

(4)使用的计算方法的本质。例如,意愿支付计量的偏差问题,市场不完善的问题,其中保险赔偿支付代替事故费用。

石拱桥加固安全的功能函数反映了安全系统输出状况。显然,提高或者改变安全性,需要投入即付出代价或成本,并且石拱桥安全性要求越大,需要的成本就越高。从理论上讲,要达到 100% 的安全,所需投入趋于无穷大。

对于安全的成本 C 关于安全系数 S 的函数 $C(S)$ 的分析,可以得到如下结论:

(1)实现石拱桥运行系统的初步安全(较小的安全度),所需要的成本是较小的。随着安全系数 S 的提高,成本随之增大,并且递增率越来越大;当 S 趋于 100% 时,成本趋于无穷大。

(2)当安全系数 S 达到某一点时,会使安全的功能与所消耗的安全成本相抵消,使石拱桥运行系统毫无安全效益。这是社会所不希望的。

3) 石拱桥加固安全经济效益的分析

(1) 安全效益的含义

安全的功能函数 $F(S)$ 函数与安全的成本 $C(S)$ 函数之差就是安全效益,用安全效益函数 $E(S)$ 来表示,对几个安全经济特征参数规律进行分析,意义不在于定量得精确与否,而在于表述安全经济活动的某些规律,有助于正确地认识石拱桥加固安全经济问题。

(2) 石拱桥加固安全经济效果评价方法

世界银行专家认为运输项目通过交通量或交通条件发生的变化影响基础设施的交通安全,这种影响可能是正面的也可能是负面的,安全效果影响取决于项目事故率的增减。而不管项目对事故率有什么影响(提高还是降低),在测算效益时都必须考虑这种影响。为了测算安全影响,由于事故率降低而产生的效果作为经济效益,可以分为三大步骤:

首先,评价事故率下降的大致情况。应根据石拱桥加固类型和交通条件来估算事故率。先估计加固项目对预测交通量水平和交通条件的影响,以此估算为基础,进而预测事故率及其严重性。但是事故率一般对当地条件和石拱桥设计很敏感,这两者都很难纳入预测过程。因此,事故率的预测准确性较低。基础设施投资项目实质上是在事故减少的基础上论证其合理性,因此石拱桥加固项目要进行慎重的风险分析。我国大多数地区缺少有关安全措施对事故减少影响的资料,因此在项目效益估算中一般都采取将项目事故率的基准数据与其他地方或其他类似项目事故率进行比较的方法。

其次,估算事故率减少的价值。把货币价值与因石拱桥加固而避免的各类事故联系起来。运输事故有几类典型的经济影响,即车辆和实物资产的损失,医疗费用,伤者个人产出和收入的损失,驾驶员、旅客或第三方(如行人)的身体伤害,包括死亡、身心的痛苦。一般通过区分财产损失、人员伤害和死亡来处理事故评价问题。其中,财产损失最容易估算,通常反映在交通报告和保险索赔里。与此相反,人员伤害费用,包括医疗费、产出损失费、受害者及亲属的痛苦,则是较难度量的。要用货币定量计算减少死亡的效益比较困难,因为这需要度量生命的价值,而这是公认的最难处理的问题。

第三,交通安全的效益被定义为加固或不加固情况下,交通网络中所有道路和路边事故总损失的减少量。而事故损失则是每次事故平均损失乘以事故发生的频率计算得来的。其中事故发生的频率被假定为与交通客流量成正比。根据日本调查,在交通事故中,死亡、重伤、轻伤的损失分别为 3 150 万日元、940 万日元和 60 万日元。这些数据的估算依据是日本的事故保险金支付政策,而不是为避免事故而支付的固定的或声称愿意支付的费用。表 7-9 是关于几种界定生命价值的方法。

几种界定生命价值的方法　　　　表 7-9

估值方法	典型数值(美元)	注　释
直接赋值法	9 000 ~ 100 000	假设过去的决定是合理的
人力资本法	100 000 ~ 400 000	完全取决于个人一生的收入,不考虑个人愿望,不能计算无职业的社会成员
保险金额法	范围很广	完全取决于个人保险额,不考虑保护生命的真正价值
法庭赔偿法	250 000	根据个人收入的损失决定
社会意愿法	100 000 ~ 1 000 000	很难估计,取决于风险情况

(3) 石拱桥加固安全效果的量化评价

石拱桥加固安全效果评价中,安全效果可以用以下公式来表示:

$$\Delta E_{安全} = \Delta R + \Delta H + \Delta L$$

式中:$\Delta E_{安全}$——石拱桥加固的安全效果;

ΔR——因石拱桥加固事故减少而减少的资源消耗=车辆和物资财产的损失+医疗费用+事故的善后费用+管理部门的管理费用+其他由于交通事故而导致的货币支出等;

ΔH——因事故减少而减少的伤亡人员及其亲属的身心痛苦;

ΔL——因事故减少而减少的死亡者的生命价值。

其中,ΔH身心痛苦减少不能直接进行货币化,可以采用权变估值法进行评价。权变估值法采用采访的方式,要求调查对象对不同的伤害程度(以给予不同的权重)给出价值的衡量。采用权变估值法的3个根本问题是采访的方式、问卷的设置和提问方法,可以参照OECD关于环境影响对人的伤害的CV法设置。对于死亡价值的评价是问题的重点和难点,在通常状况下也是安全效果中所占权重最大的部分。而死亡价值目前在世界上还没有很好的评估方法,目前我国也没有相应的具体研究,可以采用类推国外数据的方法,运用保险精算类比法或卫生保健项目费用—效益分析类比法来得到死亡价值的具体数值。

针对石拱桥加固项目的具体情况,采用如下的方法来评价交通基础设施所带来的安全效果。评价指标层包括:交通事故损失额、交通事故伤亡率、减少交通事故损失率、减少交通事故伤亡率。

交通事故损失额=石拱桥加固后年均交通事故损失额-加固前年均交通事故损失额

交通事故伤亡率=石拱桥加固后年均伤亡率-加固前年均伤亡率

减少交通事故损失率=石拱桥加固后与前项目年均交通事故损失额之差/加固前年均交通事故损失额。

7.4.4 石拱桥加固的外部效益

石拱桥不收费的情况下,所界定的效果均为社会—经济效果,未分出内部效果和外部效果。为了界定外部效果,可以根据下列情况确定划分边界:石拱桥的单个使用者;分类运输使用者,如小汽车使用者、公共交通旅客等;整个运输部门。然后根据使用目的的不同选择合适的边界。例如,当要分析石拱桥投资的公平和贡献效果时,不太可能考虑到特定的个体,而应分析较广泛的群体。而另一方面,当考虑价格问题时,比较实用的边界在"决策者"(可能是一个个体、一个家庭或一个公司)和其他人之间,因为他们会因价格而改变行为。作为极限,整个世界作为一个整体时,所有的外部效果就都转化为内部效果。

石拱桥加固的外部效果可分为两类:一是技术外部效果,如交通事故的减少、提高乘车舒适性,该效果不会主动或自发地通过市场发生;二是货币外部效果,如引进投资、开发土地,该效果主动或自发通过市场产生。

对于石拱桥使用者而言,私人收益是内在的,并通过诸如时间节约的支付意愿等指标反映。对于运输系统而言,承运人和商务出行者的时间和成本节约也是内部的。对于企业而言,因为石拱桥功能改善而提高的生产力,则是货币外部效益的一个例子。虽然时间和其他成本的节约确实是外在运输系统外发生,但仍通过市场生成的(运输使用者的效益有助于第三方收益的产生)。宏观经济投入产出评价所分析的效果是纯粹的货币效果。

最重要的技术外部效益是事故受害者减少,因为安全的基础设施可以减轻事故结果。此类效果价值的评估有时主要根据所谓的生命价值统计(见前面),它根据人们对特定风险降低的支付意愿来估价。还有一些小的和不重要的技术外部效益,如有人会发现观看石拱桥或车辆是一种享受。

石拱桥使用者效益和两类不同外部效益之间可能存在的关联性。外部效益的评估使用与评估内部效益同样的标准(时间节约、质量改进、运输成本降低)。但是,必须认识到,外部效益不能按照内部效益的一个固定比例进行评估,因为不同条件下乘数的大小不同。

主要的技术外部效益表现为更有效率地减少桥梁使用者的痛苦、提高乘车舒适性。这包括在费用效益分析(效益费用分析)中吗?因为痛苦可以看作是人生命价值的一部分,所以该问题的答案取决于各国对人的生命价值及舒适性效果的计算方法。

一些国家的费用效益分析(效益费用分析)根本没有对人的生命赋予价值,如德国、西班牙、荷兰、葡萄牙和希腊。这些国家对于该部分成本的评估主要是以医院为其医治的成本和产量损失等因素为基础。

瑞典赋予人的生命极其可观的价值,在因交通安全改进所节约的成本中,人的生命价值节约占了65%,但很难说其中有多大成分是属于痛苦减轻的价值。

7.4.5 石拱桥加固公益性的识别

石拱桥加固项目效益和费用识别的基本原则:从国家角度进行衡量的原则。在国民经济评价中,对投资项目效益和费用的衡量必须从国家整体角度来进行考察,看其是否花费了国民经济的实际资源,是否真正增加了国民收入。

7.4.6 石拱桥加固的经济评价方法

项目经济评价各种方法有不同的特点,有时会给出不同的结论,在经济评价时可以选择多种分析方法。有多种经济分析方法可用于方案比较,如净现值法 NPV、年费用法 AC、内部收益率法 EIRR、效益—费用比法 B/C、费用—效果法等。前三种方法属于量分析法,是较常采用的方法。分析者对各经济评价方法有不同的偏好,目前没有可以统一接受的方法。下面几点是在方法选择时要考虑的。

(1)石拱桥加固费用同将来的预期支出的费用比较其重要程度。许多公路部门往往最关心的是初期投资。有时,尽管经济分析表明,加固费用低的方案会造成今后出现过量的支出,决策人仍可能考虑选用初期修建费低的方案,特别是当加固资金筹措比较困难时。

(2)对于决策人来说,哪一种分析方法最容易被理解和接受。如果某公路管理部门多年来习惯于使用效益—费用比法,对应用这种方法分析的结果有较好的领会和掌握,那么,尽管这不是最好的方法,要想换一种更好的方法,将是很困难的,而且要花费较长的熟悉时间。

(3)项目经济分析用于哪一层决策,网级还是项目级。对于网级系统来说,公路管理部门可以用收益率法对整个路网的加固项目投资效益进行分析;而对于项目级系统,设计人员则可采用净现值法选择项目方案。

(4)经济分析中是否包括效益。任何分析如果不考虑各方案或项目在效益上的差别,那么这种分析基本上是不完善的。然而,对于地方公路桥梁来说,效益有时很难准确估算,这时往往假设各方案或项目具有相同的效益,而采用现值法或年费法分析。对单独某一方案则主要考虑国民经济效益,财务收费收入不是效益的主要部分。

经济评价方法:"有无比较法"或增量效益费用比法、经济净现值、内部收益率法。

1)"有无比较法"

分析"有项目"即加固比"无项目"增加的费用 ΔC,增加的社会效益 ΔB:车辆运输时间节约、运输成本减少、交通事故的减少,同时能吸引更多的交通量或诱增交通流量,减少环境污染等社会效益,求出增量费用比 $\Delta B/\Delta C > 1$ 则可行。

(1)有无对比的原则

所谓有无对比的原则,就是根据实施某个石拱桥加固项目或不实施某个加固项目对国民经济的影响来确定项目的效益和费用。换句话说,就是通过分别考察有项目和无项目(石拱桥加固和不加固)两种情况下的效益,两者的差是该项投资带来的效益。

一定要用有项目和无项目两种情况作比较,而不应以投资后与投资前的两种情况相比较来考察投资带来的效益和费用,否则就会出现错误。这是因为,有项目和无项目对比的实质是对二者在未来发生的变化进行比较,而石拱桥加固后与石拱桥加固前的两种情况相比较是用项目加固前(现状)数据与项目加固后的未来数据相比较,时间上就不具有可比性。退一步讲,即使将石拱桥加固前(现状)数据折算到未来,使项目石拱桥加固前的数据与石拱桥加固后的数据在时间上具有可比性,这样的比较也常常与有项目和无项目两种情况的对比不相同。在什么情况下二者才会相同呢?只有在无石拱桥加固下项目效益和费用的状况在未来保持不变,二者才会相同。然而,在实际中和现状相比,无石拱桥加固下的效益和费用在计算期内可能增加,可能减少,也可能保持不变。所以,有石拱桥加固和无石拱桥加固的对比,客观上不能准确反映由于投资带来的效益和费用,而只有坚持有无对比的原则,有石拱桥加固和无石拱桥加固进行对比,它们之间增量的效益和费用才是兴建这个项目的效益和费用,只有这样衡量才能使效益和费用的识别更为准确、科学。

(2)使用增量数据的原则

将石拱桥加固后的数据与石拱桥加固前的数据之间的差额称为新增数据,将有项目情况下的数据与无项目情况下的数据之间的差额称为增量数据。在进行项目的国民经济效益与费用的识别和计算时,要遵循使用增量数据的原则,并且要注意以下两点。

①不能将有石拱桥加固情况下的数据直接拿来作为国民经济的效益或费用。例如,在公路投资项目中,车辆购置费是影响项目国民经济费用的一个因素。但是从理论上讲,不能直接将有项目情况下的车辆购置费作为项目的一个国民经济费用,而是要将石拱桥加固情况下的车辆购置费和无石拱桥加固项目情况下的车辆购置费的差额作为项目的一个国民经济费用。从另一个角度讲,如果仅取有加固项目情况下的数据,那么它实际上等同于新增数据而不是增量数据。

②沉没费用不能计入增量费用,或者说沉没费用不是增量数据。沉没费用是已经发生而无法改变和弥补的费用,是过去的投资决策所投入的费用,在实际工作中常常遇到在原有石拱桥建设预留发展设施的基础上进行加固,过去建设时考虑了以后扩建的需要。但是如果现在的加固项目不实施,这些费用也已经发生,这些费用在有项目和无项目两种情况下都是共同

的,所以沉没费用不是增量费用。

(3)计算期一致、口径对应的原则

首先,石拱桥加固项目国民经济效益与国民经济费用的考察范围应一致。有些石拱桥加固项目,基于它自身的特点,其国民经济评价范围不一定局限在项目的工程范围内。例如,路网性和联动性是公路运输系统所具有的共性。石拱桥加固项目必然改变相关公路甚至包括其他运输方式在内的运输状况,使项目具有超出其实际界限的经济效果,因而需要恰当地确定效益和费用测算的口径和范围。但是无论怎样确定效益与费用的测算范围,都要注意二者之间要保持一致,特别是要避免只考虑某一方面的效益而忽视其费用。不仅要求效益与费用的考察范围和口径应保持一致,而且对有石拱桥加固与无石拱桥加固两种情况的考察范围和计算期也应保持一致,如取 30 年。为了使计算期保持一致,应以有石拱桥加固情况下的计算期为基准,对无石拱桥加固情况下的计算期进行调整。

(4)避免重复的原则

在进行石拱桥加固效益与费用的识别时,要注意识别哪些已经被计入效益和费用,哪些应该被计入效益和费用而没有计入。例如,在对石拱桥加固项目进行国民经济评价时,如果已经用根据影子价格计算出来的客货运输收入作为直接效益,那么再把项目所带来的运输时间的节省、运输费用的节省计入所谓的间接效益就是多余了。因为既然已经用影子运输收入作为效益,影子价格里已经考虑了运输费用的节省、运输时间的节约、运输质量的提高等因素,再考虑这些因素就是重复了。

2)经济净现值 ENPV、内部收益率法 EIRR

经济净现值表现为不考虑桥梁收费,加固投资带来的社会效益,以示范工程为例求出 $ENPV = \sum_{t=0}^{n}(CI_t - CO_t)(1 + i_0)^{-t}$,或 $EIRR > i_s$。对收费石拱桥则考虑加固后消费者剩余的增加:社会成本节约与收费费率变化对用户带来的利益。

内部收益率 EIRR 的计算:根据石拱桥加固发生的寿命周期费用、寿命周期的效益,计算经济内部收益率 $EIRR$,$EIRR \geqslant$ 社会折现效率 i_s,则石拱桥加固经济评价可行。

内部收益率一目了然地反映出投资者可得到的收益水平,所以这种方法容易被大多数人所理解和接受。收益率法的另一个优点是,不像现值法或年费用法那样要事先选定一个贴现率。而贴现率的确定是一个既困难又易引起争议的问题。然而,加固或建设投资水平低的短期项目或方案,往往总有较高的收益率,因而这种方法不鼓励高投资。收益率法的主要缺点是手工计算工作量大而且较复杂,但用 EXCEL 表处理着则比较容易。

3)效益—费用比 B/C 法

效益—费用比法是以项目的效益现值同其费用现值相比,即在某一贴现率条件下,如果 $B/C \geqslant 1$,则此项目有比该贴现率更高的获利水平;如果 $B/C < 1$,则说明费用超出效益,净现值为负数,此项目具有的收益率水平低于所用的贴现率。

效益—费用比反映了单位费用的效益,比净现值(效益和费用现值之差)能更好地反映投资的"效率",有较强的对比性。然而,效益—费用比法最大的困难是有时无法明确地划分效益和费用的界限,特别对部分公共项目。有的人可能把某些费用如车辆运行费用放在费用总额中(作为分母的一部分),而有的人则把它看成是负效益,放在分子部分,从效益总额中扣除。不同的处理,将会得到不同的 B/C 比值,而这种情况在净现值法中则不会发生。

7.4.7 石拱桥加固经济评价案例

1)工程概况

双河桥位于重庆市长寿区葛大路 X193 线上,该桥没有留下任何设计、竣工资料,2006 年 5 月工程设计人员进行了现场勘察。该桥全长 40m,为五孔连跨实腹式鹅卵形石拱桥,现场测量净跨径为 5×6.5m,净矢高分别为 3.5m、3.75m、4m、3.75m、3.5m。主拱圈的厚度为 0.4m,宽 7.4m。该桥存在以下病害:①主拱圈拱侧开裂严重;②拱石风化、渗水严重,强度偏低;③侧墙有外鼓现象。

由于该桥设计荷载等级偏低,加上运营时间较长,结构本身已出现上述不同程度的病害情况。为了提高该桥的承载能力,满足交通运输的发展,长寿区交通局特委托重庆交院工程勘察设计院对该桥作加固设计。

加固设计标准:加固设计荷载为公路—Ⅱ级。

交通量 2006 年货车约 2 000 辆,客车约 1 000 辆;交通量按每年增加 2% 考虑。

加固设计要点:为了加强主拱圈的整体性、封闭砂浆空洞和不饱满处,主拱圈采用压力灌浆机进行灌浆处理;为了提高原桥的受力整体性和承载力,增强结构的耐久性能,采用增设钢筋混凝土复合主拱圈技术对该桥拱圈进行加固。

(1)承载力检算与加固施工全过程内力分析

双河桥的承载力检算采用韩国 MIDAS 程序进行。通过该桥内力分析与承载力检算,确定桥梁加固设计有关尺寸、材料,达到科学、安全、经济的加固设计目的。通过计算,发现在公路—Ⅱ级荷载作用下加固前各主拱圈的 1/4 跨、拱顶和 3/4 跨处承载力不足。

(2)压力灌浆加固技术

为了增强主拱圈的受力整体性及防止砂浆裂缝的扩展,采用压力灌浆加固技术进行处治。

(3)增设钢筋混凝土复合主拱圈加固技术

为了提高原桥的受力整体性和承载力,增强结构的耐久性能,采用增设钢筋混凝土复合主拱圈技术对该桥拱圈进行加固。

2)国民经济效益分析

(1)拱桥加固后运输成本降低的效益

石拱桥加固后,由于解决了混合交通问题,提高了车速,减少了油耗和材料消耗,因而比无此项目时降低了运输成本。前后运输成本差额的累计值即为该石拱桥加固项目时的经济效益,其计算式如下:

$$B_R = Q_W L_W (C_0 - C_W)$$

式中:Q_W——拱桥加固后客货运输量,货车平均吨位为 5t,客车为 1.5t;

C_0——拱桥加固前综合平均汽车运输成本,经测算取值为 545 元/(1 000t·km);

C_W——拱桥加固后综合平均汽车运输成本,经测算取值为 360 元/(1 000t·km);

B_R——运输成本降低的效益;

L_W——拱桥长度,为 40m。

因此 2006 年运输成本降低的效益为:

$$B_R = 365 \times [(2000 \times 5) + (1\,000 \times 1.5)] \times 0.04 \times (545 - 360) \div 1000$$
$$= 3.12(万元)$$

各年计算结果见表 7-10。

车辆运营成本是指车辆在路上行驶时同行驶里程有关的费用,如燃油费、轮胎费、保修费、车辆大修和折旧费等。

影响车辆运营成本的因素很多,它们可分为四类:

①桥梁特性——包括桥梁的几何特性(平曲线曲率、纵坡和桥梁宽度等)和桥梁特性(桥面类型和平整度等)。

②车辆特性——包括物理特性和运行特性,如发动机功率和转速、悬挂系设计、重量等。

③交通特性——包括车辆组成(机动和非机动)、交通量、行驶速度、交通管理和组织、驾驶行为特征等。

④地区因素——由地区经济、社会、技术和体制等特性所产生的影响。

车辆运营成本包括车辆运输过程的人、财、物消耗和车辆所需要的检修、维修等费用。根据不同牵引种类、地形类别的实际能时消耗指标或定额,计算边际成本。如果计算边际成本有困难,改为计算平均成本。更准确的做法是,将成本要素分解为税收、劳动力、外贸品和非外贸品。其中税收属于转移支付,予以剔除,劳动力按劳动力影子价格测算,外贸品参照国际价格(口岸价)调整,并对非外贸品按上述办法进行二次分解。鉴于车辆运输成本构成较为稳定,可由公路主管部门统一测算并公布。

车辆营运成本的计算,可遵循下述步骤:

①确定车辆组成。按交通量观测站的现有交通量资料和分析期内的交通预测资料,设定车辆类型和组成以及交通量年平均增长率,计算分析期内各类车辆的逐年交通量。车辆类型可分为小型、中型(面包车)和大型(公共汽车)客车,轻型、中型和重型货车及铰接车 7 类。

②计算平均运行速度。按每一类车辆代表车型的特性参数和道路的特性参数,应用有关公式计算确定各类车辆在不同道路特性条件下(纵坡、平曲线曲率、平整度)的平均运行速度。

③计算资源消耗量。计算每一类车辆每车每公里的各项资源消耗量。目前,车辆的月度折旧率和大修基金按统一规定提取,而维修工按编制定额配备,这三项费用与石拱桥技术条件和交通条件无关。因而资源消耗可以只考虑燃油、轮胎和维修材料三项。

④确定各项资源的单价。包括燃油、轮胎和维修材料三项。

⑤计算车辆运营成本。

将各项资源的消耗量乘以相应单价,可得到车辆每车每公里的运营成本。

上述费用乘以路段长度和年交通量,可得到每类车辆的路段年运营成本。综合各年与各类车辆的运营费,便可得到总的车辆运营费。

利用各类车辆的特性参数和道路特性参数,按相应的平均运行速度,可由式 $F_L = 500\beta_1\beta_2(F_{uc,u}/v_u + F_{uc,d}/v_d)$ 计算得到各类车辆的油耗,其中 $F_{uc,u}$、$F_{uc,d}$ 为汽车上、下坡时的单位油耗(mL/s),v_u、v_d 为汽车上、下坡时速度(m/s)。

用式 $T_L = N_T[(1 + R_R N_R)T_W/(1 + kN_R)V_L + 0.002]$ 分别计算得到各类车辆的轮耗量,N_T 为每辆车的轮胎数,R_R 为轮胎翻新一次费用占新轮胎费用的比例,N_R 为轮胎报废前平均翻新次数,T_W 为轮胎面病变率,k 为翻新胎面与新轮胎面可病变体积之比,V_L 为新轮胎面可病变体积。对于平直路段,可直接利用式 $F_C = a + bIRI$ 和式 $T_C = a_0 + a_1 IRI$ 计算确定不同平整度条件下各类车辆的油耗和轮耗量,其中 IRI 为国际平整度指数。保修材料消耗量可按式 $P_C = C_0 e^{(C_q IRI)} C_{km}^{K_p}$ 确定,C_0、C_q 为系数,K_p 为车龄指数,C_{km} 为车辆平均累计行使里程。

(2)旅客时间节约的效益

石拱桥加固项目投入使用后,由于交通条件改善或者使两地间旅行距离缩短,从而运输使用者出行时间节省而产生直接效益。首先,旅客在途节约的时间要能够直接且全部应用于生产;其次,社会处于充分就业或劳动力不足的状态。该部分效益是石拱桥加固项目效益分析的重要内容。20世纪50年代末到60年代,欧洲开始讨论时间节约的价值及其量化问题。大量数据表明,英国公路项目的时间节约效益占其收入的80%。1996年,EUNET项目调查的所有欧盟成员的运输基础设施投资评价中都包括了出行时间节约。运输时间节约效益中很重要的内容是对时间价值的设定。在大多数国家的评价中,时间价值分为非工作时间价值和工作时间价值。非工作时间价值大约等于工作时间价值的20%还要多,欧洲一些国家的非工作时间价值2~8欧元/h。

由于我国还是发展中国家,整体水平较低,因此时间价值方面一般低于欧洲国家的水平,在计算取值时要充分考虑我国国情及不同地区的不同情况。

关于运输时间节约和支付意愿。一般来说,石拱桥加固后运输时间节约和交通安全成本节约一起构成了经济净现值的主要部分。时间节约效益是效益费用分析中与可达性提高和经济增长最为紧密的标准参数。费用效益分析的一个基本假设是,运输系统的使用者,无论是私车还是企业,通过拱桥到达一个特定目的地的机会都有一种支付意愿。因此,如果通过拱桥到达某目的地的时间缩短,使用者会对节约的时间赋予合适的价值,宁可支付一定费用,而且所有拱桥使用者的支付意愿将构成费用效益分析的正效果。决定道路使用者支付意愿的因素很多,主要有:出行目的、行使距离、使用的交通方式、通过桥梁附近城镇的道路条件、出行时间或等待时间、个人收入或其他经济激励或约束。一般情况客运时间价值的大小应当按照其劳动报酬的得失来衡量。(所谓劳动报酬,即通常所说的工资、奖金及津贴。按我国统计规定,劳动报酬既包括货币形式的,也包括实物形式的,还包括劳动者所享受的公费医疗、交通补贴和单位支付的保险费等。)

目前,计算运输时间节约的方法主要有两种:一是宣述偏好法,二是揭示偏好法。宣述偏好法分析通过当面调查访问或使用调查问卷的形式进行,而揭示偏好法则分析由于石拱桥加固后通行能力不同程度的改善或修缮而引起的人们的实际行为。尽管揭示偏好法更能够取得与实际情况一致的结论,但是由于宣述偏好法能够解决为特定目的而设定的问题,因而得到了更广泛的应用。根据英国1980~1996年所进行的105次研究,两种方法基本能够取得比较一致的结论。近几年,人们开始普遍用已知揭示偏好法的基础数据结果验证宣述偏好法的结论,这样不仅使数值得到验证而且使结论更加收敛一致。欧洲各国旅行平均时间价值4~28欧元不等。该理论认为,边际工资率代表了劳动力原因(如更快的公务出行)所引起的产量增减。

在本例中,无此项目时,旅客运输须由原有公路承担,拱桥客运时间约需0.04/20h。而有此项目后,旅客运行时间缩短为0.04/40h,比无此项目时节约运营时间0.001h。客车按平均每车40座,实载率70%计,则每车旅客为28人。经济效益按下式计算,即:

$$B_T = Q_P G(T_1 - T_2)$$

式中：Q_P——客运量；

G——社会劳动者人均小时国民收入，根据该地区资料测算为 3 元/h；

T_1、T_2——分别为拱桥加固前后的在途时间，其差额为 0.001h。

因此，2006 年旅客在途时间节约的效益为：

$$B_T = 28 \times 1\,000 \times 0.001 \times 3 \times 365 = 3.06(万元)$$

其余各值见表 7-10。

(3) 减小货物在途时间的效益

由于新线提高了货物的运送速度，从而引起资金周转时间缩短产生的效益，一般按在途货物所需流动资金利息支出的减少来计算。

在途货物平均价值，根据该地区目前公路货运结构及产品价值大致推算，按 2 200 元/t 计，流动资金贷款利息按年利息 10% 计。时间差仍按 0.001h 计算，则效益按下式计算，即：

$$B_P = Q_W P(T_1 - T_2) i$$

式中：Q_W——拱桥完成货运量；

P——在途货物平均价值，为 2 200 元/t。

若每年按 365d 计算，每天按 8h 计算，则 2006 年流动资金贷款利息的节约为：

$$B_P = 5 \times 2\,200 \times 2\,000 \times 0.001 \times 0.1 / (365 \times 8) \times 365 = 0.3(万元)$$

其余计算结果见表 7-10。

(4) 辅道降低运输成本效益

由于拱桥加固，吸引了大量交通流量，从而降低了辅道的拥挤程度，辅道路况近一步改善，导致运输成本下降，其计算式为：

$$B_F = Q_F L_0 (C_1 - C_2)$$

式中：Q_F——辅道客货运量，根据辅道交通量预测而得，226 辆/d；

L_0——辅道(旧线)里程，2km；

$C_1 - C_2$——有无项目时的运输成本差额，该例取为 10 元/(1 000t·km)。

因此，2006 年此项效益为：

$$B_F = 226 \times 5 \times 2 \times 10 \times 365 / 1\,000 = 0.82(万元)$$

其余各值详见表 7-10。

双河石拱桥加固经济效益分析（单位：万元） 表 7-10

序号	年度（年）	经济费用 C			经济效益 B					净现金流
		合计	加固费用	养护费用	合计	运输成本降低 B_R	客运时间节约 B_T	货运时间节约 B_P	辅道成本降低 B_F	
1	2006	43.9	43.5	0.4	7.3	3.12	3.06	0.3	0.82	-36.6
2	2007	0.4		0.4	7.46	3.16	3.12	0.3	0.88	7.06
3	2008	0.4		0.4	7.76	3.24	3.2	0.4	0.92	7.36

续上表

序号	年度（年）	经济费用 C			经济效益 B					净现金流
		合计	加固费用	养护费用	合计	运输成本降低 B_R	客运时间节约 B_T	货运时间节约 B_P	辅道成本降低 B_F	
4	2009	0.4		0.4	7.94	3.3	3.32	0.4	0.92	7.54
5	2010	0.4		0.4	8.18	3.4	3.36	0.5	0.92	7.78
6	2011	0.4		0.4	8.27	3.45	3.4	0.5	0.92	7.87
7	2012	0.4		0.4	8.41	3.51	3.48	0.5	0.92	8.01
8	2013	0.4		0.4	8.58	3.6	3.56	0.5	0.92	8.18
9	2014	0.4		0.4	8.77	3.68	3.64	0.5	0.95	8.37
10	2015	0.4		0.4	8.93	3.73	3.75	0.5	0.95	8.53
11	2016	0.5		0.5	9.06	3.76	3.85	0.5	0.95	8.56
12	2017	0.5		0.5	9.18	3.82	3.91	0.5	0.95	8.68
13	2018	0.5		0.5	9.26	3.84	3.97	0.5	0.95	8.76
14	2019	0.5		0.5	9.41	3.91	4.05	0.5	0.95	8.91
15	2020	0.5		0.5	9.61	3.95	4.11	0.6	0.95	9.11
16	2021	0.5		0.5	9.78	4.05	4.18	0.6	0.95	9.28
17	2022	0.5		0.5	9.88	4.11	4.22	0.6	0.95	9.38
18	2023	0.5		0.5	9.98	4.25	4.28	0.5	0.95	9.48
19	2024	0.5		0.5	10.09	4.32	4.32	0.5	0.95	9.59
20	2025	0.5		0.5	10.03	4.35	4.38	0.4	0.9	9.53
21	2026	0.6		0.6	9.8	4.24	4.26	0.4	0.9	9.2
22	2027	0.6		0.6	9.66	4.15	4.21	0.4	0.9	9.06
23	2028	0.6		0.6	9.51	4.09	4.12	0.4	0.9	8.91
24	2029	0.6		0.6	9.34	3.96	4.08	0.4	0.9	8.74
25	2030	0.6		0.6	9.18	3.86	4.02	0.4	0.9	8.58
26	2031	0.6		0.6	9	3.75	3.95	0.4	0.9	8.4
27	2032	0.6		0.6	8.79	3.67	3.82	0.4	0.9	8.19
28	2033	0.6		0.6	8.73	3.65	3.78	0.4	0.9	8.13
29	2034	0.6		0.6	8.43	3.48	3.65	0.4	0.9	7.83
30	2035	0.6		0.6	8.27	3.45	3.52	0.4	0.9	7.67
	社会折现率 i_s = 12%									
	EIRR = 21%				B/C = 1.6			ENPV = $\sum_{t=1}^{30}(B_t - C_t)(1+i_s)^{-t}$ = 25.52 万元		

(5) 总效益计算

由该项目带来的各分项效益的计算,即可求其总的效益。总效益未考虑交通事故减少带来的安全经济效益及货损货差损失。货损货差：一种是由于时间延迟,产生货物质量下降或货物在市场上竞争力降低;另一种是由于装卸和途中颠簸,加上包装不善等而引起货物数量损失(如鲜、活、易腐货物等)。本例由于加固项目后,路况大大改善,石拱桥行使平稳度提高,运行速度加快,与旧石拱桥相比,货物运输中损耗有所减少。总效益 $B = B_R + B_T + B_P + B_F$ 计算的各值见表7-10。

3)经济现金流量分析

根据以上调整和计算的成本、效益数据编制经济现金流量表,见表7-10,对本项目进行经济效益分析,其评价指标有:

①经济内部收益率 $EIRR$;②经济净现值 $ENPV$;③经济效益费用比 B/C。

运用经济现金流量表分析,得出本项目的经济内部收益率 $EIRR = 21\%$,本项目经济净现值 $ENPV = 25$ 万元 >0,经济效益费用比 $B/C = 67.88/42.36 = 1.6 > 1$。以上结果表明,本加固项目能获得较好的国民经济效益。

4)敏感性分析

经济分析结果的可靠性,不仅取决于分析方法的可靠性,还依赖其他许多因素,如各项费用和效益的估算,各项计算参数的选择(贴现率、分析期等)等。各项费用和效益,除了加固费用外,养护费用、效益等都是发生在未来的事件,其估算带有不确定性。不仅价格和数量,所发生的时间也因依赖于对使用性能的预估而往往不准确。因而,经济分析的结果带有不确定性,而决策人需在带有不确定性的分析结果上作出决策。

为了了解各项变量对决策的相对影响,需进行敏感性分析。它检测各项费用和效益变量以及各项计算参数的变异对加固方案选择的影响,判别对项目或方案的费用计算影响最大的因素有哪些,以及影响的程度和范围。

敏感性分析的过程有如下三步。首先,依据经验建议一些影响经济分析结果的因素供敏感性分析。例如,对于现值法,影响分析结果的主要因素有:①所选的贴现率;②分析期;③改建方案的使用寿命;④残值;⑤价格和费用;⑥是否考虑用户费等。可以选择一些因素,分别进行分析。其次,对所选择的因素拟定相应的变化范围。然后,分析这些因素在所定范围内变化时各方案计算结果的差异。

本例中取石拱桥加固费用增加 20% ~ 30%,交通量减少 20% ~ 30%,对五种不同情况进行经济敏感性分析,分析指标的变化情况见表7-11。经济敏感性分析表明该石拱桥加固的风险小。

敏 感 性 分 析 表 表7-11

变 化 因 素	经济净现值 $ENPV$ ($i_s = 12\%$)	内部收益率 $EIRR$	B/C
加固费用增加20%	17.76万元	17%	68/50 = 1.36
交通量减少20%	12万元	16%	54/42 = 1.29
加固费用增加20%,交通量减少20%	4万元	13%	1.08
加固费用增加30%,交通量减少20%	0	12%	1.00
加固费用增加30%,交通量减少30%	−7万元	10%	0.89 < 1

敏感性分析为判别不确定性对许多因素的影响提供了有利的工具,也为决策人对所选方案承担的风险或获取成功的概率提供了估计。因而,在进行较详细的寿命周期费用分析时,必须进行敏感性分析,特别是当两个比较方案的差别不大时,敏感性分析对于正确选择十分有用。

7.4.8 石拱桥加固综合评价指标体系

综合评价是在各专业评价的基础上进行综合分析,提出结论性意见,给项目投资决策者提供一个简明直观判断依据。石拱桥加固需要一定资金,外部性显著,涉及面广,影响深远,为了能够考虑到石拱桥加固与运营对社会、政治、经济、技术及安全环境等方面的影响,需要进行多目标综合评价。这里主要建立综合评价指标体系。

指标1:政治效果。政治效果是指投资效果反映在政治上的影响,包括两个方面的指标:社会稳定,社会秩序。

指标2:经济效果。经济效果是指投资反映在经济上的影响。地区经济层面包括:地区经济发展、地区经济结构、地区消费结构。公路运营、养护企业层面包括:直接费用与直接效益。

指标3:社会效果。社会效果是指投资反映在社会层面上的效果,也可以从宏观、微观两个角度进行分析。宏观上是指对社会的影响,包括就业机会,公平分配,资源配置,抵御自然灾害能力,路网结构,运网效率等。微观上包括对石拱桥附近居民社会生活的影响和对旅客(客运)和货主(货运)的影响,包括平均在途时间,出行便捷,交通事故损失额,交通事故伤亡率,医疗条件等。

指标4:环境和生态效果。与桥梁重新建设相比较,石拱桥加固具有促进国民经济可持续发展,降低整个交通运输环境(包括环境污染,自然景观,生态环境,历史遗迹等)等社会成本的优势。

关于指标评价的方法。项目评估过程中价值判定的两种基本形式是:定量与定性。相应的项目评价方法有定量的方法和定性的方法。这两种方法的评估标准都是由项目评估目的决定的,项目评估的价值判断过程基本上是一致的。定量和定性相结合是解决问题的一般思路。具体的方法包括多目标决策方法、层次分析法、模糊综合评判法。

7.5 石拱桥加固运营后经济评价

7.5.1 石拱桥加固后评价研究目标、内容与方法

石拱桥加固后评价的研究目标是通过信息反馈,利用实例进一步验证加固方案技术可行性、经济合理性。

石拱桥加固运营的后期评价内容包括:加固项目执行情况、成本和资金使用情况、石拱桥加固项目的直接效果,对经济的影响以及项目合同执行情况等,综合评价当年经过加固项目的政治、经济、社会、技术、环境和机构方面的影响,进而作为今后决策的依据,从而使石拱桥加固技术不断完善和提高。

项目后评价的理论仍然涉及时间价值理论、经济效益理论、技术经济评价理论、技术经济

比较理论等技术经济学的基本理论。后评价的基本方法为比较法,即通过将项目建成后的实际情况与原来预计情况相比较,从中发现问题,总结经验和教训。要求正确地描述石拱桥加固后的情况,评价实际影响;清楚地了解项目建设的目标、计划和主要意图,包含大量的调查研究工作。对大量的加固石拱桥原始资料进行研究和分析,在此基础上可以采用三种基本的评价方法,即影响评价、成本—效益评价和过程评价。

1) 石拱桥加固影响评价

影响评价的基本思路是:任何一个加固石拱桥的加固项目,不管决策者当初的主观愿望如何,在石拱桥加固后,必然会与现实的社会、经济、技术、环境等条件相结合,而与原决策时的社会环境和自然环境等产生差异。通过项目完成后产生的客观影响与项目立项时的目标或预期情况相比较,就可以评价项目的决策是否正确。由于项目的目标往往在项目进行可行性研究时就已拟定,因此,石拱桥加固影响评价的主要任务是测定项目的实际影响。

石拱桥加固影响评价的基本步骤如下:

(1) 模拟实施过程。实际上是对石拱桥加固项目从立项到完成的一个简单扼要的回顾,使有关石拱桥加固项目的所有信息按项目进行的时间顺序排列起来,便于分析研究。

(2) 确定预期目标。虽然在可行性研究阶段已经拟定了石拱桥加固的目标,但有些目标较含糊、笼统,这一步的主要任务是使项目目标明确、清晰,并给予定量化。

(3) 选择适当的方法对石拱桥加固项目的影响进行测定。石拱桥加固对社会和自然各方面的影响是一个具有十分广泛含义的概念,测定起来十分困难和复杂。有些量可以直接测定,有的则要用统计调查的方式或抽样调查的方法进行,有的则要进行定性描述。

(4) 对所测定石拱桥加固的技术、经济数据进行分析和解释。

(5) 把分析的结果和当初确定的目标如使用性能、安全性能的改善情况进行比较,以及有哪些意想不到的效果,如交通量的增长幅度超过预计值、使用寿命延长等作出评价,明确指出加固项目达到目标的程度。

经过这样的分析和评定,可以得出石拱桥加固的实际效果与当初目标之间的差异,从而判别项目决策的正确性,检验项目实施的效果。

其中,石拱桥加固对环境的影响分为以下几个方面:①环境污染,对于石拱桥加固项目来说,主要的污染是施工时空气污染(固体颗粒物、N、C 等)和噪声污染,以及在石拱桥加固改造过程中有可能出现的对于土地污染和水土流失的危险。占主要影响的是空气污染和噪声污染。一般而言,石拱桥的加固方式对水土流失的影响要小于新建桥梁。②对自然景观的影响,对自然景观的影响是指由于石拱桥加固/新建导致的自然景观损失,主要是周围景观旅游价值和观赏价值的损失,可以从这两个方面对自然景观的影响进行量化分析。

2) 成本—效益(效果)评价

成本—效益评价则是把石拱桥加固项目的实际效果与实际成本相比较,通过比较来评价石拱桥加固项目投资是否值得,是否合算。石拱桥加固项目的所有效益,包括石拱桥加固的直接效益和间接效益;石拱桥加固的所有成本,包括企业成本和社会成本,以及项目对社会的综合影响力基本显现。在可行性研究中所用的成本和效益都是预测值,而在石拱桥加固后评价中,这些数值都是实测(际)值。这样,计算出的评价指标(NPV、IRR 等)在后评价中就较可行性研究中计算的经济评价值更贴近实际。通过与可行性研究阶段的值相比较,就能找出差距,并进而可以分析产生差异的原因是技术、经济原因还是社会原因。

3）过程评价

上面两种方法，都侧重于石拱桥加固项目效果的研究，一种是把加固效果与目标相比较，另一种是把加固效果与加固成本相比较，但对于一个投资效果差的项目仅有上述分析还不够，还不能回答项目成败的原因。因此，在进行上述两种评价的同时，应深入地研究拱桥加固项目的决策和实施过程，通过分析其过程，发现项目失败的原因，这种分析过程就是过程评价。过程评价实质上也是一种比较，是把实际过程与石拱桥加固的实施计划相比较，通过比较，找出主观愿和客观实际的差别，使以后的项目建设计划制定得更加切合实际。过程评价，重在石拱桥加固项目实施过程中的资料积累和实际调查，如加固拱桥的实际造价。

在以下的论述中，主要探讨上述三种评价方法中的后两者——成本—效益评价和过程评价。

7.5.2 石拱桥梁加固项目效益后评价

石拱桥加固项目效益的后评价包括项目的国民经济评价、财务评价、项目建成后的社会效益评估及技术进步与规模效益后评估。石拱桥梁加固项目效益后评价就是对已建成的石拱桥加固项目的国民经济效益和财务效益指标（内部收益率 IRR、净现值 NPV 等）进行重新计算，以确定是否同可行性研究时测算的经济指标一致、是否符合实际，并从中找出重大变化的原因及涉及的问题。

1）石拱桥加固项目效益后评估的实际经济效益指标

（1）国民经济后评价。项目后评价中的国民经济评价也和可行性研究中评价一样是按照资源合理配置原则，从国家整体角度考察项目直接的和间接的费用与效益，用投入品的影子价格、影子工资率、影子汇率和社会折现率等经济参数来分析，计算项目对国民经济的净贡献，评价项目的经济合理性。后评价的基本报表是国民经济效益费用流量表。

（2）财务后评价。项目的财务后评价与可行性研究评价一样，是从企业（项目）角度来分析财务状况，即项目的盈利能力分析和清偿能力分析。项目财务后评价的基本报表有现金流量表、损益表和资产负债表等。

（3）石拱桥加固后的社会效益评估。应结合项目的性质、交通行业和地区特点，着重对石拱桥加固给地区或部门经济发展以及提高人民物质文化生活水平等方面带来的效果进行定量或定性分析，主要考察项目的资源与收入公平分配效果、积累效果和环境效果等指标。

（4）技术进步与规模效益后评估。对石拱桥加固所采用的先进技术含量和科学技术与智力投入所产生的技术进步与扩散效益做出后评估；根据项目加固后的实际效果，对比国内同类项目（同等规模），评估其规模经济效益水平，分析效益偏差，提出改进建议。

石拱桥加固经济后评估的基本报表格式、编制方法和后评估实际经济效益评估指标的计算均与项目前评估基本相同，而不同的是：影子价格、国家参数都是国家最近颁布的，或是根据实际情况预测的。项目后评估时点以前的价格、投资成本构成情况、交通量等都是实际发生的数据；而后评估时点以后的经济评价，则是在实际数据基础上重新预测的数据。

2）项目后评估的实际效益与前评估预期效益指标的对比

当要表明实际效益与预期效益偏离的绝对数值时，就需设置绝对量对比指标，如成本降低额、投资节约额或效益指标的增减额;如果需要分析效益指标增减变化原因时,则需设置实际效益指标的变化等相对数值指标。为了从效益方面衡量项目前评估的深度,需要定量分析效益指标前后的偏离程度。

项目后评估与前评估效益指标的对比指标主要包括:建设工期、单位生产能力投资、达到设计能力年限(或设计能力利用率)和投资回收年限等四项固定资产投资经济效果指标,以及项目经济评估中规定的各项综合经济效益指标。

(1)实际建设工期。系指建设项目从开工之日起至竣工验收为止所实际经历的有效日历天数。它不包括开工后停建、缓建所间隔的时间。实际建设工期是反映项目实际建设速度的指标。这项指标的相对变化指标是:

$$实际建设工期变化率 = (实际建设工期 - 计划建设工期)/计划建设工期$$

如果该变化率大于零时,说明实际建设工期大于设计建设工期;反之,则小于设计建设工期。

(2)实际单位通行能力投资。这是反映竣工项目实际投资效果的一个综合指标。它是项目实际投资总额与竣工项目实际形成的综合生产能力的比值,比值越小,表明投资效果越好。

(3)实际投资回收期。这是项目实际产生的年度净收益或根据实际情况重新预测的项目年度净收益来抵偿实际投资总额所需要的时间。有静态和动态实际投资回收期。

7.5.3 石拱桥加固项目影响后评价

石拱桥加固项目影响后评价是指石拱桥加固项目对于其周围地区在经济、社会、技术和文化以及自然环境所产生的作用。项目的影响评价从国家宏观上重点分析项目与整个社会发展的关系。它包括经济、社会和环境三个方面的评价。应将影响评价作为项目后评价内容的重点。

1) 经济影响评价

项目后评价中的经济影响评价主要是分析和评价项目对所在地区、省和国家等外部区域的经济发展的作用和影响。经济影响评价的主要内容包括项目的国内资源成本分析、公平分配、扶贫、技术进步、国家经济和区域经济发展(包括对经济结构调整的影响)等方面的影响分析与评价。

2) 技术影响评价

石拱桥加固项目技术影响评价,是指对项目采用的技术给本行业、本地区的技术进步带来的影响进行评价。其评价应参照国家制定的衡量技术进步的制度和测算方法以及部门的技术经济政策来进行,以评价其采用的技术是否先进、合理、适用;其对国家、部门、行业、地方的技术进步有多大的推动作用,新技术的扩散、扩散速度及扩散的效果等。

3) 环境影响评价

环境影响评价是根据项目建设前期评估时批准的《环境影响评价报告书》重新审查项目投产后的环境影响实际结果、环境管理决策措施、规定、规范、参数的可靠和实际效果。环境影响后评价应根据国家和地方环境质量标准和污染物排放标准以及有关的环保规定进行。在审核已实施的环境影响评价报告和评价现状环境影响的同时,还要对未来的环境影响进行预测,对有可能产生突发事故的项目,要作环境影响的风险分析。

环境影响后评价的内容一般应包括下述五个部分:①对项目的污染控制;②对区域的环境质量影响;③对自然资源的利用和保护;④对区域生态平衡的影响;⑤环境管理能力。

目前,国家环保局、交通运输部等国家主管部门对项目影响评价的上述内容、方法和程序都有具体规定。项目后评价时除应遵照上述规定外,要侧重分析随着项目的进程和时间的推移所发生的变化。由于项目所在地区的环境背景差异很大,工程废弃物各不相同,因此,评价人员要分析特定项目的不同点,找出影响因素中的污染因子,选择合适的权重系数,全面地进行综合,得出环境影响评价的结论。

4) 社会影响评价

石拱桥加固项目社会影响评价是指对项目在经济、社会和环境方面产生的有形和无形的效益和结果所进行的分析。从社会的发展观点来看,社会影响评价是分析项目对国家(或地区)社会发展目标的贡献和影响,包括项目本身及其对周围地区社会的影响,考虑到中国社会现状以及项目的经济评价和环境影响评价已单独进行,这里的社会影响评价的重点是项目对项目所在地区和周围地区的影响评价,其评价内容主要包括下述几方面:

(1) 对区域(地方)经济的影响

这种影响主要是对地区经济结构、资源利用、工农业生产和第三产业的影响以及对交通石拱桥加固项目相关产业或部门的影响以及对当地国民收入和财政的影响等。

(2) 对就业的影响

就业分为项目直接产生的就业和间接产生的就业。直接就业为项目建设期和运营期的新增就业人数;间接就业是与项目相关的或直接为项目建设和运营服务的就业人数。应对实际发生的就业人数与预测的就业人数进行比较。

(3) 对地区居民生活条件和生活质量的影响

对地区居民生活条件和生活质量的影响包括社区居民收入的变化、人口流动情况、居住条件、服务设施、文化教育、卫生保健、生活习惯、娱乐、生活质量等的变化和影响。

(4) 利益主体范围及其变化

利益主体是指项目的受益者和受损者。要分析项目实施前、后的利益主体范围及其变化情况。应分析谁是真正的受益者和受损者,受益和受损的程度,受损者是否得到补偿,并与实施前估计的情况进行比较,找出变化的原因。

7.5.4 石拱桥加固项目可持续性评价

石拱桥加固项目可持续性评价是在项目建成投入运营之后,对项目是否可以持续地运营,能否继续维持项目的既定目标,业主是否愿意并依靠自己的能力继续实现既定目标,以及项目是否具有可重复性做出分析。

项目可持续性涉及以下四方面问题:

(1) 项目今后效益的可持续性。项目今后效益的可持续性是可持续性的核心,主要是为保持决策者和受益者的利益。

(2) 投资者为获得持久的利益,会对项目进行特别干预,继续支持项目的运营活动和维持其管理机制。

(3) 为了国家和地方的发展目标,根据投资和营运成本及机构的能力,确定合理的收益水平和运营期。

(4) 若主要的外部投资和技术支持一旦中断,就需要国家或地方政府提供财务、技术和管理方面的支持,以维持项目的继续运营。

7.5.5 石拱桥加固项目后评估的实际基础数据

1) 石拱桥加固项目后评估主要依据资料的收集和审查

(1) 加固项目的立项、决策和建设资料。包括项目可行性研究报告;项目评估及设计与批文;开工报告,设计、施工资料,竣工、验收报告,设计变更与批文;施工图预算及竣工决算;资金实际来源;加固项目年度实用金额、设备材料到货清单及价格资料;编制可行性研究报告及办理工程价款结算时所采用的行业、地区制定的有关财经法规、经济参数、设备材料价格、其他费用等资料,后评估时有变化的,还要搜集现行的资料等。

(2) 加固后的效益资料。主要指石拱桥加固投入使用后的经济效益和社会效益资料。例如,年度财务报表和统计报表、成本资料、经济活动分析,主要反映对促进经济繁荣、科技进步、社会文化、卫生与安全等方面发展的影响。

(3) 其他有关资料。如有关的经济政策、经济法规等有关资料。

(4) 在行业主管部门初审和国家主管部门复审阶段,还须分别备有建设单位的自评报告和主管部门的初审报告。

2) 实际财务数据的测算和评估

(1) 投资估算及资金的评估

①石拱桥加固后投资评估。对石拱桥加固后实际投资的评估应包括:对竣工决算的正确性进行分析;对直接投资、间接投资、配套投资等使用情况进行评估,并说明浪费与节约的情况;对工程概预算的准确程度,对咨询准备和审定概算时的估算费用与实际支付时的余缺情况进行对比和原因分析;对无效投资部分费用的分析,对设计、采购的经济性、投资构成比例和投资变化的合理性进行评估。

②资金筹措和运用情况评估。评估资金渠道是否符合国家规定;各项资金来源与前评估是否有变化;资金筹措方式和数额能否满足石拱桥加固实际需要;配套资金落实情况;资金使用是否合适得当,流动资金占用量和周转期是否合理,将前评估数额与投产后实际数额进行对比,分析发生变化的原因。

③资金筹措方式和集资经验。对不同贷款种类的筹资成本、汇率风险、使用条件等进行分析比较。

(2) 石拱桥加固后实际运营成本费用的分析与评估

首先,将项目前评估预测的运营成本与石拱桥加固后实际发生的运营成本进行比较,检验预测的运营成本及其各项费用是否与实际情况相符;其次,分析前后两种运营成本的差距大小及发生变化的原因;而后根据石拱桥加固后的情况,重新预测项目未来阶段(计算期)的运营成本的发展趋势。

(3) 项目的收费收入和利润分析与评估

①将项目前评估预测的收费收入与实际的收费收入比较,检验石拱桥加固预期收入和交

通需求的情况,是否符合石拱桥加固后的现实情况和预测变化趋势;分析收费收入与预期收入对比发生差距和变化的情况与原因;根据石拱桥加固后的情况,重新预测项目计算期内未来时期的收费收入及其发展趋向。

②前评估中预测的计算期内各年获得的利润额与石拱桥加固后实际利润额,以及后评估重新预测的利润变化情况进行对比,分析影响利润变化的原因。

3)实际经济数据的测算与评估

(1)收集与测算实际经济数据所需的有关基础资料。主要有实际交通量,国家近期颁发的影子价格,如社会折现率、影子工资、影子汇率等。

(2)各项经济价格的调整与分析。即在财务评估基础上,按各类型货物影子价格的确定原则进行价格调整。分析经济价格和调整是否符合石拱桥加固后的实际情况,如较大变化,则需研究、评估产生变化的原因,提出修正对策。

(3)项目经济费用与效益的调整与分析。根据核实的经济价格按照项目费用和效益划分的范围,对项目固定资产投资、流动资企、运营成本与收费收入等财务数进行调整。

7.6 本章小结

本章分析了石拱桥使用性能综合评价方法与加固最佳时机的确定,技术经济比选与加固排序及优化,经济评价与加固运营后经济评价,得出如下结论:

(1)基于石拱桥安全状态指数 PSI 评价模型、使用性能综合评价和使用性能的模糊评价将桥梁技术与安全状态分五种状态:良好、较好、较差、差、危险状态。结合石拱桥使用有关历史资料建立使用寿命模型、残存曲线模型,分析了不同养护或加固水平对石拱桥使用性能变化的影响。研究表明可利用行驶质量指数标准并从经济角度确定在五种安全状态下拱桥加固的最佳时机。

(2)加固措施的合理选择,需考虑以下三个方面:①石拱桥的现状,即各项使用性能满足使用要求的程度,要依据不适应的方面和程度选择相应的对策。②今后使用的需要。交通量大、发展快的显然要采取提高承载力的措施。③分析石拱桥加固方案效益或经济性,不能仅仅考虑一项对策,而应比较分析再投入使用服役期内各可能对策方案的经济效益,据此选择石拱桥最佳的加固方案。按经济分析和比较结果选择最佳对策,需要对各项对策的使用效果作出预估,并进行寿命周期费用分析。

(3)石拱桥加固项目识别经济效益费用、安全的经济效益和外部效益,主要应用"有无比较法"(对比加固与不加固)对已经确定的或准备实施石拱桥加固方案进行经济性评价,以判断项目实施后是否符合社会经济性的要求,以及是否满足经济评价指标的可行标准。

(4)对于加固后项目评估可采用基于比较法的后评价法,即通过将项目建成后的实际情况与原来预计情况相比较,从中发现问题,总结经验和教训。对大量的加固石拱桥原始资料进行研究和分析,在此基础上可以采用三种基本的评价方法,即影响评价、成本—效益评价和过程评价。

本章参考文献

[1] 国家计划委员会.建设项目经济评价方法与参数[M].2版.北京:中国计划出版社,1993.
[2] 黄民.铁路建设项目公益性理论、识别方法及其实证研究[D].北京:北京交通大学,2005.
[3] 林小言,陈有孝.基础设施投资效果定量评价[M].北京:清华大学出版社,2006.
[4] 杨文渊,徐犇.桥梁维修与加固[M].北京:人民交通出版社,2000.
[5] 李士勇.工程模糊数学及应用[M].哈尔滨:哈尔滨工业大学出版社,2004.
[6] 周建庭.桥梁承载力评定与加固增强研究[D].重庆:重庆交通学院,1996.
[7] 刘燕.技术经济学[M].成都:电子科技大学出版社,2006.
[8] 郭齐胜,杨秀月,等.系统建模[M].北京:国防工业出版社,2006.
[9] 国家发展和改革委员会,中华人民共和国建设部.建设项目经济评价方法与参数[M].3版.北京:中国计划出版社,2006.
[10] 中华人民共和国交通部.JTG B03—2006 公路建设项目环境影响评价规范[S].北京:人民交通出版社,2006.
[11] 隽志才.运输技术经济学[M].北京:人民交通出版社,2003.
[12] 何寿奎.公路运营阶段质量水平的确定[J].技术经济与管理研究,2004(4).